Abigail Favale

Die geleugnete Natur

Abigail Favale

Die geleugnete Natur

Warum die Gender-Theorie in die Irre führt

Übersetzung aus dem Englischen
von Frank Lachmann und Thomas Stauder

Mit einem Vorwort
von Hanna-Barbara Gerl-Falkovitz

FREIBURG · BASEL · WIEN

*Für unsere Söhne und Töchter.
Mögen sie ihren wahren Wert erkennen.*

Titel der Originalausgabe: *The Genesis of Gender: A Christian Theory*
© Ignatius Press 2022

© Verlag Herder GmbH, Freiburg im Breisgau 2024
Alle Rechte vorbehalten
www.herder.de

Die Bibelzitate sind entnommen der
Einheitsübersetzung der Heiligen Schrift
© 2016 Katholische Bibelanstalt GmbH, Stuttgart
Alle Rechte vorbehalten.

Umschlaggestaltung: Verlag Herder
Umschlagmotiv: Harald Slott-Møller (1864–1937), Adam and Eve (1891),
Öl auf Leinwand, 79 cm (h) × 77.8 cm (w), Statens Museum for Kunst,
Kopenhagen, Dänemark. Public Domain via SMK.

Satz: Daniel Förster, Belgern
Herstellung: GGP Media GmbH, Pößneck

Printed in Germany

ISBN Print 978-3-451-39628-1
ISBN E-Book (EPUB) 978-3-451-83968-9
ISBN E-Book (PDF) 978-3-451-83972-6

Inhalt

Leselicht	7
Danksagungen	13
1. Häretikerin	15
2. Kosmos	39
3. Wellen	59
4. Kontrolle	93
5. Biologisches Geschlecht	125
6. Soziales Geschlecht	151
7. Künstlichkeit	177
8. Ganzheit	205
9. Geschenk	233
Anmerkungen	259

Leselicht

Was für ein Buch! Es ist ein Fanal, es musste geschrieben werden und es war überfällig. Geschrieben nicht vom Rande der Kritik aus, sondern aus der Mitte von jahrzehntelang aufgetürmten und sich nun überstürzenden Fragen. Es sind Fragen, die die Autorin seit ihrem Studium selbst mitdachte, lehrte und ausbaute – um dann in den Widersprüchen stecken zu bleiben. Oder um es griffiger zu sagen: um durch die Widersprüche hindurch endlich einen tragenden Grund zu finden. Die Rede ist von der seit mehreren Jahrzehnten einflussreichsten und folgenreichsten Theorie der westlichen Anthropologie, versammelt unter dem vagen Titel »Gender«. Wie Favale es selbst auf den Punkt bringt: Obwohl die Gender-Theorie ihre Wurzeln im Feminismus hat, gehört mittlerweile das Wort »Frau« nicht mehr zum feministischen Wortschatz; »Frau« gilt als kaum noch definierbar. Der Grund dafür ist, dass zwischen Frau und den weiblichen Leib ein Keil getrieben worden ist, eine theoretische Brechstange, die beide immer weiter spaltet.

Abigail Favale, verheiratet, Mutter von vier Kindern und Professorin, lehrt gegenwärtig an der Universität von Notre Dame in den USA. In Kindheit und Jugend im freikirchlichen Christentum verankert, geriet sie mit dem Studium in die Zeitströmungen, die nach und nach vom klassisch-feministischen Thema der »vom Patriarchat unterdrückten Frau« zu einer immer unschärferen Problematik übergingen, die allerdings nicht weniger kämpferisch war: »Gibt es« überhaupt Frauen und Männer? Frau- oder Mannsein wurde letztlich nur noch mit einem individuellen Selbstentwurf verbunden, der alle Fremdbestimmungen ausschalten sollte. Die Stadien dieser Entwicklung beschreibt Favale eingehend biografisch und auch selbstironisch, etwa das anfängliche Stadium feministischer Bibelauslegung, die wahlweise mit Paulus oder gegen Paulus arbeitete, und danach die Faszination durch mittelalterliche und neuere Theoretikerinnen des Christentums wie Hildegard von Bingen und andere Mystikerinnen (die aber als »Ausnahmen« im Unterdrückungsnarrativ verschwanden). Auch die betont weibliche Erfahrungswelt, die seinerzeit Luce Irigaray (damals gegen Judith Butler) vermittelte und die teils noch bis zu einer schroffen Abgrenzung gegenüber männlicher Erfahrungswelt führte, entflammte die damalige Studentin von St. Andrews in Schottland. Zuletzt wurde aber alles Bisherige fortgeschwemmt von der konstruktivistischen Rollentheorie, die die Polarität von Mann und Frau nicht mehr an biologischen und anderen psychisch-geistigen Merkmalen festmachte, sondern nur mehr am individuellen Willen zum Selbstentwurf – andere hatten diesem Selbstentwurf einfach zuzustimmen. Jahrzehntelang geebnet wurde dieser Weg durch die Abkoppelung des Frauseins von Schwangerschaft, Geburt, Familie – also durch die Stilllegung weiblicher Fruchtbarkeit. Auf diese Weise wurde die biologische Fähigkeit des weiblichen Körpers zu einer zwar möglichen, keineswegs aber mehr notwendigen (oder überhaupt wünschenswerten?) Eigenschaft am Frausein – als »wesentlich« durfte sie auf keinen Fall mehr gelten. Als eine Funktion unter vielen anderen konnte Fruchtbarkeit auch hormonell oder operativ oder abortiv unterbunden werden. Im Blick auf sexuellen Genuss unterschied sich also der weibliche Leib infolge von Verhütung nicht mehr vom männlichen Leib, oder genauer: Es bedurfte dieser Unterscheidung im Blick auf den Sexual-Genuss gar nicht mehr, nicht einmal mehr der polaren Unterscheidung der Geschlechter. Dieselbe Einebnung galt für interkulturelle Differenzen zwischen Mann und Frau auf den verschiedenen Ebenen der Lebenswelt.

Abigail Favale berichtet über diese Entwicklung zunächst im Spiegel eigener Erfahrung – das macht Reiz und Glaubwürdigkeit der Darstellung aus. Sie selbst war jahrelang von den wechselnden Thesen angezogen, vollzog die theoretischen Radikalisierungen in allen Wendungen mit, wurde sogar Universitäts-Dozentin für Gender Studies. Ab und zu blitzte zwar eine Wahrnehmung der Widersprüche durch; sie gipfelten darin, dass sie als Dozentin (auch das eigene) Frausein nicht mehr in einer schlüssigen Definition festhalten konnte. Weiblichkeit wurde zum Konstrukt ohne Konkretion. Aber, das fiel ihr auf, auch »Konstruieren« braucht etwas, das konstruiert wird. Zweifellos sind kulturelle Einflüsse auf die geschlechtliche Identität wirksam, aber solche Einflüsse trafen – wie Favale bemerkte – gendertheoretisch in eine völlige Leerstelle, da es keine natürliche Identität mehr geben durfte, die überhaupt hätte beeinflusst werden können. Der Selbstwiderspruch wird deutlich an dem bekannten Satz, es gebe keine Fakten, nur Interpretationen. Aber die Rückfrage lässt sich nicht zum Schweigen bringen: Was soll denn interpretiert werden? Nur Kommentare zu Kommentaren zu Kommentaren …? Eine Gedankenakrobatik in der dünnen Luft der Fantasie?

Ausgelöst und bestärkt wurde der gedankliche Umschwung Favales zu einer kritischen Sicht durch zwei zeitgleiche Erfahrungen: durch die Geburt des zweiten Kindes, einer Tochter, und durch den Eintritt in die katholische Kirche. Gebären bedeutete eine erneute Wahrnehmung des eigenen und des fremden kindlichen Leibes, dem sie als Frau Leben schenken konnte. Konversion bedeutete die Wahrnehmung eines alten Satzes, den sie zwar kannte, aber nicht erfasst hatte: Gott habe irdisches Fleisch angenommen. Damit geschah ein Durchbruch: zum Fleisch als dem Angelpunkt des Christentums. Fleisch ist konkretes, männliches oder weibliches, leidendes, endliches, sinnliches, genießendes Fleisch. Die Inkarnation Jesu warf ein anderes Licht auf die Gender-These: Nicht mehr die tausende Jahre alte gnostische Trennung von Geist und Körper war das Denkmodell der Evangelien und zuvor schon des Alten Testaments, sondern die Einheit von Geist und Fleisch, wenn auch die fragile und noch nicht vollendete Einheit. Leib, im deutschen Wortstamm mit Leben und Liebe verwandt, ist Schlüssel zum Dasein, Seele und Geist sind leiblich eingewurzelt, nicht in einer stummen Körperhülle verschlossen.

Körper, *body* im Englischen, kennt diese Differenzierung zum Leib nicht; aber, wie es Favale versteht, ist Körper mehr als funktional, geschweige dass man seine Funktionen willentlich oder mechanisch anwerfen oder abstellen kann. Denn: Leib bin ich, Körper habe ich ... (In der deutschen Übersetzung wird daher zwischen Leib und Körper unterschieden.)

Favales selbstbewusster Trompetenstoß, mit dem sie ihren Angriff auf die Gender-Theorie einleitet, ist aber nicht nur auf einen überzeugenden biografischen und kenntnisreichen Bericht beschränkt. Im zweiten Teil arbeitet sie mit eingehenden naturwissenschaftlichen Daten, die vor allem die Behauptung eines dritten oder weiterer anderer Geschlechter entkernen. Dabei kommt auch Intersexualität zur Sprache, anhand einer wiederum persönlichen Begegnung, mit der das Buch nachdenklich schließt. Die Durchleuchtung von Erkenntnissen nach heutigem Stand der Wissenschaft erfordert eine Lektüre im geduldigen und aufmerksamen Mitdenken. Als Ergebnis – biologisch ausnahmslos bestätigt – ist die Tatsache hervorzuheben, dass es durchgängig in der Welt des Lebendigen, auch bei Pflanze und Tier, zwei Geschlechter und nicht mehr gibt. Abweichungen sind äußerst selten, und es sind Abweichungen innerhalb der bipolaren Normierung. Das bedeutet nicht, dass es keine Dysphorien gibt, also Fremd-Empfindungen des eigenen Körpers. Aber es bedeutet, dass Besonderheiten am Genitale oder im Chromosomensatz oder in anderen Bio-Daten keine eigene *Species* von Mensch ausmachen, sondern medizinisch je nach Faktenlage behandelt werden können, oder bei seelischen Dysphorien therapeutisch in eine Annahme seiner selbst münden können.

Kurz: Es geht in diesem Buch vor allem um Tatsachen (als Vorgabe aller Deutungen). Und um die Folgen, wenn Tatsachen geleugnet werden. In einem anderen Wort: Es geht um die menschliche Natur. Natur gilt sonst auf allen Ebenen als unbedingt schützenswert – nur nicht beim Menschen. Dass sie nicht einfach gusseisern vorliegt, sondern kultiviert werden muss wie alles, was der Mensch in die Hand nimmt, ist deutlich; biblisch gesehen ist Selbstgestaltung sogar ein Schöpfungsauftrag. Aber Vorsicht: Es gibt zwei Wörter für Leben im Griechischen; das eine ist *bios*, das biologische Leben; das andere ist *zoe*, das kultivierte, geistige Leben. Beide hängen zusammen, so sehr, dass *zoe* ohne *bios* leer und blutarm wird. An dieser Wendemarke steht seit geraumer Zeit die Kultur. Chestertons bissiger Ausruf markiert das Verhängnis: »›Ach, Tatsachen!‹, rief er in einer Art Verzweiflungsanfall. ›Tatsachen! Willst du wirklich behaupten – bist du noch so im Aberglauben versunken, kniest du noch vor so morschen prähistorischen Altären, dass du an Tatsachen glaubst?‹«

Abigail Favale räumt stattdessen die postmodernen Altäre ab. Das tut gut. Dass das mit einer intelligenten und lustvollen Auslegung der Schöpfungsgeschichte und göttlichen Fleischwerdung verbunden wird, tut noch besser.

Hanna-Barbara Gerl-Falkovitz

Danksagungen

Dieses Buch war eine schwere Geburt, und ich muss mich bei vielen tüchtigen Hebammen bedanken.

Zunächst einmal bei meinen Freundinnen: Hayley McCullough, Cassie Meadows, Jessica Rolfe, Merissa Zielinksi und Erika Barber. Eure Gebete und eure Ermutigung haben mir in vielen Augenblicken voller Furcht und Selbstzweifel den nötigen Halt gegeben.

Ein besonderer Dank geht an meine Seelenfreundin Lindsay Tsohantaridis, die sich die Rohfassung durchgelesen hat und deren Freundschaft für mich eine der wichtigsten Tröstungen darstellt.

Danken möchte ich auch allen, die mir ihre Lebensgeschichten erzählt haben und ehrlich über Probleme mit der geschlechtlichen Identität und ihrem Wechsel gesprochen haben, insbesondere Daisy Chadra, Laura Reynolds und Adelynn Campbell, die mir ihre privaten Erfahrungen anvertraut haben, was heiligen Respekt verdient. Ebenso einer bestimmten Frau, die es vorzieht, anonym zu bleiben, und die mir gezeigt hat, wie man die Würde von intersexuellen Menschen wie ihr am besten achten kann.

Mein Dank gilt auch all denen, die mir geholfen haben, meine eigenen Gedanken zu durchdenken, indem sie eingewilligt haben, sich per Zoom mit mir darüber auszutauschen, obwohl sie mich zuvor nicht kannten: Angela Franks, Erika Bachiochi, Stephen Adubato, Isaiah Jones und Benjamin Boyce.

Dankbar bin ich Artur Rosman, dem Herausgeber des *Church Life Journal*, der mir großzügig die Erlaubnis erteilte, einige Formulierungen aus meinen Artikeln für diese Zeitschrift zu übernehmen und in dieses Buch zu integrieren.

Ebenso danken möchte ich Corynne Staresinic, der Gründerin von *The Catholic Woman*, die mir geholfen hat, mir vorzustellen, wie katholischer Feminismus aussehen könnte.

Mein Dank gebührt Mark Brumley von *Ignatius Press*, weil er das Risiko eingegangen ist, dieses Buch in sein Verlagsprogramm aufzunehmen, sowie Suzanne Lewis, Thomas Jacobi und Abigail Tardiff, die mich wie gute Hirten durch den gesamten Redaktionsprozess begleitet haben.

Am Ende ein privater Dank an Michael und unsere Kinder, die mir vor allem jeden Tag die Unerschöpflichkeit der göttlichen Liebe und die sakramentale Schönheit des menschlichen Leibes offenbaren.

Abigail Favale
15. Oktober 2021
Fest der heiligen Teresa von Ávila

1. Häretikerin

Im Frühjahr 2015 hielt ich eine Lehrveranstaltung zum Thema Gender-Theorie an einer christlichen Universität. Diesen Kurs hatte ich bereits seit mehreren Jahren unterrichtet, aber nie auf genau dieselbe Weise. Die Gender-Theorie befand sich in einem unaufhörlichen Veränderungsprozess, was auch auf meine Studierenden zutraf, und ich orientierte mich ständig um, im Bemühen, mit dem neuesten Jargon und den neuesten Trends Schritt zu halten. Dieses Mal war alles anders. Ich befand mich gerade inmitten zweier dramatischer Umwälzungen in meinem Privatleben: der Geburt meines zweiten Kindes, die mitten im Semester stattfand, und einer turbulenten Konversion zum Katholizismus, die all meine vorherigen Gewissheiten auf den Kopf stellte. Ich war in einer Situation, in der ich sowohl gebar als auch geboren wurde. Das Innerste meines Körpers kam nach außen, um eine Tochter auf die Welt zu bringen; meine Seele erfuhr eine innerliche Neustrukturierung, um Platz für Christus zu schaffen. Jede dieser beiden Geburten war ein ergreifendes Paradox aus Schönheit und Qual.

Meine körperlichen Wehen sind meist rasch vorbei. Für meine geistigen Wehen gilt das weniger. Ich begann jenes Semester als halbe Konvertitin: nur offiziell, aber noch nicht innerlich katholisch. Ich befand mich in einem seltsamen und schwindelerregenden Zwischenstand. Als ich im Jahr 2014 in die Kirche eingetreten war, hatte ich angenommen, eine »Cafeteria-Katholikin« zu werden, die ihre liebgewonnenen progressiven Überzeugungen mit in die Kirche schleppt und sich dabei auf die individuelle Gewissensfreiheit beruft. Dann geschah etwas Schreckliches: Mein Gewissen begann zu rebellieren. Die progressiven Ansichten, die ich mit mir herumtrug, fingen an, sich weniger wie ein persönliches Eigentum anzufühlen, sondern mehr wie ein lästiges und unangemessenes Gepäck.

Die Welt, in der ich mich als feministische Universitätsdozentin bequem eingerichtet hatte, begann weniger Sinn zu ergeben. Ich fühlte mich wie Platons unglückseliger Höhlenbewohner, als er zum ersten Mal aus der Düsternis ins blendende Tageslicht stolperte. Die Schatten an den Steinwänden hinter mir, die einst so klar und beruhigend real schienen, wirkten jetzt wie überzeichnete Cartoons. Doch der Schritt hinaus aus der Höhle war furchteinflößend: Meine Augen hatten sich noch nicht an eine sonnenhelle Welt gewöhnt, also verweilte ich noch ein wenig auf der Schwelle, gestrandet im Halbdunkel.

In diesem Zustand weiter Gender-Theorie zu lehren, war gelinde gesagt verwirrend. Während ich Essays besprach, die ich im Unterricht schon dutzendfach behandelt hatte, wurde ich plötzlich von unfreiwilligen Zweifeln geplagt und bemerkte Lücken und Ungereimtheiten, die mir zuvor nie aufgefallen waren. Im Laufe des Semesters wurde mir durch kleine Einbrüche von Schrecken zunehmend klar, dass ich über ein Jahrzehnt lang in einer Höhle gelebt und diese irrtümlich für die Realität gehalten hatte. Durch meine Liebe zur Frauenliteratur und mein fortwährendes Interesse an weiblichen Lebenserfahrungen war ich in ein Forschungsgebiet geraten, in dem man dessen totalisierende Weltanschauung gleich mitgeliefert bekommt. Ich hatte diese Lehrsätze nach und nach verinnerlicht und war zu einer Ideologin geworden, ohne es zu merken.

Ich erinnere mich an eine bestimmte Unterrichtsstunde, in der meine Studierenden und ich uns mit einem Essay der bekannten Gender-Theoretikerin Judith Butler abmühten. In diesem Aufsatz erklärt Butler ihr Konzept der Genderperformativität: Gender sei etwas, das wir *tun*, und nicht etwas, das wir *sind*. (Auf Butler werde ich in Kapitel 3 noch näher eingehen.) Wie die meisten kritischen

1. Häretikerin

Theoretiker pflegt Butler einen kryptischen Idiolekt; dennoch akzeptierten meine Studierenden bereitwillig ihre Auffassung von Gender als Performanz. Sie bemerkten nicht das ganze Ausmaß von Butlers Vorstellungen: Sie behauptet, Gender sei *ausschließlich* performativ, »Frauen« existierten nicht wirklich, und jeder Anspruch auf Wahrheit sei letzten Endes eine Ausübung von Macht. Diese Ideen, die meinen Studierenden vielleicht nicht so gut gefallen hätten, blieben sorgfältig unter der Oberfläche verborgen, abgeschirmt durch einen undurchsichtigen Jargon. Meine Studierenden überflogen nur die oberste Erdschicht des Textes, hier und da einige Blüten sammelnd, aber ihre Wurzeln bekamen sie nie genau zu Gesicht. Da ich erst kürzlich etwas hellsichtiger geworden bin, war ich ihnen zu diesem Zeitpunkt keine große Hilfe.

Ich verließ den Unterricht an jenem Tag mit einem Gefühl der Niederlage und wusste nicht genau, warum. Ich hatte diesen Text schon viele Male mit Studierenden im Grundstudium besprochen, damals noch mit gutem Gewissen. Tatsächlich fand ich es häufig großartig, die jungen Menschen mit hochtrabenden und modischen Theorien zu Genderfragen zu konfrontieren. Wenn sie ihre dadurch entstandene Unsicherheit und Verwirrung zum Ausdruck brachten, was sie in der Regel am Ende der Lehrveranstaltung zu tun pflegten, war ich zufrieden, als ob es meine zentrale Aufgabe als Dozentin für Gender Studies gewesen wäre, ihre ordentlichen und allzu simplen Ansichten zu erschüttern und durcheinanderzubringen und sie einer unauflöslichen Verworrenheit auszusetzen. Mit dieser Desorientierungsarbeit, auf die keine Bemühungen zur Neuorientierung folgten, fühlte ich mich nun zunehmend unwohl. Mein Gewissen, das mich ein Jahrzehnt lang zu meiner Lehrtätigkeit beglückwünscht hatte, meldete im Hinterzimmer meines Gehirns nun Bedenken an und fragte: Ist irgendetwas davon überhaupt *wahr*?

In diesem Zustand des Unbehagens suchte ich den Rat eines älteren, von mir geschätzten Professors. Ich eilte direkt von zuhause aus in sein Büro, mein Haar war noch feucht vom Duschen kurz zuvor. Ich war gerade erst aus dem Mutterschaftsurlaub zurückgekehrt, kam immer fünf Minuten zu spät und schwitzte in Strömen, weil ich so unter Druck stand. Ich hatte immer nur drei Stunden Zeit, bevor ich wieder stillen musste, und versuchte, in diesem Intervall so viel wie möglich zu erledigen. Als ich in das Zimmer des Professors trat, hatte ich ein Cola light in der Hand; ich erwartete eine nette und entspannte Unterhaltung mit einem Kollegen. Nach fünf Minuten fühlte ich mich ihm gegenüber wie im Beichtstuhl; ich offenbarte die Vorwürfe meines Gewissens jedoch nicht einem Priester, sondern einem graubärtigen Quäker mit einer Aura wie Gandalf aus dem *Herrn der Ringe*. »Ich habe den Eindruck, meinen Studierenden geistiges Gift eingeträufelt zu haben«, sagte ich. Viele Jahre lang war ich zu sorglos gewesen im Umgang mit ihrem Verstand und, was mich noch mehr beunruhigte, mit ihrer Seele.

Der Professor hörte mir ruhig zu, wie es seine Art war. Er neigt dazu, sehr wortkarg zu sein, aber seine wenigen Worte sind meistens voller Weisheit; er sagt den Leuten nur selten das, was sie von ihm hören wollen. Er hätte mich trösten können, mir sagen können, dass ich das getan habe, was ich zum damaligen Zeitpunkt für richtig hielt, dass ich zu streng zu mir sei. Stattdessen sagte er mit dem schleppenden Akzent der Appalachen: »Kennen Sie jenen Vers bei Matthäus? Der, in dem es heißt, wer einen von diesen Kleinen zum Straucheln bringe, für den sei es besser, wenn ihm ein Mühlstein um den Hals gehängt und er in der Tiefe des Meeres versenkt würde? Ich habe schon immer gedacht, dass es für uns Hochschullehrer eine gute Idee wäre, uns das auf den Arm tätowieren zu lassen.«

Das war es, was ich fühlte: den verdammten Mühlstein. In Wirklichkeit hatte er mir schon seit Jahren am Hals gehangen, aber erst jetzt bemerkte ich sein Gewicht. Die verbesserte Wahrnehmung war ein gewisser Trost.

Als ich sein Büro verließ, wusste ich ein wenig besser, was ich *nicht* tun wollte. Ich wollte die Gender-Theorie nicht mehr im

1. Häretikerin

Unterricht als ein Bündel wertneutraler Ideen präsentieren, ohne dabei der im Hintergrund wirksamen Weltanschauung die nötige Aufmerksamkeit zu schenken. Ich wollte nicht als Ende vom Lied damit Verwirrung stiften. Mir war klar, *was nicht* getan werden sollte, aber ich war mir weniger sicher, *was* ich tun sollte.

Wenn die Gender-Theorie im Grunde genommen eine ideologische Disziplin war, hatte ich dann einfach nutzlose Dinge gelernt? Gab es darin nichts Gutes, nichts Bewahrenswertes? Ich wusste nicht, wie sich diese Theorien in meine unlängst gefundene katholische Identität integrieren ließen – oder ob ich dies überhaupt versuchen sollte. Ich musste weiter aus der Höhle herausklettern, das war mir klar, aber gab es nichts Wertvolles, das ich mitnehmen konnte? Ich stellte eine tiefgreifende Spaltung in meiner Weltanschauung fest: Bis dahin hatte ich geglaubt, auf einem festen Floß wohlgemut auf dem Wasser zu treiben, aber nun bemerkte ich, dass ich mich auf zwei nicht miteinander verbundenen Baumstämmen befand, die sich voneinander entfernten.

Ich vermute, dass es heutzutage viele Frauen gibt, die sich in einer ähnlichen Situation befinden: in der Klemme zwischen verschiedenen Weltanschauungen, zögernd zwischen dem Christentum und den neuesten feministischen Trends, und unsicher, ob sich – wenn überhaupt – Berührungspunkte und Überschneidungen zwischen diesen Blickwinkeln entdecken lassen. Einige empfinden diese Spannung sehr stark und wissen nicht, wie sie beides miteinander in Einklang bringen können. Andere spüren sie überhaupt nicht und kommen stattdessen zu dem Schluss, Christentum und Feminismus seien so wunderbar vereinbar, dass sie in etwa auf dasselbe hinauslaufen: Jesus nachzufolgen, hieße dann, eine Feministin zu sein. Daneben gibt es noch diejenigen, die sich den Feminismus so vollständig zu eigen machen, dass er für sie zu einer Religion wird und jeder noch verbliebene christliche Einsatz allmählich zur Nebensache wird oder gänzlich verschwindet.

Auf meinem eigentümlichen und alles andere als geradlinigen Glaubensweg bin ich all diese Frauen gewesen.

Evangelikale Feministin

Ich begann mein Studium im Herbst 2001; von meinem ersten Semester waren gerade zwei Wochen vergangen, als der mit Flugzeugen verübte Terroranschlag auf die New Yorker Twin Towers stattfand. Die Welt war in Aufruhr, aber für mich war das alles meilenweit entfernt. An der amerikanischen Westküste fühlte ich mich sicher; das Einzige, was mich bewegte, waren die Veränderungen in meiner eigenen kleinen Welt. Das Verlassen des Elternhauses empfand ich als so befreiend wie einen Gefängnisausbruch. Ich war begierig auf den Prozess der Selbstfindung, der üblicherweise mit dem College assoziiert wird, und wollte so schnell wie möglich einen Freund haben. Mein Frauenbild war damals noch evangelikal geprägt; ich hielt mich an die vorgegebene Linie, wenn es um Themen wie männliche Dominanz und weibliche Unterordnung ging, zumindest wenn ich gefragt wurde. Da ich von klein auf dazu erzogen worden war, von meinem zukünftigen Ehemann zu träumen, hatte ich ganz hinten in meinem Tagebuch dessen gewünschte Eigenschaften aufgelistet. Was ganz oben stand? »Eine Führungspersönlichkeit zu Hause und in der Welt.« Weil ich schon immer zu widersprüchlichem Verhalten neigte, führte ich daneben auch eine Liste aller Jungs, die ich bereits geküsst hatte – eine immerhin zweistellige Zahl im Sommer vor meinem Eintritt in das College.

Trotz meiner obligatorischen Respektsbezeugung gegenüber der männlichen Autorität entsprach meine Verhaltensweise keineswegs in jeder Hinsicht dem Ideal weiblicher Unterwürfigkeit. Ich drang oft in von Männern beherrschte Bereiche ein; auf der High School war dies die Fußballmannschaft der Jungen und auf dem College das Philosophieseminar. Mir gelang es durchaus, mich zu behaupten; ich war ehrgeizig und kämpferisch, wenn nötig auch angriffslustig. Ich wich ab vom weiblichen Klischee (beispielsweise durch zu starke Körperbehaarung), und das wurde mir im Laufe meines ersten Studienjahres immer deutlicher bewusst. Debatten

1. Häretikerin

über die Rolle der Frau, die mich als Teenager noch kaum interessiert hatten, betrafen mich nun ganz persönlich. Heirat, Familienleben, Karriere: Das waren nicht mehr nur abstrakte Entwürfe für die Zukunft, sondern unmittelbar bevorstehende Stationen. Die Frage nach meiner Identität und meiner Lebensplanung als Frau wurde dringlich.

Ich begann mein Studium in der Überzeugung – die man mir beigebracht hatte –, der Feminismus sei eine schädliche Ideologie, unvereinbar mit dem Christentum. Ohnehin hatte kaum jemand in meiner evangelikalen Kirche oder meiner kleinen, von Mormonen bewohnten Heimatstadt irgendwann überhaupt einmal den Feminismus erwähnt. Allenfalls hatte ich hin und wieder im Autoradio Rush Limbaugh dabei zugehört, wie er über »Feminazis« schimpfte. Feministinnen stellte ich mir als schrille und freizügige Frauen mit kurzen Haaren und Hosenanzügen vor. Es dauerte nicht lange, bis ich mich von dieser Karikatur-Vorstellung verabschiedet hatte. Nur neun Monate nach meinem Eintritt in das College schrieb ich bereits eine Hausarbeit mit dem Titel »Gott ist ein Feminist« und schickte sie per E-Mail an meine zweifellos schockierten Eltern.

Was löste diese plötzliche Änderung meiner Haltung aus? Die Lektüre der Bibel. Von klein auf evangelikal erzogen, hatte ich viel in der Bibel gelesen, aber immer nur häppchenweise: einmal einen auswendig zu lernenden Vers an der einen Stelle, ein andermal ein Kapitel oder einen Abschnitt an einer anderen Stelle. Im College wurde jedoch von mir verlangt, ein ganzes biblisches Buch an einem Stück zu lesen, wobei ich einige seltsame, unangenehme Facetten der Bibel entdeckte, obwohl ich sie bereits zu kennen glaubte. Ich stieß überraschend auf Verse über Frauen, die ihren Kopf bedecken und in der Kirche schweigen mussten, oder, was mich noch mehr verstörte, über Frauen als Abbild und Abglanz des Mannes, und Männer als Abbild und Abglanz Gottes.[1] Diese Stelle brachte mich geistig ins Schleudern. Stehen die Männer denn Gott näher als die Frauen? Obwohl ich an einem Nistplatz des religiösen Konservatismus aufgewachsen war – einer Gemeinschaft von Evangelikalen innerhalb einer Gemeinschaft von Mormonen –, war ich bis dahin noch nie so direkt mit etwas konfrontiert worden, was eine Rangordnung zwischen Frauen und Männern zu sein schien. Außerdem wurde diese Hierarchie ausgerechnet vom Wort Gottes verkündet.

Vor der Vorstellung, dass Frauen in den Augen Gottes weniger wert sein sollten, schreckte ich instinktiv zurück. Aber ich wollte in der Lage sein, meinen Glauben an die gleiche Würde von Männern und Frauen mit der Autorität der Heiligen Schrift in Einklang zu bringen. Mein Professor konnte mir keine zufriedenstellende Deutung dieser Stelle bieten, und genauso wenig konnten das meine Kommilitonen. Ich fühlte mich verloren und begab mich in die Bibliothek, um dort vielleicht Antworten auf meine Fragen zu finden. Durch die Gänge zwischen den Bücherregalen irrend, machte ich eine Entdeckung, die dem Verlauf meines intellektuellen Lebens eine neue Richtung geben sollte: die feministische Bibelauslegung.

Diese Entdeckung löste das aus, was man als meine persönliche »erste Welle« als Feministin bezeichnen könnte: einen evangelikalen Feminismus. Etwa zwei Jahre lang konzentrierte ich meine Anstrengungen nun auf eine Auslegung der Heiligen Schrift, mit der sich die Gleichstellung von Mann und Frau begründen ließ. Ich fand einen goldenen hermeneutischen Schlüssel in einem Ausschnitt aus Galater 3,28: »Es gibt nicht mehr [...] männlich und weiblich; denn ihr alle seid einer in Christus Jesus.« Ich benutzte diesen Schlüssel, um damit die problematischen Verse zu neutralisieren, die mich beunruhigt hatten. In all dieser Zeit blieb meine grundsätzliche religiöse Orientierung mehr oder weniger evangelikal. Ich verließ mich immer noch auf die Heilige Schrift als wichtigste Autorität, mit dem Vorbehalt, sie müsse richtig interpretiert werden. Ich glaubte an die christliche Offenbarung und das Erlösungswerk Christi. Ich sah keinen Widerspruch zwischen Feminismus und Christentum, wie ich die beiden verstand, und gab mir Mühe, andere von ihrer Vereinbarkeit zu überzeugen.

Meine »zweite Welle« des Feminismus begann während des dritten Jahres auf dem College. Es gab eine neue Professorin auf

1. Häretikerin

dem Campus, die eine explizite Feministin war, und ich belegte ihren Kurs über Frauen in der Bibel. Als wir zu den ärgerlichen paulinischen Passagen im Neuen Testament kamen, lehnte ich mich zurück und wartete darauf, von ihr gesagt zu bekommen, was ich bereits wusste: Paulus ist nicht sexistisch, wir müssen ihn nur richtig lesen.

Zu meiner Überraschung vollzog die Professorin einen Schwenk zu einer ganz anderen Art von Argumentation: Paulus ist in der Tat sexistisch, aber wir können diese Teile der Heiligen Schrift einfach ignorieren, weil sie durch die patriarchalische Kultur der damaligen Zeit negativ geprägt wurden. Mich frustrierte das zunächst, denn ich wusste, dass meine Kommilitonen dem Feminismus skeptisch gegenüberstanden. Jede Lesart der Bibel, die sie so leichtfertig in eine bestimmte Richtung drängte, würde sie abschrecken, was meinem Bestreben, einige von ihnen für die Sache des Feminismus zu gewinnen, zuwiderlief.

Trotz meiner anfänglichen Verstimmung begann das Seminar, meine Sicht auf die Heilige Schrift schrittweise zu verändern. Am Ende des Semesters hatte ich die Denkweise und Auslegungsmethode der Professorin voll und ganz übernommen. Die Bibel war für mich nicht mehr das Wort Gottes, etwas Vertrauenswürdiges und zutiefst Wahres; ich sah sie als ein von Menschen gemachtes Kunstwerk und ein Instrument zur Unterdrückung der Frauen. Zum ersten Mal bemerkte ich eine Spannung, ja sogar eine Kluft zwischen Christentum und Feminismus. Ich war entschieden auf der Seite des Feminismus und blickte misstrauisch auf die Heilige Schrift und die Überlieferung.

Im folgenden Semester ging ich nach Oxford, um mittelalterliche Schriftstellerinnen zu analysieren. Ich verbrachte vier Monate vertieft in die Werke von Hildegard von Bingen, Juliana von Norwich und Christine de Pizan – allesamt zutiefst christliche Autorinnen und treue Töchter der Kirche. Seltsamerweise betrachtete ich diese Frauen nicht als Vertreterinnen der Tradition; ich sah sie als Antikonformistinnen, deren Stimmen unterdrückt worden waren.

Dann fand ich eine handliche kleine Quellensammlung von frauenfeindlichem Material in den Schriften verschiedener Kirchenväter, das mir repräsentativ für die christliche Tradition als Ganzes schien. Ohne eine einzige der Primärquellen vollständig gelesen zu haben, begnügte ich mich mit diesen Auszügen, die aus ihrem Kontext gerissen waren, um Augustinus, Ambrosius, Johannes Chrysostomus und andere auf die schwarze Liste zu setzen und mich in der Annahme bestärken zu lassen, die christliche Tradition sei frauenfeindlich.

Ich gelangte schnell zu einer simplifizierenden und zweigeteilten Sichtweise der Kirchengeschichte. Ich sah die von mir neu entdeckten Schriftstellerinnen als Randfiguren, obwohl beispielsweise Hildegard zu ihrer Zeit enormen Einfluss ausübte und seither zu einer Heiligen und zum »doctor ecclesiae« erklärt wurde. Meine Auffassung von »Tradition« war hoffnungslos kenntnisarm, aber das war mir nicht bewusst. Ich war in einer von geschichtlichem Wissen weitgehend unberührten Ecke des Christentums aufgewachsen, in der unsere örtliche Kirche als nahtlose Fortsetzung der ersten Christen des Neuen Testaments angesehen wurde. Die dazwischenliegenden Jahrhunderte, die allmähliche Ausarbeitung von Glaubensbekenntnissen, eines Kanons und einer Doktrin – all das wurde nicht beachtet. Mir war nicht einmal klar, was genau es bedeutete, eine Protestantin zu sein, weil ich nicht wusste, dass der Evangelikalismus selbst eine Tradition ist, das jüngste Kind in einem schon sehr viel früher errichteten Wohnblock. Ich kannte die Bibel gut, aber nicht das umfangreiche Erbe ihrer Auslegung. Ich nahm naiverweise an, meine Vertrautheit mit der Heiligen Schrift mache mich zu einer Expertin für das Christentum im Allgemeinen, und ich zögerte nicht, daraus in aller Eile ein billiges Schreckgespenst zu fabrizieren, das ich leicht bekämpfen konnte.

Im Nachhinein kann ich klar erkennen, dass sich meine beiden ersten feministischen Phasen durch begeistertes Rosinenpicken auszeichneten. Als egalitäre Feministin wählte ich Verse wie Galater 3,28 aus, die meine Sichtweise zu bestätigen schienen, und benutzte

1. Häretikerin

diese Verse, um andere neu zu interpretieren, die so wirkten, als stünden sie im Widerspruch zum Egalitarismus. Als kritische Feministin griff ich mir die Passagen heraus, die eklatant sexistisch waren, und verwendete sie dazu, meine Überzeugung zu untermauern, die Bibel, und damit das Christentum als Ganzes, sei von Grund auf patriarchalisch und bedürfe dringend einer feministischen Reform. Anstatt mir die Details der Spannungen näher anzusehen, die durch diese scheinbaren Widersprüche in der Bibel entstehen, reagierte ich auf klassische Weise: Ich löste die Spannung, indem ich sie gänzlich beseitigte.

In Oxford erhielt ich eine vage Vorstellung von einem dritten Weg – einem, der die ausgetretenen Pfade des frauenfeindlichen Hierarchiedenkens auf der einen Seite und der egalitären Gleichmacherei auf der anderen Seite verließ. In jenem Semester schrieb ich meine Hausarbeit über Hildegards Kosmologie und konzentrierte mich dabei besonders auf ihre Auffassung der Stellung von Mann und Frau in der Schöpfungsordnung. Die Unterschiede zwischen Männern und Frauen wurden allzu oft herangezogen, um eine rigide Hierarchie von Wert und Rollen der beiden Geschlechter zu rechtfertigen. Im Bemühen, diese Argumentation zu widerlegen, hat das feministische Denken in der Regel das Konzept der sexuellen Differenz ablehnend betrachtet und diesen Unterschied heruntergespielt, um die gleiche Würde für beide Geschlechter zu beanspruchen. Hildegards mystische Theologie, ausgedrückt mehr durch reiche Bildlichkeit als durch abstrakte Formulierungen, vermittelt ein Verständnis von Unterschiedlichkeit, das harmonisch und ausgewogen ist, anstatt hierarchisch zu sein. Ich konnte erkennen, dass ihr Ideal von Komplementarität ein anderes war als das in evangelikalen Kreisen gelehrte, und ich bemerkte auch, dass sie in dieser Hinsicht nicht mit dem modernen Feminismus in Einklang zu bringen war, denn dieser steht dem Konzept der Komplementarität misstrauisch gegenüber.

Irgendwie gelang Hildegard die Balance zwischen gleicher Würde und bedeutungsvollen Unterschieden, auf eine Art, die mir bis dahin noch nie begegnet war. Ich wünschte, ich wäre damals dieser Anregung gefolgt; vielleicht hätte sie mich früher in den christlichen Kosmos geleitet. Stattdessen ließ ich diese Chance verstreichen und verlor mich in den nächsten zehn Jahren im Labyrinth des postmodernen Feminismus.

Revisionistische Feministin

Das war für mich der Beginn einer neuen Welle: ein revisionistischer Feminismus. Nach Abschluss des Grundstudiums auf dem College ging ich für ein Aufbaustudium nach Schottland, um dort weibliches Schreiben und Gender-Theorie zu studieren. Zu diesem Zeitpunkt interessierte ich mich zunehmend für den französischen poststrukturalistischen Feminismus. Ich fühlte mich hingezogen zu Philosophinnen wie Hélène Cixous und Luce Irigaray, die seltsame und verunsichernde Dinge mit der Sprache anstellten. Die Lektüre ihrer Werke war wie ein Eintauchen in eine Traumwelt, ein Abtauchen knapp unter die Oberfläche des bewussten Denkens in ein Reich, in dem Worte, Bilder und Metaphern in schwindelerregenden Strudeln herumwirbelten und Bilder schufen, die sich bewegten, schimmerten und sich dann wieder auflösten. Während meines Grundstudiums mit dem Hauptfach Philosophie war ich der strohtrockenen Sprache der analytischen Philosophie, die hoffnungslos entfernt schien von jeder konkreten Erfahrung, überdrüssig geworden. Ganz anders war dies bei diesen französischen Feministinnen, die der kontinentalen Strömung der Philosophie angehörten, und in deren Schriften der Leib, insbesondere der Leib der Frau, eine wichtige Rolle spielte. Während anglo-amerikanische Feministinnen sich größte Mühe zu geben schienen, die Andersartigkeit und Besonderheit des weiblichen Leibes außer Acht zu lassen – seine Fähigkeit, schwanger zu werden, zu gebären und Milch zu geben –, ergötzten sich die französischen Feministinnen an diesen Eigenschaften. Cixous' Werk schildert eine unverwechsel-

1. Häretikerin

bar weibliche Art des Schreibens und schöpft dabei aus der Fülle weiblicher Metaphorik. »Ich schreibe mit weißer Tinte«, behauptet sie, als würde sie in ihrer Pariser Wohnung ihren Füllfederhalter in Muttermilch tunken.

Einen Monat vor dem Beginn meines Masterstudiengangs in Gender Studies tat ich etwas Ungewöhnliches, zumindest für eine Studentin mit dieser Spezialisierung. Ich heiratete. Und zwar sogar einen Mann, im Alter von nur 22 Jahren. Das fanden meine feministischen Kommilitoninnen so verblüffend, dass sie mir den Spitznamen »die sonderbare Ehefrau« gaben. Im feministischen Hochschulumfeld galt ich als bizarres Wesen, bereits fest gebunden in einer heterosexuellen Ehe, während die meisten meiner Kommilitoninnen sich in ständig wechselnden lesbischen Dreiecksbeziehungen vergnügten.

Seltsam war ich auch noch in anderer Hinsicht: Ich war religiös. Oder zumindest nicht areligiös. Einem seine Religion wirklich praktizierenden Menschen wäre ich ziemlich verweltlicht erschienen. Während meiner ganzen Zeit in Schottland habe ich keine einzige Kirche betreten, abgesehen von einer Besichtigung der Ruinen einer alten Kathedrale am Rande der Nordsee. Diese im 12. Jahrhundert erbaute Kathedrale war einst die größte Kirche Schottlands und als Sitz der Erzdiözese von Saint Andrews ein pulsierendes Zentrum des katholischen Christentums. Im Jahr 1559 wurde die Kathedrale jedoch von Anhängern des protestantischen Reformators John Knox geplündert, binnen zweier Jahre vollständig aufgegeben und dem Verfall überlassen.

Für mich war das Christentum damals so etwas wie diese zur Ruine gewordene Kathedrale: eine sakrale Struktur, die zu Recht ihren einstigen Glanz verloren hatte – nicht wegen päpstlicher Verfehlungen, sondern wegen patriarchaler Dominanz. Anstatt die Ruine zu verlassen, verweilte ich zwischen den am Boden liegenden Steinen und versuchte, sie neu zu ordnen und aufeinanderzuschichten. Ich wollte die Kathedrale neu erschaffen, in einem Akt der Revision und nicht der Restaurierung. Ich wollte ein neues

Christentum konstruieren, vollständig gereinigt von Sexismus, Hierarchiedenken und Sünde.

Diese Arbeit der religiösen Revision wurde zum thematischen Schwerpunkt meiner Doktorarbeit, und die französischen Feministinnen waren dabei meine Musen, insbesondere die Philosophin Luce Irigaray. Ihr Werk eignete sich aus zwei Gründen sehr gut für diese Aufgabe: Erstens legt sie im Unterschied zu vielen feministischen Philosophinnen Wert auf die religiöse Dimension der menschlichen Erfahrung, und zweitens gibt es für sie als radikal postmoderne Denkerin keine Grenzen für die Freiheit und das Ausmaß der Revision.

Vereinfacht gesagt, handelt es sich bei der Postmoderne um eine Weltanschauung, die die Realität für ein von Menschen geschaffenes Narrativ hält, und nicht für eine Ordnung objektiver Wahrheiten, die von den Menschen entdeckt werden können. Die Postmoderne spiegelt eine tiefe Skepsis gegenüber »Metanarrativen« – kollektiven, erklärenden Erzählungen, die einen übergreifenden Sinnzusammenhang der Wirklichkeit liefern. Das Christentum, genauso wie jede etablierte Religion, gilt eindeutig als Metanarrativ, und ebenso die atheistische Wissenschaftsgläubigkeit. Die Postmoderne steht einem aufklärerischen Verständnis der Realität ebenso skeptisch gegenüber wie einem christlichen. Postmodernisten bestreiten nicht unbedingt die Existenz Gottes, aber sie bestreiten die Möglichkeit, Gott zu erkennen, und verneinen die Existenz objektiver Wahrheit. Gott ist für sie kein Wesen, das sich uns durch die Schöpfung und die göttliche Offenbarung zeigt; vielmehr ist »Gott« für sie lediglich eine Projektion menschlicher Sehnsüchte, eine Geschichte, die wir uns selbst erzählen.

Irigarays Philosophie betont die Notwendigkeit des Konzepts von Gott als ultimative Grenze oder Horizont, zu dem wir als menschliche Wesen emporwachsen und uns entwickeln können. Irigaray sieht jedoch ein Problem darin, dass dieser Horizont von Männern definiert wurde, dass es sich um eine Projektion männlichen Begehrens und männlicher Erfahrung handelt. Die Frauen

1. Häretikerin

stünden deshalb vor der Aufgabe, eine spezifisch weibliche Vorstellung Gottes zu erschaffen, die unser »Frau-Werden« erleichtert. Irigaray ist nicht der Auffassung, dass Frauen frei sein müssen von jeder Religion; vielmehr müssen sie einer Religion angehören, die sie selbst geschaffen haben.

Während meines Aufbaustudiums wurde ich zu einer postmodernen Feministin nach dem Vorbild von Irigaray. Ich stellte mir die Realität als eine geschlossene Kuppel hoch oben über meinem Kopf vor. Ich konnte emporblicken zu der Kuppel und mir ausmalen, dass sich etwas Mysteriöses und Gottähnliches jenseits dieses Horizonts befand, aber in der abgeschlossenen Welt unter der Kuppel war das einzige Werkzeug, das ich besaß, um Zugang zu diesem »Jenseits« zu erhalten, die Sprache – Wörter, Metaphern und Bilder, die, weil von den Menschen geschaffen, immer zu kurz greifen, um die letztendliche Wahrheit zu erfassen. Ich konnte nicht mehr tun, als mit diesen Wörtern zu spielen und zu versuchen, ihnen eine Bedeutung zu verleihen, wohl wissend, dass sie auf das undurchdringliche Kuppeldach treffen und von dort zurückprallen.

An dieser Vorstellung ist etwas dran. Mystiker, Theologen und Kirchenlehrer haben seit jeher betont, dass Gott sich jenseits des endlichen Verstandes der Menschen befindet und niemals vollständig verstanden werden kann. Ich bin damals noch einen Schritt weiter gegangen und habe »Verstehbarkeit« mit »Erkennbarkeit« verwechselt. Gott übersteigt zwar unser Verständnis, aber er ist dennoch erkennbar, denn er ist in der Lage, sich selbst zu erkennen zu geben. Als Postmodernistin schenkte ich meine ganze Aufmerksamkeit der Unfähigkeit der menschlichen Sprache und des menschlichen Verstandes, ein göttliches Wesen zu erreichen und vollständig zu erfassen. Ich hatte ganz aus den Augen verloren, dass es ein göttliches Wesen gibt, das zu uns herabsteigt, um uns zu ergreifen.

Gemäß dieser Weltanschauung ist jeder Anspruch auf verbindliches Wissen einfach eine Ausübung von Macht. Es gibt keine Autorität, weder die Heilige Schrift noch ein kirchliches Lehramt, das einen besonderen Zugang zur Wahrheit hätte, und so konnte ich damals jede etablierte Lehre nach Belieben akzeptieren oder ablehnen. Ich sah das Christentum als ein von Menschen geschaffenes Narrativ und daher offen für Revisionen durch andere Menschen, beispielsweise durch mich selbst. In meiner Dissertation analysierte ich von Frauen verfasste Romane, die traditionelle christliche Narrative infrage stellten und modifizierten, und ich hielt dies für einen Akt der Befreiung, eine Rückgewinnung von Macht.

Das war der ganze Umfang meiner religiösen Praxis während dieser Phase meines Lebens. Weder betete ich, noch besuchte ich eine Kirche. Ich las auch nicht in der Heiligen Schrift. Ich arbeitete nur an meiner Dissertation. Ich war eine Christin nur insofern, als das christliche Narrativ mein Untersuchungsmaterial war. Aus meiner postmodernen Perspektive war das genug.

Aber es gab Augenblicke, manchmal ganze Tage, an denen ich plötzlich hellsichtig wurde. Ich schaute von einer Seite auf, die ich gerade schrieb, oder von einem Text, den ich gerade las, und mir ging durch den Kopf: *Ich denke mir das alles doch nur aus.* In diesen Momenten hatte ich das vorübergehende, quälende Gefühl, die von mir geleistete Arbeit habe nichts mit echtem Wissenserwerb zu tun. Dann war dieser Augenblick schon wieder vorbei; ich tat diese Zweifel als typische Unsicherheit in dieser Phase des Studiums ab und vergaß sie wieder. Tief in meinem Inneren, unter dem trendigen postmodernen Jargon, den ich mir angewöhnt hatte, strebte meine Seele jedoch immer noch reflexartig nach etwas Wahrem.

Was mich am meisten an diesem Abschnitt meines Lebens stört, ist die kognitive Dissonanz, unter der ich damals litt. Ich hielt mich für eine Christin, hatte aber keinen orthodoxen Glauben und keine aktive Praxis. Ich hatte das Christentum hinter mir gelassen, ohne es zu bemerken. Mein Glaube war von innen heraus ausgehöhlt worden; weil aber eine dünne Hülle nach außen hin intakt blieb, blickte ich nicht der Realität ins Auge, dass ich nur noch formal eine Christin war. Bezüglich meines Glaubens war ich eine Agnostikerin, bezüglich meiner Praxis eine Atheistin.

1. Häretikerin

Eine Art, meine Geschichte zu erzählen, besteht darin, zu sagen, dass der Feminismus mich vom Christentum weggeführt hat. Aus einem bestimmten Blickwinkel betrachtet, trifft das zu. Das Eintauchen in feministische Philosophie, feministische Bibelauslegung und Gender-Theorie lehrte mich, die Welt – insbesondere die Heilige Schrift und die christliche Überlieferung – mit einer »Hermeneutik des Misstrauens« zu lesen. Mir wurde beigebracht, davon auszugehen, dass in jedem Text und in jeder menschlichen Interaktion verborgener Sexismus steckt; ich sah es als meine Aufgabe an, ihn aufzudecken, ihm die Maske herunterzureißen und triumphierend zu rufen: »Erwischt!« Jede Weltanschauung beruht auf bestimmten Annahmen, die als gegeben vorausgesetzt werden, so wie ein Haus auf einem Fundament ruht. Diese Prinzipien sind Wahrheitsbehauptungen, die eher angenommen als bewiesen werden. Sogar die Postmoderne basiert ironischerweise auf einer Prämisse, nämlich der, dass keine weltanschaulichen Prämissen Gültigkeit besitzen. Als ich dem Feminismus zum ersten Mal begegnete, war mein Fundament christlicher Natur; ich näherte mich dem Feminismus von christlichen Prämissen aus. Irgendwann kehrte sich das um, so dass meine Lebensgrundlage eine andere wurde; fortan war ich anderswo zuhause und betrachte von dort aus das Christentum in der Ferne. Diese Verschiebung war die Ursache für den Zerfall meines christlichen Glaubens, denn das Fundament dieses Glaubens war versetzt worden. Meine wichtigsten Prinzipien, die Prämissen, auf denen meine Weltanschauung beruhte, waren nun postmodernistisch und nicht mehr christlich.

Häretische Feministin

Es gibt jedoch noch eine andere Seite dieser Geschichte zu erzählen. Dazu gehört die Tatsache, dass mein Interesse am Feminismus mich dazu brachte, Hildegard von Bingen zu studieren, die brillante Mystikerin, die zehn Jahre später meine Firmheilige werden sollte. Und dann ist da noch die Tatsache, dass Irigarays Philosophie eine Rolle bei meiner letztendlichen Hinwendung zur katholischen Kirche spielte.

Im ersten Jahr meines Promotionsstudiums in Saint Andrews, als ich noch orientierungslos war und herauszufinden versuchte, was ich eigentlich tun sollte, wurde ich in ein Doktorandenseminar mit Luce Irigaray aufgenommen, der von mir bewunderten Philosophin. Sie war aus den französischen Universitäten verbannt worden, weil sie eine zu radikale Ikonoklastin war – ihr erstes Buch *Speculum, de l'autre femme* (*Spiegel des anderen Geschlechts*) hatte es gewagt, etablierte Größen der französischen Intelligenzija wie Jacques Lacan anzugreifen –, und sie bot deshalb in Großbritannien jedes Jahr einwöchige Seminare an, zu denen Doktorandinnen aus der ganzen Welt kamen, um ihre Forschungen mit ihr zu diskutieren. Ich war die Jüngste in der Gruppe und mit Abstand die am meisten Beeindruckte. Ich konnte es nicht fassen, tatsächlich im selben Raum und am selben Tisch zu sitzen wie meine feministische Heldin. Zwischen den Seminaren ergötzte sie uns mit Insider-Klatsch über andere französische Philosophinnen wie Hélène Cixous (die laut Irigaray »absolut fürchterlich« war). Ich war so außer mir vor Begeisterung, dass ich an diesen Tagen kaum essen konnte, und am Abend musste ich mir Melatonin von meinen amerikanischen Kommilitoninnen leihen (die dies gegen den Jetlag nahmen), um einschlafen zu können.

Als ich an die Reihe kam, meine Forschung zu präsentieren, die zu diesem Zeitpunkt gerade erst begonnen hatte, erklärte ich zu untersuchen, wie zeitgenössische Schriftstellerinnen in ihren Romanen traditionelle religiöse Konzepte und Geschichten mit Hilfe ihrer Fantasie neu gestalteten. Irigaray war ganz und gar nicht einverstanden mit meiner Verwendung des Begriffs der »Fantasie«. Sie argumentierte, er sei zu ätherisch und begrifflich, was zu einem ungesunden Dualismus verleite, der das Reich der Abstraktion über das Reich der Körperlichkeit stelle. Sie empfahl mir, mich weniger auf die *Fantasie* und mehr auf die *Verkörperung* zu konzentrieren.

1. Häretikerin

Dies war für mich ein Wendepunkt. Ich stellte in den Mittelpunkt meiner Dissertation nun die Idee der Inkarnation als Ausweg aus dem Dualismus. Die »Verkörperung« wurde zum Hauptthema meines intellektuellen Lebens. Mehrere Jahre lang las und schrieb und theoretisierte ich darüber; es wurde die Angelschnur, die mich mit dem Christentum verband, denn ich erkannte, dass die Lehre von der Inkarnation das Christentum von anderen Religionen unterscheidet.

Natürlich war dabei eine verborgene Ironie zugange, die ich damals nicht bemerkte, die aber heute für mich deutlich erkennbar ist. Die »Inkarnation«, auf die ich mich stürzte, war nicht gegenständlich, sondern abstrakt; ich ging weiter der Frage aus dem Weg, ob die Menschwerdung Gottes in Jesus Christus *wörtlich* oder nur *metaphorisch* aufzufassen war. Aber eine bloß begriffliche Verkörperung tappte wieder in die Falle des Dualismus, der ich zu entkommen suchte. Um eine Formulierung des Philosophen Charles Taylor zu entlehnen, war dies eine rein »exkarnierte« Inkarnation, denn das, was *verkörpert* werden sollte, wurde reduziert auf eine theoretische Idee.

Trotz dieser Ironie war meine Beschäftigung mit der Inkarnation der goldene Angelhaken, der es der göttlichen Gnade ermöglichte, mich wie einen Fisch einzuholen in den Schoß der katholischen Kirche. Als ich knapp unter 30 Jahren alt war, war ich spirituell ausgehungert. Das intellektuelle Herumspielen mit religiösen Konzepten und Metaphern war nicht genug, weil diese nicht wirklich inkarnatorisch sein konnten, wenn sie abgeschnitten waren von der Realität der *Menschwerdung Christi*, einer Realität, die in den Sakramenten sichtbar und greifbar wird. Ich war es leid, nur über die Inkarnation nachzudenken; ich musste sie schmecken, musste *ihn* schmecken, das fleischgewordene Wort. Diese eucharistische Sehnsucht drängte mich zu einer plötzlichen und unerwarteten Bekehrung.

Ich habe an anderer Stelle ausführlich über diese Konversion geschrieben, ihre ganze bizarre Komplexität geschildert;[2] hier möchte ich nur einen Schlüsselaspekt hervorheben. Es ist eine überraschende Wendung in meiner Bekehrungsgeschichte – überraschend zumindest für diejenigen, die denken, es gebe nichts Brauchbares in der feministischen Theorie –, dass es ausgerechnet die intensive Beschäftigung mit Irigaray war, die mich auf den gewundenen Weg zum Katholizismus brachte. Diese zweiteilige Tatsache, dass die feministische Theorie mich erst vom christlichen Glauben entfernte und dann wieder zu ihm zurückführte, ist der Grund, weshalb ich mich nicht mit vereinfachenden Darstellungen des Einflusses von Feminismus zufriedengebe, mit Darstellungen, die den Feminismus entweder verteufeln (manchmal ganz wörtlich) oder ihn übermäßig verherrlichen. Wie in den meisten Dingen auf dieser Welt, insbesondere in den meisten Philosophien, gibt es im feministischen Denken eine Mischung aus Gutem und Schlechtem, aus Wahrheit und Unwahrheit. Wenn jemand nicht auf diese Vielschichtigkeit achtet, kann ihn das in Schwierigkeiten bringen.

Wir müssen den Feminismus genau unter die Lupe nehmen und das Gute vom Schlechten unterscheiden. Das gilt besonders heutzutage, denn durch das Internet und die Verbreitung von Erkenntnissen aus der universitären Forschung ist die feministische Theorie sehr populär geworden. Meine eigene Erfahrung als christliche College-Studentin in den frühen 2000er-Jahren war eine ganz andere als die Erfahrungen meiner heutigen Studierenden. Meine Professoren sprachen (anfangs) im Unterricht überhaupt noch nicht vom Feminismus; derartige Werke standen nicht auf den offiziellen Lektürelisten. Ich musste mich anstrengen, ein paar verstaubte Bücher dieser Art in der Bibliothek aufzuspüren, wo sie seit den 1980er-Jahren weitgehend ungenutzt im Regal standen, mit nur wenigen Ausleihstempeln. Vor allem befand sich das Internet damals noch in seiner schwerfälligen Frühphase; es gab noch nicht das Verb »googeln«, und soziale Medien gab es auch noch nicht. In Anbetracht dieser Umstände ist es ein kleines Wunder, dass ich an einem evangelikalen College im Jahr 2001 so schnell zu einer Femi-

1. Häretikerin

nistin wurde. Das machte mich zum Sonderling. Während meiner vier Studienjahre kannte ich nicht mehr als eine Handvoll anderer Studentinnen, die sich in ähnlicher Weise als Feministinnen zu erkennen gaben. Wir waren eine lautstarke, aber kleine Minderheit. Ich wurde rasch als »das feministische Mädchen« gebrandmarkt, ein Titel, für den es wenig Konkurrenz gab.

Heute, 20 Jahre später, leben meine Studierenden in einer Welt, in der der Feminismus zum Mainstream geworden ist, sogar in christlichen Kreisen. Keine Feministin zu sein, gilt als großer Fauxpas, gleichbedeutend mit einer frauenfeindlichen Einstellung. In den sozialen Medien gibt es eine Fülle von populären feministischen Slogans, Hashtags und Memes, und der Druck, sich dem Trend anzuschließen, ist groß. Selbst an der christlichen Universität, an der ich lehre, gehört der Feminismus mittlerweile zum Establishment. Es werden Lehrveranstaltungen in Gender-Theorie und feministischer Philosophie angeboten, und Konzepte der feministischen Theorie sind Teil des Standardlehrplans in bestimmten Disziplinen wie Englischer Literatur und Sozialarbeit. Während ich als College-Studentin noch Eigeninitiative entfalten musste, um den Feminismus zu entdecken, ist das heute nicht mehr nötig. Von den jungen Menschen wird heutzutage erwartet, ihre Haltung zum Feminismus genau zu definieren.

Diese neue Realität wurde mir vor ein paar Jahren sehr deutlich, als eine meiner Studentinnen kam, um mir etwas zu gestehen: Sie war sich nicht sicher, ob sie eine Feministin war. Natürlich glaubte sie an die Gleichberechtigung zwischen Männern und Frauen (und sie selbst war eine talentierte, ehrgeizige Studentin, die später in ein Elite-Aufbaustudium aufgenommen wurde), aber sie hatte gewisse Zweifel am *Gesamtpaket* des Feminismus. Sie konnte das in ihrem Freundeskreis nicht offen zugeben, weil differenzierte Positionen dort nicht willkommen waren. Wenn man sich nicht eindeutig zum Feminismus bekannte, galt man automatisch als Frauenfeind. Als ich eine Studentin war, galt es noch als »Sünde«, eine Feministin zu sein. Heutzutage ist es verwerflich, *keine* zu sein.

Es gibt viele Möglichkeiten und einen großen Bedarf für einen authentisch christlichen Feminismus. Das ist der »neue Feminismus«, von dem Johannes Paul II. sprach, ein Feminismus, der fordert, den Frauen ihre spezifische Würde zurückzugeben, statt einfach männliche Formen der Dominanz zu imitieren.[3] Aber ich muss Sie warnen: Eine christliche Feministin zu sein, macht aus Ihnen auf die eine oder andere Weise eine Häretikerin. Sie müssen sich entscheiden: Wenn Sie der christlichen Orthodoxie folgen, bedeutet dies, bestimmte feministische Dogmen abzulehnen. Diese Dogmen zu akzeptieren bedeutet im Gegenzug, einige christliche Überzeugungen zu verraten. Im Laufe meines Lebens war ich eine feministische Häretikerin nacheinander in beiden Ausprägungen. Heute tue ich mein Bestes, um eine treue Tochter der Kirche zu sein. Wenn ich eine Feministin bin, dann aus eigener Wahl eine häretische.

Zwei Paradigmen

Sich dem Feminismus unreflektiert anzuschließen und ihn zu einer totalisierenden Weltanschauung werden zu lassen, wie ich es getan habe, ist gefährlich. Den Feminismus vorschnell zu verwerfen, birgt ebenfalls eine Gefahr in sich, denn dann bleiben wichtige Anliegen unberücksichtigt. Obwohl der Feminismus den Mainstream erobert hat, werden Mädchen und Frauen auch heute noch ständig mit Bildern bombardiert, die sie verdinglichen und erniedrigen. Depressionen, Angstzustände und Selbstverletzungen nehmen unter jungen Mädchen sprunghaft zu. Unter dieser Bevölkerungsgruppe entscheidet sich eine exponentiell wachsende Zahl, das Frausein völlig abzulehnen und eine männliche Identität anzunehmen. Trotz allem sind die vom Feminismus aufgeworfenen Fragen immer noch von großer Bedeutung, wenngleich die vom Feminismus gegebenen Antworten allzu oft selbstzerstörerisch sind.

Wir müssen uns mit den lebenswichtigen Fragen der Persönlichkeit, des Geschlechts, der Identität und der Freiheit auf der Ebene

1. Häretikerin

der Weltanschauung auseinandersetzen. Das ist der Grund, warum ich 2015 so verzweifelt war: Ich hatte erkannt, dass die Gender-Theorie, die ich meinen Studierenden beigebracht hatte, oftmals auf einem Bezugsrahmen basierte, der dem Christentum zuwiderlief. Ich hatte ihnen nicht geholfen, diese Unvereinbarkeit zu erkennen, weil ich selbst blind dafür gewesen war. Ich hatte mich in einen leidenschaftlichen, selbstvergessenen Rattenfänger verwandelt.

Während der Feminismus zeitweise eine wohltätige Wirkung in meinem Leben entfaltet hat, hat er mich letztendlich zu einer Haltung geführt, die im Widerspruch zum Christentum stand, zu einer Weltsicht, die ich das *Gender-Paradigma* nennen werde. Dieses postuliert eine radikal konstruktivistische Auffassung der Realität, behauptet, das sei die Wahrheit, und verlangt von anderen, dies als gegeben zu akzeptieren und die entsprechende Terminologie zu übernehmen.

Gemäß dem Gender-Paradigma gibt es keinen Schöpfer, so dass es uns frei steht, uns selbst zu erschaffen. Der Körper ist ein Objekt ohne intrinsische Bedeutung; wir können ihm jede von uns gewünschte Bedeutung verleihen und mit Hilfe der Technologie seine »natürlichen« Eigenschaften annullieren. Bedeutungsfülle *erhalten* wir nicht von Gott, unserem Leib oder der Welt, sondern *bestimmen* sie selbst. Was wir für »wirklich« halten, ist lediglich ein sprachliches Konstrukt. Daher sollen wir die Sprache bewusst einsetzen, um die von uns gewünschte Realität heraufzubeschwören. Frei zu sein bedeutet, ständig Grenzen zu überschreiten, den eigenen Willen aus allen Fesseln zu entlassen. »Frau« und »Mann« sind sprachbasierte Identitäten, die von jedem gewählt werden können. Da die Wahrheit nur eine Geschichte ist, die wir uns selbst erzählen, sind alle selbst erzählten Geschichten wahr.

Ich übernehme den Ausdruck »Paradigma« von dem Philosophen Thomas Kuhn, der diesen Begriff zur Beschreibung eines Modells oder Rahmens für die Interpretation der Welt und der von uns wahrgenommenen Phänomene benutzte. Kuhn berief sich auf dieses Konzept, um die Geschichte der Wissenschaft zu untersuchen.

Was mich betrifft, so analysiere ich in diesem Buch die Genealogie des Gender-Konzepts; ich lege dar, wie das Gender-Paradigma entstanden ist und in welchem Verhältnis es zum Paradigma des katholischen Christentums steht.

In der Mitte des 20. Jahrhunderts begann sich eine neue Art der Kategorisierung von Männern und Frauen herauszubilden, die sich nicht auf das biologische Geschlecht, sondern auf das »Gender« genannte soziale Geschlecht konzentrierte. Um zu verstehen, wie sich dieses Paradigma entwickelt hat, müssen wir auf seine Wurzeln im Feminismus blicken. Die feministische Bewegung hat viele Dinge hervorgebracht; eines davon ist die Popularisierung des Gender-Konzepts, das einen Keil zwischen die geschlechtliche Identität und seine Verkörperung treibt. Zunächst erleichterte diese begriffliche Trennung komplexere Diskussionen über kulturelle Einflüsse auf die geschlechtliche Identität; bis heute hat sich der anfängliche Spalt jedoch zu einer Kluft ausgeweitet. Das Wort »Frau« gehört nun überhaupt nicht mehr zum weiblichen Menschsein.

Ich habe mir das Gender-Paradigma auf dem Weg über die feministische Theorie angeeignet. Meine persönliche Entwicklung stellt in dieser Hinsicht so etwas wie einen Mikrokosmos der größeren geschichtlichen Prozesse dar, denn auch in unsere Kultur drang das Gender-Paradigma auf dieselbe Weise ein. Feminismus und Gender-Theorie sind eng miteinander verwandt. Abgesehen von wenigen Dissidentinnen – Feministinnen, die dem Gender-Konzept kritisch gegenüber stehen – hat sich der zeitgenössische Feminismus mit dem Gender-Paradigma perfekt arrangiert und überwacht sogar den sprachlichen Umgang damit. Es ist ein trauriges Paradox, dass eine Bewegung, die sich für die Rechte der Frauen einsetzt, uns in diese seltsame Lage gebracht hat, in der die Definition von »Frau« heftig umstritten ist. Wie es dazu kam, ist eine eigentümliche Geschichte, reich an dramatischer Ironie und letzten Endes ruinös. Das Gender-Paradigma ist ein Kind des Feminismus, das jedoch, wie wir sehen werden, ihm gegenüber eine ödipale Haltung einnimmt.

2. Kosmos

Lassen Sie mich Ihnen eine Geschichte erzählen.

Am Anfang war das Wasser, und dieses Wasser ist der Ort, an dem die Götter geboren werden. Zwei Arten von Wasser: das turbulente weibliche Meer und der sanftmütige männliche Fluss, Süß- und Salzwasser, die sich vermischen und zusammen ein fruchtbares Becken bilden, aus dem die Götter entspringen – alle Arten von Göttern, laute und lärmende Götter, die andere Götter zeugen. Einer dieser Götter erweist sich als mächtiger als die anderen, erfüllt von einem rastlosen, nach Eroberungen strebenden Geist. Die wässrige Sphäre, aus der er stammt, wird ihm zu klein, sie schränkt ihn ein, weshalb er beschließt, sich aufzulehnen. Er versammelt eine Armee von Ungeheuern, um gegen das Meer, seine Urmutter, zu kämpfen, die sich in eine furchterregende Raserei versetzt hat, einen urzeitlichen Wirbelsturm. Er besiegt und tötet sie. Anschließend kommt er auf die Idee, ihre Leiche zu etwas zu nutzen. Er teilt sie in der Mitte auf und weidet sie aus wie einen Fisch. Aus ihrem toten Fleisch formt er die Kuppel des Himmels und das Gelände der Erde. Er tötet auch ihren Gemahl, und aus dessen Blut erschafft der kriegführende Gott eine Vielzahl von winzigen Sklaven, deren einziger Lebenszweck es ist, den Göttern zu dienen und dafür zu sorgen, dass sie zufrieden und satt sind.

Das ist die Handlung des *Enuma Elisch*, des babylonischen Schöpfungsmythos. Die Sklavenrasse sind die Menschen; der gewalttätige Schöpfergott ist Marduk, und das göttliche weibliche Prinzip, das den Pantheon der Götter gebiert, ist Tiamat. Sie selbst kann nicht als Gottheit bezeichnet werden, denn sie ist niemals ein Gegenstand der Anbetung. Es gibt keinen Tempel oder Kult, der ihr gewidmet ist, denn die Existenz der Menschen hängt davon ab, dass sie besiegt wird. Sie ist tot, bevor die Welt beginnt.

Ursprüngliche Harmonie

Das erste Kapitel der Genesis, das die biblische Schöpfungsgeschichte erzählt, stammt aus der Zeit des babylonischen Exils, als das Volk der Hebräer verstreut war, keinen Tempel mehr hatte und seine Angehörigen als Flüchtlinge unter ihren Eroberern lebten. Das *Enuma Elisch* war die maßgebliche Schöpfungserzählung der damaligen Zeit und bildete den Hintergrund, vor dem Genesis 1 verfasst wurde. Das hebräische Wort *tehom*, üblicherweise übersetzt mit »die Tiefe«, über der der Geist Gottes schwebt, ist verwandt mit dem akkadischen Wort *tiamat*. Im weiteren Verlauf der Genesis wird jedoch deutlich, dass diese beiden Kosmologien nicht unterschiedlicher sein könnten.

Im Denken der Alten sind Geschichten über die Herkunft letztlich Geschichten über Identität und Bestimmung. Wir können nicht verstehen, wer wir sind und wozu wir geschaffen wurden, ohne zu verstehen, woher wir kommen. Das ist immer noch wahr. Es gibt ein typisch menschliches Bestreben, etwas über unsere Herkunft herauszufinden, um uns selbst besser zu verstehen. Deshalb sollten wir, um mit einem christlichen Sinn für die Realität zu leben, am Anfang beginnen, mit einem aufmerksamen Blick auf die Genesis. Und um die Genesis besser zu verstehen, sollten wir sie vor ihrem babylonischen Hintergrund, dem *Enuma Elisch*, lesen.

Beide Geschichten beginnen mit Chaos, aber einem Chaos unterschiedlicher Art. Das Chaos des *Enuma Elisch* ist laut und gewalttätig, verursacht von Konflikten zwischen verschiedenen Göttern. Das Chaos der Genesis ist eine ruhige Leere; es gibt keine anderen Götter, keine konfliktgeladene oder gewalttätige Stimmung. Es existiert einfach eine Leere, die Gott ausfüllen will, ein *Nichts*, das Gott durch ein *Etwas* ersetzen wird.

2. Kosmos

Marduk, der babylonische Schöpfergott, hat seine eigene Ursprungsgeschichte. Er ist das Produkt zweier göttlicher Wesen, Ahnen der Götter, die beide bereits getötet worden sind, als Marduk den Kosmos erschafft. Der Gott der Genesis hat keine Eltern; seine Existenz kennt keinen Beginn. Diese Abwesenheit eines Ursprungs zeugt von seiner ewigen Gegenwart. Er ist kein Wesen, wie Marduk dies ist, sondern das Sein selbst, der unendliche Beweggrund aller endlichen Existenz. Er muss nichts beweisen, nichts erobern, hat es nicht nötig, seine Herrschaft zu etablieren. Die Einzigartigkeit und Souveränität Gottes steht in auffälligem Gegensatz zu den Scharen von kriegführenden Göttern im *Enuma Elisch*.

Da es nicht nötig ist, Gottes Existenz oder seine Machtergreifung zu erklären, kommt Genesis 1 sofort zum wichtigsten Ereignis: der Schöpfung. Im *Enuma Elisch* ist die Schöpfung zweitrangig gegenüber der Zerstörung. Die Erschaffung der Welt liest sich dort fast wie ein Epilog, verborgen im letzten Akt des Textes. In der Genesis steht die Schöpfung hingegen im Mittelpunkt. Sie ist dort kein nachträglicher Einfall, der plötzliche Drang eines Gottes, der seinen Blutrausch gestillt hat. In der Genesis ist die Schöpfung beabsichtigt und geordnet – ein Licht, das in der Dunkelheit aufleuchtet. Gott erschafft nicht durch Gewalt und Tod, sondern durch Sprache; er spricht die Welt ins Leben. Dieses göttliche Wort ist der Motor der Schöpfung, und es ist dieses Wort, das sich in Christus inkarniert.

In Genesis 1 gibt es keinen Krieg, nur eine produktive Spannung zwischen Abwesenheit und Anwesenheit, zwischen dem Etwas und dem Nichts. Konflikt und Gewalt sind in dieser Realität nicht endemisch; sie treten erst später auf den Plan. Die Schöpfung entfaltet sich als ein integrales, miteinander verbundenes Ganzes: ein Kosmos. Jede Stufe dieser Entfaltung, jede verschachtelte Ebene, wird von Gott als *gut* bezeichnet. Es entsteht ein subtiles Gefühl der Eigendynamik, während sich die Erzählung aufbaut; in jeder Phase der Schöpfung nehmen die Schönheit und Komplexität zu, bis diese dann mit der Erschaffung der Menschen einen

Höhepunkt erreichen. Diese Wesen tragen nicht die Blutschuld eines gefallenen Gottes; sie sind das Abbild ihres Schöpfers. Sie sind nicht dazu geschaffen, Sklaven zu sein; sie haben die Aufgabe, die Erde zu bewirtschaften und sie mit Leben zu füllen. Die Kosmologie der Genesis verleiht den Menschen eine exklusive Form von Würde, die auf ihrer Aufgabe als Ebenbild des Schöpfers gründet. Außerdem erkennt die Genesis die Dualität der Menschheit an, männlich und weiblich; dieser Unterschied ist Teil der Güte der Schöpfung, und beide Geschlechter haben vollständig teil an der göttlichen Ebenbildlichkeit und dem Auftrag zur Bestellung der Erde. Es ist keine Hierarchie *zwischen* Mann und Frau erkennbar, sondern vielmehr eine gemeinsame, wohlwollende Herrschaft über den Rest der Schöpfung.

Das *Enuma Elisch* enthält keine spezifischen Aussagen zu Frauen. Für dieses Werk ist die sexuelle Dualität des Menschen nicht bemerkenswert. Allerdings verdient Beachtung der zentrale Konflikt der Erzählung des *Enuma Elisch*, der Krieg zwischen Marduk und Tiamat: ein männlicher Gott und seine Ahnin, eine weibliche Macht, die gewaltsam unterworfen werden muss, bevor die Schöpfung stattfinden kann. Diese mit Genderrollen markierte Eroberung ist in Genesis 1 völlig abwesend. Zwischen Mann und Frau gibt es dort keinen Krieg, nur eine gemeinsame Würde und einen gemeinsamen Auftrag.

Wenn wir das erste Kapitel der Genesis vor dem Hintergrund des *Enuma Elisch* betrachten, werden die besonderen Akzente der Genesis klar erkennbar: Die Realität, die wir bewohnen, ist eine göttlich geschaffene Ordnung, ein harmonischer Kosmos. Diese Ordnung ist *gut*, absichtlich und geduldig von einem unerschaffenen Schöpfer ins Leben gerufen. Den Menschen, männlich und weiblich, wurde eine einzigartige Würde verliehen, geprägt durch das Bild ihres Schöpfers, und sie wurden mit der heiligen Aufgabe betraut, das Leben zu kultivieren. Die geschlechtliche Differenz ist kein nicht dazugehöriges oder fehlerhaftes Merkmal des Kosmos, sondern ein wesentlicher Teil seiner Güte.

2. Kosmos

In den folgenden Kapiteln der Genesis wird diese Wertschätzung des geschlechtlichen Unterschieds noch verstärkt. In der Genesis gibt es genau genommen zwei Kosmologien. Das erste Kapitel beschreibt die Schöpfung aus einem transzendenten Blickwinkel, aus der Sicht Gottes, als ob der Erzähler über dem Universum schweben und von dort aus der Ferne beobachten würde, wie die Dinge schlagartig zu existieren beginnen. Das zweite Kapitel der Genesis zoomt hinein in die Schöpfung, ganz weit hinein. Der Erzähler nimmt uns mit hinunter in den Staub des Garten Eden, in ein irdisches Paradies, das am Kopf von vier Flüssen liegt. Gott wird in leibhafter Form dargestellt: Er geht durch einen Garten mit üppiger Natur und spricht dort mit den ersten Menschen. Während die erste Kosmologie die Transzendenz Gottes betont, zeigt uns die zweite seine Intimität. Diese beiden Berichte zusammengenommen geben zu erkennen, dass der transzendente Gott aus Genesis 1 auch ein zutiefst persönlicher Gott ist, der Gemeinschaft mit seinen Geschöpfen wünscht. Die beiden Kosmologien der Genesis unterscheiden sich deutlich voneinander, aber statt sich zu widersprechen, ergänzen sie sich; sie beschreiben dasselbe Ereignis aus zwei Blickwinkeln und enthüllen so ein wenig mehr von Gottes großem Mysterium und den ersten Details unserer Entstehung.

Sie sollten bedenken, dass antike Kosmologien nicht als konkrete historische oder wissenschaftliche Darstellungen gelesen werden können. Dadurch würde vor der Neuzeit entstandenen Texten eine neuzeitliche Denkweise übergestülpt, was die Wahrheiten, die diese Geschichten zu vermitteln versuchen, verdunkeln würde. Derartige Schöpfungsberichte liefern keine wissenschaftlichen Erkenntnisse über die materiellen Ursprünge, sondern offenbaren tiefere Wahrheiten über die *Identität* Gottes und der Menschen sowie den *Sinn*, zu dem wir geschaffen wurden. Wenn ich die Schöpfungserzählungen in der Genesis lese und erwarte, darin wissenschaftliche Tatsachen zu finden – so wie man es mir beigebracht hatte –, dann werden die beiden Berichte mir widersprüchlich erscheinen; der Leser wird gezwungen, geistige Gymnastik zu betreiben, um sie entweder miteinander in Einklang zu bringen oder sie als falsch abzulehnen. Wenn diese Texte stattdessen als göttlich geoffenbarte Dichtung und Allegorie – als *wahrer Mythos* – gelesen werden, erhält man ein umfassenderes Bild von Gott, der Wirklichkeit und der menschlichen Person.

Der zweite Schöpfungsbericht geht fast sofort auf die Erschaffung des ersten menschlichen Wesens ein. Gott formt den Menschen (den *ādām*) aus dem Humus des Bodens und haucht in seinen Leib, wobei er ihn mit dem göttlichen Odem belebt. Diese Bildlichkeit offenbart eine wichtige Wahrheit über unsere Natur: Wir sind sowohl Erde als auch Atem, sowohl Materie als auch Geist. Wir sind physische Geschöpfe; unser Leib ist wesentlicher Bestandteil unserer Identität. Und doch sind wir nicht nur Materie, denn Gottes Atem belebt jeden von uns mit einer immateriellen Seele. Das ist eines der Grundprinzipien einer christlichen Anthropologie: Jedes menschliche Wesen ist eine Einheit aus Leib und Seele.[1]

Dann geschieht etwas Unerwartetes. Gott blickt auf seine Schöpfung, und anstatt den Refrain aus Genesis 1 zu wiederholen, sagt er zum ersten Mal das Gegenteil: Es ist nicht gut, dass dieses menschliche Wesen allein ist, das einzige seiner Art. Der Mensch benötigt ein Gegenüber, einen Gefährten. Auf diese Weise beginnt eine meiner Lieblingspassagen: die Parade der Tiere. Gott macht sich daran, alle Arten von Geschöpfen zu formen und zu gestalten und stellt sie dem Menschen vor, um zu sehen, »wie er sie benennen würde«.[2] Diese Bildersprache hat etwas Komisches an sich: Gott kommt mit einem Affen, einem Schaf, einem Erdhörnchen, einem Papagei; der *ādām* begutachtet sie, schüttelt den Kopf, gibt ihnen einen Namen, und dann geht der bizarre Umzug weiter, als würden Gott und der *ādām* sich mit einer Art von Memory-Spiel vergnügen, bei dem es nie zwei gleiche Karten gibt.

Nach einer Weile geht Gott zurück ans Reißbrett. Es ist Zeit für einen neuen Versuch. Er versetzt den Menschen in einen tiefen Schlaf, und aus einer seiner Rippen formt Gott die erste Frau

2. Kosmos

und präsentiert sie dem *ādām*. Johannes Paul II. interpretiert diesen Schlaf als einen Schlaf des Nicht-Seins – Gott nimmt den ersten Menschen ganz aus der Existenz heraus und bringt zwei neue Wesen ins Dasein: Mann und Frau.[3] Er ersetzt die ungeschlechtliche, einsame Menschheit durch eine Menschheit, die unterschieden ist in zwei Arten des Menschseins.

Als der *ādām*, der nun erstmals nicht nur *Mensch*, sondern *Mann* genannt werden kann, die Frau zum ersten Mal sieht, ruft er verwundert: »Endlich!« Achten Sie auf die Freude und Erleichterung in diesem Wort: »Endlich!« Dank der schweigenden Kundgebung ihres Leibes erkennt er sofort, dass sie sowohl so ist wie er – ihm mehr ähnelt als jedes andere irdische Geschöpf – als auch nicht wie er. Der Unterschied zwischen ihnen ist komplementär, aber asymmetrisch; es handelt sich weder um ein Spiegelbild noch um den genauen Gegenpol. Sie ähnelt ihm in ihrem gemeinsamen Menschsein – »Bein von meinem Bein und Fleisch von meinem Fleisch« –, unterscheidet sich aber in der weiblichen Form ihres Menschentums. Die Genesis beschreibt eine Balance von Gleichheit und Unterschiedlichkeit zwischen den Geschlechtern. Es handelt sich um ein empfindliches Gleichgewicht, dessen Aufrechterhaltung schwierig, aber notwendig ist. Die meisten Gender-Theorien verlieren dieses Gleichgewicht und verfallen in die Extreme der Uniformität (Männer und Frauen sind austauschbar) oder der Polarität (Männer sind vom Mars, Frauen von der Venus). Bei beiden Extremen geht die fruchtbare Spannung verloren, die hier in der Genesis zum Ausdruck kommt.

Der erste Akt dieser zweiten Kosmologie könnte als eine Ursprungsgeschichte der geschlechtlichen Differenz gelesen werden, die verkündet, dass unsere Identitäten als Männer und Frauen *wichtig sind*; sie haben eine heilige Bedeutung und nehmen in dieser Weltsicht einen herausragenden Platz ein. Als weiteres kontrastierendes Beispiel aus der Welt der Antike könnte man Platons *Timaios* heranziehen, eine philosophische Kosmologie, in der die Frauen erst ganz am Ende einer ausführlichen Tour durch die gesamte Welt erwähnt werden. An der Stelle, an der die Frauen im *Timaios* genannt werden, wird klar, dass alles, was zuvor im Text über menschliche Wesen gesagt wurde, sich nur auf die Männer bezog, denn in der ersten Generation der Menschheit gab es noch keine Frauen. Dem *Timaios* zufolge werden Männer, die ein feiges und ungerechtes Leben führen, als Frauen oder Tiere wiedergeboren. Die sexuelle Differenz ist also kein sinnbehaftetes Merkmal von Platons Kosmos, sondern ein Defekt, ein Fehler. Für Platon muss jeder Unterschied hierarchisch eingeordnet werden; wenn Männer und Frauen sich voneinander unterscheiden, muss das eine Geschlecht dem Göttlichen näher sein als das andere. In allen Dialogen Platons werden die persönlichen Beziehungen zwischen Männern privilegiert, ein gemeinsames Merkmal vieler antiker Texte: Erinnert sei an Gilgamesch und Enkidu, Achill und Patroklos sowie Aristoteles' Darstellung der Freundschaft zwischen Männern gleichen Ranges.

Die Genesis hingegen stellt ausschließlich die Bedeutung der Beziehung zwischen Mann und Frau in den Vordergrund, und diese Beziehung beruht nicht auf Dominanz, sondern auf Gegenseitigkeit. Es gibt keine Hierarchie unterschiedlichen Wertes, keine Dynamik von Überlegenheit und Unterlegenheit. Die geschlechtliche Differenzierung ist kein Missgeschick, sondern ein Grund zum Feiern und Staunen. Dieser Unterschied ist *gut*, unser Leib ist *gut*, und all dies ist ein integraler Bestandteil der Schöpfungsordnung, die *gut* ist. Das Hervortreten von Mann und Frau aus dem Schlaf des Nicht-Seins ist keine Fußnote in unserer Ursprungsgeschichte: Es ist ihr ekstatischer Höhepunkt.

Es gibt noch mehr zu entdecken, wenn wir noch tiefer schürfen. Genesis 2 unterstreicht ein weiteres wichtiges Prinzip: *Der Leib offenbart die Person*. Unsere Leiber sind die sichtbare Realität, durch die wir unser verborgenes, inneres Leben ausdrücken. Die Existenz eines jeden Menschen ist völlig unwiederholbar, und unsere einzigartige Persönlichkeit kann anderen nur in Gestalt unserer Leiblichkeit gezeigt werden. Diese Sakramentalität offenbart sich im sofortigen Erkennen der Frau durch den Mann. Sie haben noch nicht miteinander gesprochen; sie hat sich noch nicht verbal vorgestellt. Ihr *Leib* sagt die Wahrheit über ihre Identität, und diese Wahrheit wird von dem Mann sofort erkannt, der erfüllt ist von Freude und Staunen angesichts der Offenbarung einer Person, mit der für ihn – *endlich!* – echte Gemeinschaft möglich ist. Unsere Leiber haben also eine sakramentale Funktion, indem sie eine geistige Wirklichkeit enthüllen und mitteilen. Um es mit den Worten von Johannes Paul II. zu sagen: »Der Leib, und nur er, kann das Unsichtbare sichtbar machen: das Geistliche und Göttliche. Er wurde geschaffen, das von Ewigkeit her in Gott verborgene Geheimnis in die sichtbare Wirklichkeit der Welt zu übertragen und so Zeichen dieses Geheimnisses zu sein.«[4]

Es ist nicht gut, dass der Mensch allein ist. Diese Lücke in der Schöpfungsordnung wird nicht durch die Schaffung weiterer unspezifizierter menschlicher Wesen oder durch männliche Freundschaften behoben, sondern durch geschlechtliche Differenzierung. Die sexuelle Differenz ist eine besondere Art von Unterschied, denn sie ist absichtlich so angelegt, um der Andersartigkeit eines Gegenübers zu entsprechen. Es geht hier nicht um oberflächliche Unterschiede wie Haar- oder Augenfarbe. Es geht um einen Leib, der entworfen wurde, um auf einzigartige Weise zu einem andersartigen Leib zu passen. Die Männlichkeit weist auf die Weiblichkeit hin und umgekehrt. Unser geschlechtsspezifischer Leib signalisiert unsere angeborene Fähigkeit und unser Bedürfnis nach zwischenmenschlicher Gemeinschaft.

Es gibt viele Arten von Unterschieden zwischen den Menschen: Unterschiede in Größe, Temperament, Begabung, Hautfarbe. Diese Unterschiede können dazu beitragen, fruchtbare und lebendige Beziehungen und Gemeinschaften zu schaffen. Aber nur der sexuelle Unterschied ist dazu in der Lage, ein anderes menschliches Wesen ins Leben zu rufen. Die Verbindung von Mann und Frau zu einem Fleisch ist nicht exklusiv, nach innen gerichtet und anderen gegenüber verschlossen. Vielmehr ist sie expansiv und offen, denn nur diese Vereinigung hat das Potenzial, neues Leben zu schaffen. Kommunion und Fortpflanzung: Das ist das doppelte Potenzial, das im Text der Genesis durch den erstaunten Ausruf des Mannes erkannt und gefeiert wird.

Unsere Leiber verkünden gleichzeitig unser individuelles Sein als Person und unsere Fähigkeit zur Beziehung. In seiner Auslegung der Genesis nannte Johannes Paul II. dies den »bräutlichen Sinn des Leibes«.[5] Das verweist nicht nur auf eine biologische Realität, sondern schließt die Fähigkeit zur Fortpflanzung mit ein und geht darüber hinaus. Die volle bräutliche Bedeutung des Leibes, nach außen hin ausgedrückt durch unsere sichtbaren Geschlechtsmerkmale, ist die Fähigkeit, Liebe zu bezeugen, sich in Liebe einem anderen ganz hinzugeben. Dies ist das wahre Telos und die Bestimmung des Menschen: ein *gegenseitiges* Geschenk zu werden, Liebe zu spenden und zu empfangen. In unserem ursprünglichen Zustand ist diese Selbsthingabe völlig frei, nicht behindert oder verzerrt durch Egoismus oder Dominanz. Deshalb sind Mann und Frau anfangs in der Lage, ohne Scham voreinander nackt zu sein. Dies signalisiert ihre innere Freiheit, ihre gegenseitige Liebe, die frei ist von Verderbnis.

Bevor wir von dieser Diskussion über Mann und Frau in ihrem ursprünglichen Zustand (Spoiler: Es geht bald einiges schief) zu anderen Themen kommen, möchte ich eine letzte Bemerkung zur Sprache machen. Beide Kosmologien der Genesis schildern eine besondere Beziehung zwischen Sprache und Wirklichkeit. In der ersten Erzählung verwendet Gott die Sprache, um den Kosmos *ex nihilo* zu erschaffen: Er erzeugt Ordnung und Sein aus dem Nichts. In der zweiten Erzählung benutzt der Mensch die Sprache, um die von Gott erschaffenen Dinge zu benennen. Die göttliche Sprache erschafft die Wirklichkeit, die anschließend von der menschlichen Sprache identifiziert wird.

Bei der Parade der Tiere drängt ihnen der Mensch mit der Namensgebung keine Bedeutung auf, sondern erkennt eine Bedeutung an, die objektiv existiert. Gott erschafft das Tier und zeigt

2. Kosmos

es dem Menschen, der dessen besondere Natur erkennt und ihm einen Namen gibt, der dieser Natur Ausdruck verleiht. Diese Dynamik wird am deutlichsten bei der Benennung der Frau. Der Mann erkennt, dass die Frau seine Natur mit ihm gemeinsam hat, aber in einer Modalität, die sich von seiner eigenen unterscheidet. Sie ist ihm gleichzeitig ähnlich und unähnlich. Er wählt ein Wort, das dieser zweifachen Realität entspricht: *ishshah* (»Männin«), ein Wort, das *ish* (»Mann«) enthält und gleichzeitig etwas Neues hinzufügt. Diese Begriffe, Mann und Frau, tauchen im Text zum ersten Mal während dieser den Höhepunkt darstellenden Begegnung auf. Vor diesem Zeitpunkt wird der Mann noch *ādām* genannt. Es handelt sich also um einen Augenblick des *gegenseitigen* Erkennens: Der Mann gibt der Frau einen Namen und benennt sich selbst um; erst durch die Begegnung mit ihrem Wesen kann er sein eigenes wirklich verstehen. In dieser Erzählung wird das Benennen als eine sprachliche Antwort auf das, was benannt wird, dargestellt. Die Wirklichkeit existiert also schon, bevor wir sie benennen, und unsere Sprache ist wahr und bedeutungsvoll, wenn sie dem entspricht, was existiert.

Die Auffassung von Sprache, die in der Genesis zum Vorschein kommt, steht in scharfem Kontrast zu der Sichtweise, die die zeitgenössischen Debatten über das Gender-Konzept beherrscht. Die meisten Gender-Theorien gehen davon aus, dass das, was wir als »Realität« betrachten, eine sprachliche und soziale Konstruktion ist. Unser Gebrauch der Wörter »Frau« und »Mann« erzeugt laut dieser Theorie die Illusion, dass das Geschlecht binär sei. Wir werden diese Sichtweise in den folgenden Kapiteln noch ausführlicher diskutieren. An dieser Stelle möchte ich lediglich darauf hinweisen, dass die konstruktivistische Sicht der Sprache eine völlige Umkehrung der in der Genesis geschilderten Entsprechungs-Beziehung darstellt. In dieser göttlich offenbarten Ursprungsgeschichte projiziert unsere Sprache keine Bedeutung auf die Dinge. Vielmehr ist die Bedeutung von Natur aus in dem vorhanden, was Gott erschafft. Außerdem ist diese Bedeutung für uns verständlich, und die Sprache, ein Zeichen von Gottes Bild in uns, ermöglicht es den Menschen, diese innewohnende Bedeutung zu verkünden.

Bis jetzt hat uns die Kosmologie der Genesis ein lebendiges Bild der Menschheit in ihrem ursprünglichen Zustand vermittelt. Wir sind Teil einer geschaffenen Ordnung, eines harmonischen Ganzen, das von einem liebenden Schöpfer ins Leben gerufen und aufrechterhalten wird. Wir sind eine Einheit aus Leib und Geist; unser Leib ist ein integraler Bestandteil unserer Identität, der uns mit der geschaffenen Ordnung verbindet und als Brücke dient zwischen unserem Inneren und der Außenwelt; außerdem ist er ein sakramentales Zeichen des verborgenen Mysteriums Gottes. Mann und Frau sind beide als Ebenbilder Gottes konzipiert, und unser geschlechtlicher Unterschied ist Teil der Güte der Schöpfungsordnung und weist darauf hin, dass wir geschaffen wurden, um uns gegenseitig zu lieben. Uns wurde eine Teilhabe an der göttlichen Macht der Sprache gewährt, um Wörter hervorzubringen, die die Wahrheit über uns und unsere Welt offenbaren.

Harmonie, Ordnung, Gemeinschaft: Das sind die wichtigsten Merkmale unseres Zustands vor dem Sündenfall. Aber wir haben einen Wendepunkt in der Erzählung erreicht; die ausgewogene Beziehung zwischen Mann und Frau ist dabei, sich radikal zu verändern. Es gibt einen klaren Bruch zwischen der menschlichen Natur im ursprünglichen Zustand und der menschlichen Natur, die durch die Sünde verdorben wurde. Die Genesis beschreibt die beiden Dimensionen unseres Ursprungs und unserer Identität: mit welchen Eigenschaften wir geschaffen wurden und welche Eigenschaften wir leider angenommen haben.

Ursprüngliches Schisma

Die besten Lügen sind nicht eindeutige Unwahrheiten, sondern subtile Verzerrungen der Wahrheit. Die wirksamsten Versuchungen sind diejenigen, die sich eines echten Verlangens nach etwas

Gutem bemächtigen und dieses umorientieren in Richtung auf ein trügerisches oder minderwertiges Gut. So ist es bei der Frau und der Schlange. »Du wirst sein wie Gott«, verspricht sie ihr. Diese Worte führen die Frau weg von der Erkenntnis, dass sie Gott bereits ähnelt; sie ist ein lebendiges, atmendes Abbild Gottes in der sichtbaren Welt. Wie Johannes Paul II. schreibt, lassen die Worte der Schlange im menschlichen Herzen Zweifel aufkommen, Zweifel an der »Güte der Gabe«: am Geschenk der Schöpfung, am Geschenk unseres Leibes, am Geschenk der göttlichen Gnade, die uns aus einem Zustand bloßer Natur emporhebt in eine Dynamik der Gemeinschaft mit Gott.[6]

Manchmal wird dieser Augenblick als derjenige beschrieben, in dem »die Sünde in die Welt kam«. Diese Formulierung lässt die Sünde wie eine Substanz klingen, wie eine Art metaphysischer Teer, der die Seele überzieht und besudelt. Aber die Sünde ist kein *Etwas*; sie ist ein *Nichts*, eine Abwesenheit. Deshalb ist dieser Augenblick bekannt als der Sündenfall. Athanasius, ein einflussreicher früher Kirchenvater und Bischof, stellt uns in seinem Traktat *Über die Menschwerdung* eine Interpretation dieses Sündenfalls zur Verfügung. Athanasius schreibt, dass die Menschen aus Materie bestehen und dass wir daher endlich sind und anfällig für Krankheit, Verfall und Tod. Das ist unser natürlicher Zustand. Weil Gott jedoch Erbarmen mit uns hatte und uns an seinem ewigen Leben teilhaben lassen wollte, gewährte er uns am Anfang »eine weitere Gabe«, einen »Anteil an der Kraft seines eigenen Wortes«, um uns in die Lage zu versetzen, »in der Seligkeit zu verweilen«.[7] Der ursprüngliche Zustand von Mann und Frau, wie er in der Genesis beschrieben wird, ist also ein übernatürlicher; sie wurden durch ein Geschenk der göttlichen Gnade aus ihrem sterblichen Zustand herausgehoben. Als die ersten Menschen jedoch Gott gegenüber wortbrüchig wurden, ging diese Gnade verloren, und die Menschheit »fiel« in die Sterblichkeit, wurde dem Tod ausgesetzt. Der Sündenfall ist kein Sturz aus unserem natürlichen Zustand in einen verdorbeneren, unnatürlicheren Zustand: Es ist ein Fall aus dem, was der

Katechismus »die Gnade der ursprünglichen Heiligkeit« nennt, ein Rückfall in unsere Sterblichkeit.⁸

Einige Interpreten – der bekannteste von ihnen ist vermutlich John Milton mit seinem Epos *Paradise Lost* (*Das verlorene Paradies*) – haben besonderes Augenmerk der Tatsache geschenkt, dass es die Frau ist, die von der Schlange verführt wird, und dies als Rechtfertigung benutzt, um die Frauen als schwach und moralisch kompromittiert darzustellen, als Einfallstor für die Sünde. Aber eine katholische Interpretation muss dies in den größeren Kontext einordnen und diese Geschichte im Rahmen der Heilsgeschichte lesen. Aus dieser Perspektive lässt sich eine Ähnlichkeit beobachten zwischen der Erzählung des Sündenfalls und der Verkündigung, als Maria von einem göttlichen Boten angesprochen wird. Seit den frühen Kirchenvätern haben die katholischen Interpreten diese Parallele zwischen Eva und Maria erkannt. Die Philosophin und Heilige Edith Stein drückt es so aus: »Wie an ein Weib zuerst die Versuchung herantrat, so kommt die Gnadenbotschaft Gottes zuerst zu einem Weibe, und hier wie dort entscheidet das Ja aus dem Mund eines Weibes über das Schicksal der ganzen Menschheit.«⁹ Die Versuchung der Frau verweist nicht auf ihre Schwäche, sondern vielmehr auf ihren Einfluss: Die Zustimmung der Frau hat die Macht, die Menschheit zu formen und umzugestalten.

Die erste Folge des Verzehrs der verbotenen Frucht ist ein plötzliches Bewusstsein der Nacktheit und der Drang, sich voreinander zu verstecken. Dies erinnert an den abschließenden Vers des zweiten Schöpfungsberichts: »Beide, der Mensch und seine Frau, waren nackt, aber sie schämten sich nicht voreinander.« Nun hat etwas eine negative Wendung genommen, etwas ist schiefgelaufen. Ihre nackten Körper, die zuvor Anlass für Staunen und Freude waren, rufen nun Unbehagen und Scham hervor. Der Mann und die Frau verstecken sich jedoch nicht nur voreinander, sie verstecken sich auch vor der Gegenwart Gottes. An die Stelle der ursprünglichen Harmonie ist ein Konflikt getreten; die ursprüngliche Intimität wurde durch Scham korrumpiert. Die Selbsthingabe ist zur Selbstwegnahme geworden.

In seinen Schriften zur Theologie des Leibes hebt Johannes Paul II. die vielen Bedeutungsebenen hervor, die in dieser Situation vereint sind. Der plötzliche Drang, sich zu verstecken, steht in scharfem Kontrast zu der freien und vollen Teilnahme des Menschen an der »Sichtbarkeit der Welt«, die zuvor im Text geschildert wird.[10] Der Mann und die Frau versuchen nun, ihre geschlechtlich unterschiedlichen Körper zu verbergen, und verschleiern damit die sakramentale Symbolik, die in dieser Differenz zum Ausdruck kommt. Laut den Worten von Johannes Paul II. signalisiert dieser Moment »den Verlust der ursprünglichen Akzeptanz des Körpers als Zeichen der Person in der sichtbaren Welt«.[11] Wir haben die Wahrheit aus den Augen verloren, dass der Anblick eines Leibes gleichbedeutend ist mit dem Anblick einer Person, die nach dem Bild Gottes geschaffen wurde. Außerdem haben der Mann und die Frau auch das Gefühl für das Bild Gottes in sich selbst verloren, nicht nur im anderen. Scham zu empfinden, heißt sich abzuwenden, eine »Loslösung von der Liebe«.[12] Die anfängliche Einheit des Mannes und der Frau, ihre »heitere Gemeinschaft der Liebe«, hat ein Ende gefunden.[13]

Dieser äußere Bruch in der Beziehung zwischen Mann und Frau weist hin auf einen inneren Bruch im eigentlichen Wesen des Menschen. Die Sünde hat die Berufung zur Einigkeit zwischen den Geschlechtern zerbrechen lassen und auch einen Bruch in der ursprünglichen leiblich-geistigen Einheit des Individuums verursacht. In seinem Inneren tobt nun ein Krieg, der die Ganzheit der menschlichen Person gefährdet. Der Leib wird zu einer »Brutstätte des Widerstands gegen den Geist« und fühlt sich nicht mehr an wie ein Teil des Selbst, sondern wie etwas, das gezähmt und kontrolliert werden muss.[14] Dieser Zustand der inneren Zerrissenheit ist die sinnliche Begierde, und sie führt zu »Schwierigkeiten, sich mit dem eigenen Leib zu identifizieren« – ich würde hinzufügen, auch zu Schwierigkeiten, das heilige Menschsein anderer Leiber anzuerkennen.[15] Die Lüsternheit entpersönlicht die menschliche Person, macht sie zum Objekt für andere und für sich selbst. Vor allem der Leib wird verdinglicht und zu einem »Terrain der Aneignung«.[16]

Als Gott den Mann und die Frau zur Rede stellt wegen dem, was sie getan haben, reagieren sie mit Ausflüchten, geben die Schuld anderen und verdrehen geschickt die Wahrheit – genau wie die Schlange. Auch die Sprache selbst wird dabei pervertiert; die Wörter werden jetzt benutzt, um die Realität zu verschleiern und zu manipulieren, anstatt zu enthüllen, was wahr ist. Im hebräischen Original enthält die Antwort des Mannes auf Gottes Frage eine merkwürdige Verdoppelung des Verbs: *Die Frau, die du mir gegeben hast, hat mir die Frucht gegeben und ich habe sie gegessen.* Diese Verdoppelung unterstreicht das Konzept der *Gabe* und weist subtil die Gabe der Frau zurück, die der Mann nur ein paar Verse zuvor von ganzem Herzen freudig gefeiert hat. Seine Antwort an Gott lässt Zweifel an der Güte der Gaben Gottes aufkommen – insbesondere jener der Frau –, so wie die Nachgiebigkeit der Frau gegenüber der Schlange misstrauisch macht im Blick auf die ursprüngliche Güte ihrer eigenen Natur.

Während frauenfeindliche Interpreten es bevorzugen, auf der Rolle der Frau beim Sündenfall zu beharren, widersetzt sich der heilige Text dieser Lesart, indem er immer wieder die gemeinsame Situation von Mann und Frau betont. Am Anfang werden *beide* nach dem Bilde Gottes geschaffen; *beiden* wird die Herrschaft über die Erde übertragen und die Aufgabe, sie fruchtbar zu machen; *beide* sind nackt und schämen sich nicht. In der Erzählung des Sündenfalls sind *beide* anwesend, um die Worte des Versuchers zu hören; *beide* nehmen und essen die Frucht; *beide* verspüren ein plötzliches und beschämendes Bewusstsein der Nacktheit; *beide* verstecken sich voreinander und vor Gott; *beide* verdrehen die Wahrheit, um die Schuld von sich zu weisen; *beide* leiden unter den Folgen der Sünde.

Inmitten all dieser Spiegelungen gibt es bedeutsame Asymmetrien. Das ursprüngliche Gute und das spätere Böse werden vollständig geteilt, aber die Konsequenzen haben für jedes Geschlecht

2. Kosmos

unterschiedliche Auswirkungen. Zur Frau sagt Gott: »Nach deinem Mann hast du Verlangen, und er wird über dich herrschen.« Die Antwort des Mannes auf das Begehren der Frau ist, sie zu dominieren, was »aus einem menschlichen Wesen ein Objekt macht«.[17] Die Dynamik der Gemeinschaft wird verdrängt durch eine Dynamik des Besitzes; die gegenseitige Liebe zwischen Personen wird zu einem utilitaristischen Tauschhandel zwischen Person und Ding. Edith Steins Beschreibung dieser neuen Ordnung ist sehr pointiert: »Aus dem Gefährtenverhältnis ist aber im Strafzustand ein Herrschaftsverhältnis geworden, das vielfach in einer brutalen Weise ausgeübt wird: sodaß nicht mehr nach den natürlichen Gaben der Frau und ihrer bestmöglichen Entfaltung gefragt wird, sondern daß man sie als Mittel zum Zweck ausnützt im Dienst eines Werkes oder zur Befriedigung der eigenen Begierde.«[18] Johannes Paul II. kommentiert, dass »die Beziehung der Gabe sich in eine Beziehung der Inbesitznahme verwandelt«; zwar ist diese Inbesitznahme gegenseitig und nicht völlig einseitig, sie erfolgt jedoch »eher auf Kosten der Frau«.[19] Für Johannes Paul II. hat der Mann eine besondere Verantwortung als »Hüter der Gegenseitigkeit der Gabe«.[20] Das Gleichgewicht der Gabe aufrechtzuerhalten, ist beiden Geschlechtern anvertraut, aber es hängt mehr vom Mann ab, ob es gewahrt oder verletzt wird.

Ich möchte betonen, dass die Dynamik der Herrschaft nicht der Absicht Gottes für Männer und Frauen entspricht, sondern eine Verzerrung durch die Sünde darstellt. Während die Schlange und der Erdboden ausdrücklich verflucht werden, ist dies bei Mann und Frau nicht der Fall. Gottes Worte sind hier eine Vorhersage, eine Beschreibung der Folgen, die sich aus dem Verlust der Gnade ursprünglicher Heiligkeit ergeben. Die menschliche Natur ist jetzt von Begierde geprägt, einem inneren Konflikt zwischen Leib und Geist. Nach Auffassung der Protestanten ist das Begehren von Grund auf sündhaft und die menschliche Natur nach dem Sündenfall gilt ihnen als völlig verdorben. Die katholische Vision ist optimistischer: Unsere Natur ist *beeinträchtigt*, aber nicht völlig verkommen. Das menschliche Herz ist ein »Schlachtfeld zwischen Liebe und Trieb«, aber der Kampf ist noch nicht verloren.[21]

Wiederherstellung der Gabe

Als Jesus im Matthäus-Evangelium von den Pharisäern befragt wird, ob eine Ehescheidung zulässig sei, verweist er auf die Genesis, auf die ursprüngliche Schöpfungsordnung: »Habt ihr nicht gelesen, dass der Schöpfer sie am Anfang männlich und weiblich erschaffen hat und dass er gesagt hat: ›Darum wird der Mann Vater und Mutter verlassen und sich an seine Frau binden und die zwei werden ein Fleisch sein‹? Sie sind also nicht mehr zwei, sondern ein Fleisch.«[22] Die Pharisäer erwidern sofort, das mosaische Gesetz erlaube die Ehescheidung und gestatte es den Männern, ihre Frauen aus jedem beliebigen Grund zu »entlassen«. Christus unterscheidet jedoch sehr genau zwischen diesem Gesetz, das Teil der durch die Sünde korrumpierten Ordnung ist, und Gottes ursprünglicher Absicht für Männer und Frauen. In der Ordnung nach dem Fall hat die Sünde die Herzen der Männer und Frauen einander gegenüber verhärtet, aber Christus sagt: »Am Anfang war das nicht so.«

Dass Christus sich an der Genesis orientiert, ist ein bedeutsamer Schritt. Als er gefragt wird, wie Männer und Frauen sich zueinander verhalten sollen, verweist er nicht auf das Gesetz, sondern auf die *Kosmologie*, auf die heiligen Erzählungen der Genesis, die Aussagen über unsere Identität und unsere Bestimmung als menschliche Wesen enthalten. Die Genesis sagt immer noch die Wahrheit über Männer und Frauen, über das, wozu wir geschaffen sind. Die Menschwerdung Christi, sein Kommen in die Welt, leitet eine neue Ordnung ein, die Ordnung der Gnade und der Erlösung, die wiederherstellen soll, was durch die Sünde in die Brüche gegangen ist. Christus weist uns nicht an, unsere Beziehungen gemäß unserer »Hartherzigkeit« zu gestalten.[23] Er lenkt unseren Blick zurück auf die Genesis und fordert uns auf, mit göttlicher Hilfe die Güte der

Schöpfung zurückzugewinnen, die Gabe unseres Leibes und der Erde, und erneut eine Dynamik der Gegenseitigkeit zwischen den Geschlechtern zu kultivieren.

In ihren Schriften über Mann und Frau beruft sich Edith Stein auf die Genesis und die Evangelien, um zu argumentieren: »Daß das neue Gottesreich eine Neuordnung des Verhältnisses zwischen den Geschlechtern bringen wollte, d. h. die Verhältnisse beseitigen, die durch den Sündenfall bedingt waren, und die ursprüngliche Ordnung wiederherstellen, hat der Herr unzweideutig ausgesprochen.«[24] Wenn man die Heilige Schrift im Ganzen betrachtet, hebt sie drei Zustände der Identität und Beziehung zwischen den Geschlechtern hervor. Es gibt zunächst die ursprüngliche Ordnung, die in den ersten beiden Kapiteln der Genesis beschrieben wird. In dieser Ordnung wird der geschlechtliche Unterschied als Gabe verstanden und erlebt, als Quelle von Fruchtbarkeit und Liebe. Es gibt ein dynamisches Gleichgewicht zwischen Gleichheit und Unterschiedlichkeit, und Mann und Frau haben einen gemeinsamen Auftrag – eine gemeinsame Mission – zu erfüllen: Leben hervorzubringen und die Erde zu regieren. Sobald Mann und Frau wortbrüchig werden gegenüber Gott, geht ein Riss durch die gesamte Schöpfung: durch den Kern der menschlichen Person, durch das Band zwischen Mann und Frau, durch die Verbindung zwischen Menschheit und Erde. In dieser gefallenen Ordnung befindet sich der Mensch nun im Krieg mit sich selbst, und dieser innere Konflikt bricht sich Bahn nach außen, wodurch das Gleichgewicht zwischen den Geschlechtern zu einem Hin und Her von Konflikt und Beherrschung wird. Der Unterschied zwischen ihnen wird nicht mehr als Gabe anerkannt, sondern als Gegensatz aufgefasst. Die letzte, erlösende Ordnung versucht, diesen Gegensatz wieder aufzuheben. Diese Ordnung beginnt, indem Maria einwilligt, die Mutter des fleischgewordenen Gottes zu werden. Sie ist die neue Eva. Ihr *Ja* zu Gott entwirrt den Knoten von Evas *Nein*. Die Ordnung der Erlösung knüpft an bei den Anfängen, um die ursprüngliche Gerechtigkeit der Schöpfung durch die Kraft der Gnade wiederherzustellen.

Die Gnade hat die Macht, unsere verwundete Natur zu heilen, die Härte unserer Herzen zu erweichen und die gebrochenen Bündnisse zwischen Gott und der Menschheit sowie zwischen Frau und Mann erneut zu richten.

†

Wir leben jetzt als Verbannte, aus dem Garten Eden vertrieben in die Wildnis. In dieser Wildnis gibt es »einen Kampf der Geschlechter gegeneinander, die um ihre Rechte streiten und dabei auf die Stimme der Natur und die Stimme Gottes nicht mehr zu hören scheinen«.[25] Wir werden in diese gefallene Ordnung hineingeboren, aber das Reich der Erlösung steht uns offen und winkt uns zu sich. Der Feminismus hat zu Recht erkannt, dass etwas nicht in Ordnung ist, dass die Beziehung zwischen Männern und Frauen bisher zu oft von Dominanz geprägt war. Da er jedoch die Dimension der Gnade ausblendet, werden die Lösungen, die seine Theorien anbieten, gelöscht von den kämpferischen Kräften nach dem Sündenfall, werden ein Teil des ständigen Strebens nach Macht über andere.

Ein christlicher Ansatz versucht, aus der Wildnis der Sünde in das Reich der Gnade zu gelangen und dabei auf die Stimme der Natur sowie die Stimme Gottes zu hören. Das bedeutet, die Genesis ernst zu nehmen, sie als »wahren Mythos« zu betrachten, als eine göttlich offenbarte Kosmologie, die unseren Ursprung beschreibt, um auf diese Weise dauerhaft gültige Rechenschaft abzulegen über unsere Identität und Bestimmung als menschliche Wesen, als Frau und Mann. Im Rahmen dieser erlösenden Ordnung können wir unser Staunen zurückerlangen. Wir können den Reichtum der Gabe neu erkennen – die Gabe unseres Leibes, die Gabe unseres gemeinsamen Menschseins und die Gabe unserer geschlechtlichen Verschiedenheit.

3. Wellen

Gender-Theorie unterrichtete ich zuletzt im Herbst 2016; erst anschließend stellte sich heraus, dass dies für mich das letzte Mal bleiben sollte. Nach meiner plötzlichen Bewusstwerdung im Jahr zuvor baute ich meine Lehre nun anders auf als bisher. Anstatt die Lektüreliste nur aus dem Kanon des Feminismus und der Gender-Theorie zusammenzustellen, strukturierte ich den Kurs nunmehr als eine Erkundung zweier Paradigmen: des christlichen Paradigmas und des Gender-Paradigmas. Ich fügte christliche Gender-Philosophinnen wie Elizabeth Fox-Genovese, Prudence Allen und Gertrud von le Fort hinzu, Autorinnen, die *niemals* auf einer Standard-Leseliste für Gender Studies zu erscheinen pflegten. Als Vertreterinnen der feministischen Perspektive wählte ich besonders einflussreiche Persönlichkeiten wie Simone de Beauvoir und Judith Butler, deren Ideen auch heute noch die Theoriebildung des Feminismus und der Gender Studies prägen. Ich versuchte, meine Studierenden anzuleiten, das Gender-Paradigma aus einer gewissen Distanz zu betrachten, statt sich blind darauf einzulassen, um in die Lage zu kommen, seine grundlegenden Prämissen zu erkennen.

Als Vorhaben war das ausgezeichnet, aber in der Praxis lief es nicht so glatt ab. Die Teilnehmer waren eine Mischung aus glühenden Ideologen, die bereits vor dem Christentum in die Weiten der Gender-Theorie geflohen waren, aus einer gemäßigten Mitte, die versuchte, sowohl das Christentum als auch den Feminismus zu leben, und aus ein oder zwei frommen Christen, die verstehen wollten, wieso die Gender-Theorie so viel Aufregung verursachte. Die radikale Randgruppe war bei weitem am lautesten, und die meisten unserer Seminarsitzungen entwickelten sich zu sokratischen Wortgefechten, in denen ich mich bemühte, ihre Annahmen zu hinterfragen und nicht auf den ersten Blick erkennbare Widersprüche herauszuarbeiten.

Das erwies sich als schwierig. Diese Studierenden waren nicht daran interessiert, einer bestimmten Argumentationslinie stringent zu folgen. Stattdessen wechselten sie geschickt von einem Argument zum nächsten und wichen allen unangenehmen Nachfragen aus. Während einer Diskussion über die Abtreibung fragte ich die Teilnehmenden einmal, ob eine Abtreibung das Leben eines Menschen beende oder nicht. Die lautstarken Studierenden reagierten auf diese Frage überhaupt nicht, sondern gingen sofort in die Offensive, indem sie argumentierten, dass Christen kein Recht hätten, moralische Urteile über die Abtreibung zu fällen, weil das Christentum eine Mitschuld trage an Krieg und Gewalt in der Vergangenheit. Dieser Vorwurf war zwar durchaus diskussionswürdig, passte aber überhaupt nicht zu der Thematik, die wir damals gerade erörterten. So verhielten sich die Studierenden in diesen Seminaren sehr häufig, und ich war mir nie sicher, ob es eine absichtliche Strategie war oder ob sie wirklich nicht dazu in der Lage waren, einer einzigen Argumentationskette zu folgen und sich darauf zu konzentrieren. So oder so stand es meinem Bestreben im Wege, die Rolle eines gelassenen, edlen Sokrates zu spielen, der seine wissbegierigen Entenküken sanft anstupst, um sie in Richtung der Wahrheit zu lenken. Die Realität war viel anstrengender: Ich hatte das Gefühl, bei dem Versuch, einen Aal mit bloßen Händen zu fangen, in einem trüben Teich herumzutasten.

Dennoch gab es im Laufe des Semesters einige Aha-Momente, in denen ein gut gezieltes Argument ins Schwarze traf und ich ein Aufblitzen der Erkenntnis in den Augen meiner Studierenden sehen konnte, einen Schimmer der Einsicht. Einer dieser Augenblicke ereignete sich während einer Diskussion über christlichen Feminismus. Ich fragte die Studierenden, wie viele von ihnen sich als christliche Feministen bezeichnen würden. Mehr als die Hälfte des

Kurses bejahte dies; diese Studierenden bat ich dann, den christlichen Feminismus zu definieren. Sie taten das der Reihe nach, stets mit der Maxime, dass Männer und Frauen gleichberechtigt seien; einige fügten als zusätzliches Element hinzu, dass die patriarchalische Unterdrückung beseitigt werden müsse. »Interessant«, sagte ich, als sie fertig waren. »Nicht einer von Ihnen hat Christus erwähnt.« Die Studierenden tauschten ein schuldbewusstes Lächeln aus. Ihnen wurde bewusst, dass ihre Definitionen von Feminismus nichts speziell *Christliches* an sich hatten. Das bestätigte meine Arbeitshypothese, den Verdacht, um den herum ich den Kurs aufgebaut hatte: Das Christentum und der zeitgenössische Feminismus basieren auf unterschiedlichen Grundannahmen über die Realität, und die meisten Versionen des christlichen Feminismus haben ihren Ursprung eher in der feministischen Weltanschauung als in der christlichen. Der sogenannte »christliche Feminismus« ist allzu oft bloß säkularer Feminismus, umhüllt mit einer dünnen Jesus-Glasur, einer eklektischen Bibeldekoration, die man hinzugefügt hat.

Feminismus: Ein Blick aus der Vogelperspektive

Im vorhergehenden Kapitel ging es um das Firmament des christlichen Paradigmas, wie es sich in unserer Ursprungsgeschichte offenbart. Jetzt möchte ich damit beginnen, das Gender-Paradigma näher zu betrachten, indem ich seinen Ursprung schildere: den Feminismus des 20. Jahrhunderts. Wie bereits im ersten Kapitel erwähnt, ist das Gender-Paradigma der ödipale Sprössling des Feminismus – *Sprössling* deshalb, weil das Gender-Konzept sich durch die feministische Theorie in unseren kulturellen Grundannahmen festgesetzt hat, und *ödipal*, weil dieses Konzept die Grundlage des Feminismus ausgehöhlt hat, vergleichbar mit dem Mord des Ödipus an seinem Vater: »Frau« wurde zu einer Identität, die Männer sich beliebig aneignen können, unabhängig von der physischen Realität.

Bevor wir loslegen, muss ich etwas einräumen. Jene Leserinnen und Leser, die sich ein wenig mit feministischer Theorie und Geschichte auskennen, werden sich an dieser Stelle zweifellos mit verschränkten Armen zurücklehnen und sich fragen, wie ich es anstellen will, eine Darstellung des »Feminismus« zu geben, als ob es eine einzige kohärente Bewegung gegeben hätte, die sich erschöpfend beschreiben ließe.

Das ist eine berechtigte Kritik, denn es ist exakter, von *Feminismen* im Plural zu sprechen als von einem monolithischen *Feminismus*. Es gibt fast unendlich viele Varianten, eine Vielzahl unterschiedlicher Lager: liberaler Feminismus, marxistischer Feminismus, psychoanalytischer Feminismus, poststrukturalistischer Feminismus, französischer Feminismus, schwarzer Feminismus, sex-positiver Feminismus, genderkritischer Feminismus und so weiter. Diese Vielfalt erleichtert einen rhetorischen Trick, den ich häufig beobachte: jede Kritik am Feminismus mit einem Achselzucken abzutun, indem man behauptet, das sei »nicht der *echte* Feminismus«. Das ist ein Rückfall in einen Trugschluss vom Typ »no true Scotsman« – man benutzt die große Zahl von Feminismen, um verallgemeinerter Kritik aus dem Weg zu gehen.

Ich bekomme auch regelmäßig den Ausdruck »radikaler Feminismus« zu hören, der nie einer bestimmten Gruppe zugeordnet zu werden scheint. Einige Katholiken halten jede Feministin, die für das Recht auf Abtreibung eintritt, für »radikal«. In der Geschichte des Feminismus bezieht sich der Begriff »radikale Feministinnen« auf die Mitglieder einer lesbischen Splittergruppe der 1970er-Jahre, die reine Frauenkommunen bildeten, um völlig unabhängig von Männern zu leben. Für die heutigen Transgender-Aktivisten gilt jeder, der die auf gesundem Menschenverstand beruhende Auffassung vertritt, dass ein Mann keine Frau sein kann, als »radikal«. Statt eine bestimmte Gruppe innerhalb des Feminismus zu bezeichnen, dient der Begriff »radikaler Feminismus« mittlerweile offenbar hauptsächlich dazu, die Art von Feminismus zu disqualifizieren, die man nicht mag.

3. Wellen

Um die Sache noch komplizierter zu machen, gibt es viele Versionen des Feminismus nicht nur innerhalb der kurzen Zeitspanne unserer Gegenwart, sondern noch weitaus mehr Varianten, wenn wir den Feminismus im Laufe seiner Entwicklung betrachten, vom Beginn des 20. Jahrhunderts bis heute.

Der Ausdruck »Feminismus« fand erstmals größere Verbreitung in Europa gegen Ende des 19. Jahrhunderts; sein Gebrauch auf der anderen Seite des Atlantiks ist ab 1910 belegt. Die Geschichte des Feminismus wird üblicherweise in mehrere verschiedene »Wellen« unterteilt, wobei die erste Welle die Bewegung für das Frauenwahlrecht war. Vor dieser ersten Welle hatten Frauen in der Regel kein Recht, zu wählen, kein Recht auf Eigentum, kein Recht, Geschworene zu sein oder als Zeugen vor Gericht aufzutreten, hatten kein Sorgerecht für ihre eigenen Kinder, konnten sich nicht zur Wahl stellen und erhielten keinen Zugang zu den meisten Colleges und Universitäten.

In Amerika entstand die Frauenrechtsbewegung aus der Bewegung zur Abschaffung der Sklaverei. Prominente Führungspersönlichkeiten wie Elizabeth Cady Stanton, Susan B. Anthony und Sojourner Truth engagierten sich in beiden Initiativen, was auch für den ehemaligen Sklaven Frederick Douglass galt, der am ersten Frauenrechtskongress in Seneca Falls, New York, im Jahr 1848 teilnahm.

Der frühe Feminismus war auch eng mit der Abstinenzbewegung verbunden, die sich für das Verbot von Alkohol einsetzte. Frauen und Kinder waren damals die Hauptleidtragenden von durch Alkohol verursachter häuslicher Gewalt, und aus diesem Grund organisierten Frauen erstmals große Vereinigungen wie die Women's Christian Temperance Union. Ihre Bemühungen um eine Änderung der Gesetzgebung waren während der dreizehnjährigen Dauer der Prohibition vorübergehend erfolgreich. Der Kampf um das Frauenwahlrecht war sogar noch erfolgreicher, denn im Jahr 1920 wurde den Frauen durch die Verabschiedung des 19. Verfassungszusatzes dauerhaft das Wahlrecht gewährt.

Die Feministinnen der ersten Welle hatten größtenteils keine radikalen oder revolutionären Ansichten. Die meisten waren Ehefrauen und Mütter aus der Mittelschicht, überzeugte Christinnen und Gegnerinnen der Abtreibung. Ihr Ziel war es nicht, das System zu stürzen oder zu unterwandern, sondern eine gesetzliche Vertretung innerhalb dieses Systems zu erlangen. Nachdem dieses Ziel erreicht war, löste sich die feministische Bewegung weitgehend auf. Zu jener Zeit existierte noch nicht das Feindbild eines allgegenwärtigen Patriarchats, das ständig bekämpft werden musste. Aus diesem Grund spricht man bezüglich der Frauenbewegung von verschiedenen »Wellen«: Zwischen der Verabschiedung des 19. Verfassungszusatzes und der zweiten Welle des Feminismus, die in den späten 1960er-Jahren ausbrach, lag eine lange, nahezu ein halbes Jahrhundert umfassende Pause.

Während dieses Zeitraums fand ein wichtiges Ereignis statt: der Zweite Weltkrieg. Die meisten arbeitsfähigen Männer wurden als Soldaten eingezogen, und in ihrer Abwesenheit unterstützten Frauen die Kriegsanstrengungen, indem sie in Fabriken und Werften arbeiteten und verschiedene Funktionen in dem Women's Army Auxiliary Corps einnahmen. Denken Sie nur an Rosie the Riveter (Rosie die Nieterin), das ikonische Bild einer Frau mit einem gepunkteten Kopftuch und einem Overall, die unter dem Slogan *We Can Do It!* ihre Armmuskeln spielen lässt. 1945 machten Frauen 37 Prozent der Arbeitskräfte in den USA aus, und ein Viertel der verheirateten Frauen war außerhalb des Hauses beschäftigt. Dies war eine gewaltige kulturelle Veränderung, die sich nicht mehr rückgängig machen ließ, auch nicht, als der Krieg zu Ende war und die Männer nach Hause zurückkehrten.

1963 schrieb Betty Friedan *The Feminine Mystique* (*Der Weiblichkeitswahn*), ein Buch, das zu einem Katalysator für das Wiederaufleben des Feminismus wurde. Friedans Ziel war es, hinter den schönen Schein der Hausfrau der goldenen 1950er-Jahre zu blicken, zur Anprangerung eines »namenlosen Problems«: der tiefen und antriebslosen Unzufriedenheit der Frauen, wenn sie auf häusliche Aufgaben beschränkt sind. Dieses Buch war ein großer Erfolg, was der Frauenbefreiungsbewegung Auftrieb verschaffte,

3. Wellen

einer von vielen Initiativen für gesellschaftliche Reformen in den späten 1960er-Jahren. Das übergreifende Ziel dieser Bewegung war nicht nur die rechtliche Gleichstellung, sondern eine umfassendere soziale und politische Gleichberechtigung, denn die Feministinnen der zweiten Welle waren dabei, die Rolle der Frau im Haushalt und in der Arbeitswelt von Grund auf zu überdenken.

Ein wichtiger Teil dieser Bemühungen war eine verstärkte Betonung der sogenannten »Fortpflanzungsfreiheit«, d. h. des unbegrenzten Zugangs zu Geburtenkontrolle und Abtreibung. Die Feministinnen der ersten Welle waren in der Regel gegen die Abtreibung, da sie keinen zwangsläufigen Konflikt zwischen ihren eigenen Rechten und den Rechten ihrer ungeborenen Kinder sahen. Die Feministinnen der zweiten Welle waren sich bezüglich der Abtreibung anfangs uneinig, bis die von Männern geleitete National Association for the Repeal of Abortion Law (NARAL) sich mit der neu gegründeten National Organization for Women (NOW) verbündete.[1] Diese Allianz zwischen dem Feminismus und der Bewegung der Abtreibungsbefürworter sollte sich als dauerhaft erweisen; das uneingeschränkte Recht auf Abtreibung ist heute eine zentrale und unverzichtbare Forderung der feministischen Mainstream-Plattform.

Den meisten Darstellungen zufolge währte diese zweite Welle etwa zwei Jahrzehnte, bis die feministische Bewegung in den 1980er-Jahren einen neuen Schwerpunkt in den sogenannten »Sex Wars« fand, einem internen Konflikt zwischen einerseits Feministinnen, die Pornografie und Prostitution als Faktoren der Frauenunterdrückung ablehnten, und andererseits den »sexpositiv« genannten (weil allen Formen der Sexualität offen gegenüberstehenden) Feministinnen, die diese Praktiken als befreiend ansahen. Die dritte Welle des Feminismus, die aus dieser Auseinandersetzung in den 1990er-Jahren hervorging, beschäftigte sich weiterhin mit Sexualpolitik und neigte dazu, der sexpositiven Linie zu folgen und die ungehemmte sexuelle Freiheit zu betonen. Während dieser Welle wurde die persönliche Zustimmung zum einzigen Maßstab für die Zulässigkeit von Sex. Wenn eine Frau einen bestimmten Sexualakt wählt, ist dieser Sexualakt gut, selbst wenn es sich um Prostitution, Pornografie oder Sadomasochismus handelt. In den frühen 1990er-Jahren warf der Fall von Anita Hill ein Schlaglicht auf das Problem der sexuellen Belästigung in der gesamten Kultur und unterstrich die Bedeutung des weiblichen Einverständnisses, während die Theoretikerin Judith Butler ihre einflussreiche Konzeption von Gender als gesellschaftlich erzwungene Performanz präsentierte. Diese Idee sickerte schnell durch auf die Ebene der Populärkultur, und in der Tat hat der Feminismus der dritten Welle etwas selbstbewusst Unkonventionelles und Performatives an sich – erinnert sei an die Punkmusik von Riot Grrrl und die SlutWalk-Märsche. Die Betonung der individuellen Entscheidung und Freiheit ist ein Schlüsselmerkmal des Feminismus der dritten Welle, der zu einer postmodernen Sensibilität neigte, die Unterschiedlichkeit der Frauen hervorhob und ironisch mit Gendernormen und -erwartungen spielte.

Nach dem Beginn des dritten Jahrtausends verlagerte sich die feministische Bewegung ins Internet und erlangte Aufmerksamkeit durch populäre Blogs und soziale Medien. Dies gab dem Feminismus erneut eine andere Gestalt, was von vielen als vierte Welle bezeichnet wird, mit einem Beginn um das Jahr 2012. Charakteristisch für diese Variante sind eine wachsende Ambivalenz gegenüber ungehemmter sexueller Freiheit und ein sich herausbildendes Bewusstsein dafür, dass Frauen sogar innerhalb der Grenzen formalen Einvernehmens misshandelt werden können. Die Hashtags #MeToo und #BelieveAllWomen sind die Visitenkarten des Feminismus der vierten Welle. Diese Welle verstärkte viele Merkmale der dritten Welle, wie z. B. den Fokus auf Diversität und die Identifizierung der Überschneidung verschiedener Formen von Unterdrückung, insbesondere Rassismus und Sexismus. Der Feminismus der vierten Welle ging noch stärker von Genderpluralität aus und wagte den bis dahin noch nie dagewesenen Schritt, die Vorstellung abzulehnen, dass eine »Frau« per Definition eine biologische Frau sei. Dieser Schritt wäre im Feminismus der ersten und zweiten Welle noch undenkbar gewesen. Während der Feminismus der dritten Welle eine rebellische, libertäre und zensurfeindliche Grundhaltung hatte, bewegen sich die Feministinnen der vierten Welle bisweilen in die entgegengesetzte Richtung, indem sie Verhaltens- und Sprachnormen gemäß den neuesten Gender-Trends kontrollieren und vorschreiben.

Hier sind wir nun und schwimmen im Kielwasser der vierten Welle hin und her. Um ehrlich zu sein, ist diese Metapher allerdings mittlerweile nicht mehr ganz zutreffend. Wir haben nicht länger eine Bewegung wie Ebbe und Flut, mit Pausen zwischen den einzelnen Wellen. Wir haben einen aufgewühlten Ozean, der von zahlreichen Strömen gespeist wird, wie Tiamat, die stürmische Meeresgöttin aus dem *Enuma Elisch*, und ihre vielen zänkischen Nachkommen.

Vor dem Hintergrund dieser Skizze der Geschichte des Feminismus möchte ich nun einen genaueren Blick auf drei prominente philosophische Strömungen werfen, aus denen das Gender-Paradigma hervorgegangen ist. Ich interessiere mich besonders für die Ideen, auf denen der populäre Feminismus der heutigen Zeit beruht – der Feminismus der Memes, der sozialen Medien und der Alltagsgespräche. Ich werde nicht versuchen, einen vollständigen Überblick über alle geheimnisumwobenen Winkel des Elfenbeinturms des Feminismus zu geben. Stattdessen möchte ich einige Strömungen nachzeichnen, die in die populäre Rhetorik eingedrungen sind und nun unsere kulturellen Vorstellungen von Gender prägen. Meines Erachtens reflektiert jede dieser Strömungen eine implizite Weltanschauung – ein bestimmtes Verständnis der Wirklichkeit, der menschlichen Persönlichkeit und dessen, was es bedeutet, frei zu sein.

Existenzialistischer Feminismus

In meiner Lesart des amerikanischen Feminismus spielt Simone de Beauvoir eine herausragende Rolle. Das mag seltsam erscheinen, wenn man bedenkt, dass de Beauvoir gar keine Amerikanerin war, sondern Französin, und dass ihr berühmtestes Werk, *Le Deuxième Sexe* (*Das andere Geschlecht*), 1949 verfasst wurde, in einer relativ ruhigen Zeit für den Feminismus, während der langen Pause zwischen der ersten und der zweiten Welle. Dennoch war de Beauvoir die erste Philosophin, die eine Analyse der männlichen Vorherrschaft in allen Bereichen des menschlichen Lebens und Denkens bot. Das Konzept der »Frau«, argumentiert sie, stelle Frau als Objekt, Sklave oder »Andere« des Mannes dar, und weibliche Menschen würden von Geburt an dazu sozialisiert, diesem Verständnis von Weiblichkeit zu entsprechen. Diese Idee steckt hinter ihrem bekannten Satz: »Man wird nicht als Frau geboren, sondern man wird dazu gemacht.«[2] Diese Aussage ist das Senfkorn der Gender-Theorie.

Das andere Geschlecht ist de Beauvoirs Versuch darzulegen, wie die Vorstellung von der Frau als »Anderer« entstanden ist. Das Ergebnis ist eine beeindruckende achthundertseitige Abhandlung, die abwechselnd und selektiv aus Philosophie, Biologie, Geschichte, Anthropologie, Psychoanalyse, Religion und Literatur schöpft. Dieses Buch hatte einen tiefgreifenden Einfluss auf Betty Friedan, deren eigener Bestseller der Zündfunke für die Explosion der Frauenbewegung der 1960er-Jahre war. Durch Friedan wurde de Beauvoirs Analyse der häuslichen Sphäre und der weiblichen Biologie als Domänen der Versklavung prägend für die Ideologie und die Ziele des Feminismus der zweiten Welle und beeinflusst meines Erachtens auch heute noch die feministische Haltung zu Abtreibung und Mutterschaft.

Manchmal ist es schwer zu erkennen, ob de Beauvoirs Intention eher deskriptiv oder präskriptiv ist, aber sogar ihre Beschreibungen enthalten Werturteile und basieren ausdrücklich auf existenzialistischen Prämissen, die sie in ihrer Einleitung erwähnt. Die philosophische Schule des Existenzialismus verdankt ihren Namen einem ihrer zentralen Axiome: der Überzeugung, *dass die Existenz der Essenz vorausgeht*. Im philosophischen Jargon bezieht sich die Essenz auf das »Wesen« einer Sache, eine stabile Natur, die definiert, was etwas ist. Im vorhergehenden Kapitel war die Rede von

3. Wellen

der christlichen Sicht der menschlichen Person als Einheit von Leib und Seele; das ist eine der möglichen Auffassungen vom *Wesen* des Menschen. Erörterungen der »menschlichen Natur« sind implizit essenzialistisch, denn es geht um die Definition einer gemeinsamen, zugrunde liegenden Essenz aller Menschen. Gemäß der älteren philosophischen Tradition *geht die Essenz der Existenz voraus*. Mit anderen Worten: Was ein Mensch von Natur aus ist, hat Gültigkeit vor meiner eigenen individuellen Existenz. Der Existenzialismus kehrt dies um: Ich bin kein menschliches Wesen durch die bloße Tatsache meiner Existenz, sondern muss durch eigenständiges Handeln in der Welt erst zu einem menschlichen Wesen *werden*. Das Menschsein ist nicht etwas, das mir in den Schoß gelegt wird, sondern etwas, das ich erreiche.

In Beauvoirs Version des Existenzialismus besitzt der Mensch eine »Freiheit«, die in Spannung steht zu seiner »Faktizität«, der materiellen und endlichen Bedingung seines Lebens.[3] Der Mensch sieht sich also einer »Zweideutigkeit der Existenz« ausgesetzt, in der Zwickmühle eines »Dramas aus Fleisch und Geist, aus Endlichkeit und Transzendenz«.[4] Bei der Beauvoir-Lektüre fühle ich mich erinnert an die antiken Philosophen der Stoa, die menschliche Wesen als Emanationen des Göttlichen sahen, gefangen im fleischlichen Gefängnis der Körper. Der Tod ist somit ein Entkommen, eine Rückkehr zum göttlichen Pneuma, der Gott-Seele, die den Kosmos durchdringt. Beauvoirs Existenzialismus ist jedoch atheistisch. Es gibt für sie kein Pneuma, keinen Gott, keine Emanation. Der Mensch ist für sie keine Seele oder göttlicher Funke, der in einem Körper gefangen ist; er ist ein unendliches Bewusstsein, das durch seine biologischen und materiellen Umstände eingeschränkt wird. Wenn Beauvoir von *Transzendenz* spricht, verweist sie nicht auf Gott, sondern auf die Fähigkeit des Menschen, die grobe Tatsächlichkeit seiner Existenz durch kreatives Handeln zu *überwinden*. Wenn wir diese Fähigkeit zur Transzendenz nicht nutzen, ist dies ein Rückfall in die Immanenz, ein Verzicht auf unsere Freiheit und eine Unterwerfung gegenüber unserer Faktizität als körperliche

Wesen. Wenn wir dieses »Hinabfallen« von der Transzendenz in die Immanenz geschehen lassen, ist dies ein moralisches Versagen; wenn wir einen derartigen Abstieg einer anderen Person zumuten, ist dies Unterdrückung. De Beauvoir betrachtet beides als ein »absolutes Übel«.[5]

Für Beauvoir gibt es keine menschliche Natur, nur die Conditio humana, einen Zustand der Spannung oder Ambiguität zwischen Transzendenz und Immanenz. Die Welt oder unsere Leben haben keinen intrinsischen Sinn. Der Sinn muss erzeugt werden; er kann nicht einfach gefunden werden. Es liegt an uns, unsere Existenz zu rechtfertigen, ihr einen Sinn zu geben. Gemäß dieser Sichtweise *werden wir nicht erschaffen*, sondern *erschaffen uns selbst*, und wenn wir diese Arbeit der Selbsterschaffung nicht in Angriff nehmen, ist dies ein moralisches Vergehen. Es handelt sich dabei keineswegs um Bequemlichkeit oder freizügigen Relativismus; es geht nicht darum, das zu tun, was einen glücklich macht: Beauvoir erklärt ausdrücklich, dass es ihr nicht darauf ankommt, Frauen froh zu machen, sondern sie frei zu machen.[6]

Die Lektüre von *Das andere Geschlecht* ist eine seltsame Erfahrung. Häufig kann ich zustimmend nicken, dann jedoch, nur einen Absatz später, muss ich ungläubig den Kopf schütteln, zum Beispiel, wenn Beauvoir behauptet, dass Erbrechen während der Schwangerschaft ein Zeichen dafür sei, dass eine Frau ihr Kind unbewusst ablehne. In all ihren Beschreibungen der verschiedenen Lebensabschnitte einer Frau – Kindheit, Pubertät, Adoleszenz, Ehe, Schwangerschaft, Mutterschaft – konzentriert sie sich auf das Negative, das Ambivalente, das Pathologische. Zwar können alle diese Phasen auch ihre Schattenseiten haben, aber ich kann mich des Eindrucks nicht erwehren, dass sie es hasst, eine Frau zu sein. Sie hat recht, dass traditionell alles Männliche höher bewertet wurde als alles Weibliche. Leider scheint dieser Fehler in ihrer eigenen Weltanschauung eine Fortsetzung zu finden.

Weil für Beauvoir ein Gegensatz zwischen Faktizität und Freiheit besteht sowie zwischen Immanenz und Transzendenz, werden

3. Wellen

Frauen nicht nur durch gesellschaftliche Kräfte unterdrückt, sondern auch durch ihre Biologie. Deshalb beschreibt sie die natürliche Beschaffenheit der Frauen folgendermaßen: »Gebären und Stillen sind keine *Aktivitäten*, sondern natürliche Funktionen; sie sind nicht mit einem Projekt verbunden, weshalb die Frau sich nicht darauf berufen kann, um ihrer Existenz einen höheren Sinn zu geben; sie unterwirft sich damit passiv ihrem biologischen Schicksal.«[7] Man vergleiche damit ihre Darstellung des primitiven Mannes: »Die Situation des Mannes ist radikal anders. Er sorgt nicht durch einen simplen vitalen Vorgang für die Gruppe, wie es die weiblichen Arbeitsbienen tun, sondern durch Handlungen, die seine tierische Existenz transzendieren.«[8] Die Arbeit der Frauen charakterisiert sie in dieser Passage folgendermaßen: »verdammt«, »eingesperrt in Wiederholung und Immanenz«, »bringt nichts Neues hervor«, »Beute der Spezies«, »an ihren Körper gefesselt wie das Tier«.[9] Betrachten Sie demgegenüber die Beschreibung der als tatkräftiger dargestellten Arbeit des Mannes: »er erweitert seinen Zugriff auf die Welt«, »erobert«, »konstruiert«, »eignet sich an«, »annektiert«, »erprobt durch derartige Aktionen seine Kraft«, »gibt sich Ziele«, »verwirklicht sich in der Existenz«, »erschließt die Zukunft«.[10] Sie fährt fort mit der merkwürdigen Behauptung, dass die mit der Aktivität des Mannes verbundene Gefahr ihm die höchste Würde verleihe, denn nicht »indem er das Leben schenkt, sondern indem er sein Leben riskiert, erhebt sich der Mensch über das Tier«.[11] Sie vernachlässigt völlig die Tatsache, dass auch das Gebären gefährlich ist; neues Leben auf die Welt zu bringen und dabei das eigene Leben zu riskieren, geht für die Frauen Hand in Hand.

Diese Schieflage zugunsten des Männlichen und zu Lasten des Weiblichen zieht sich durch das gesamte Buch. Wenn ich *Das andere Geschlecht* in Form einer Analogie für die Hochschul-Aufnahmeprüfung zusammenfassen müsste, dann würde diese so lauten: Das Männliche verhält sich zur Transzendenz wie das Weibliche zur Immanenz. Meines Erachtens müssen auch die von den Männern damals ausgeübten Tätigkeiten – der Fischfang mit dem Speer, das Gerben von Tierhäuten oder das Pflügen eines steinübersäten Ackers – nicht selten eine ziemlich repetitive und sogar wenig erfolgreiche Arbeit gewesen sein. Doch Beauvoir beschreibt nur die häuslichen Tätigkeiten auf diese negative Weise, während sie den männlichen Aktivitäten einen aufregenden Anstrich gibt. Diese Voreingenommenheit ist kein Zufall: Es ist kein Ausrutscher, sondern ein Teil ihrer Weltanschauung. Sie schreibt, dass eine Frau »die Bestätigung der männlichen Ansprüche im Kern ihres Seins findet« und dass sie »die von Männern konkret erreichten Werte ebenfalls anstrebt und anerkennt«.[12]

In Simone de Beauvoirs Darstellung der Conditio humana befindet sich die Frau unweigerlich im Krieg mit sich selbst, mit dem gegebenen Zustand ihrer Verkörperung. Die Frau ist eine Absurdität; sie ist eine autonome Freiheit, die in einem Körper gefangen ist, der dazu bestimmt ist, einen anderen Körper zu beherbergen. Hoffnung schöpfen kann sie nur aus dem ständigen Kampf gegen ihre Faktizität, um dem Mann so ähnlich wie möglich zu werden. Damit eine Frau sich selbst erschaffen kann, muss sie sich zunächst einmal ablehnen. Sie muss das Weibliche als bedeutungslos erkennen und ihren Blick, ihre Bestrebungen dem männlichen Ideal zuwenden.

Für Beauvoir konzentriert sich der Sinn des Lebens in der Arbeit und im Erzeugen. Da Schwangerschaft, Gebären und Stillen natürliche Funktionen sind, kann aus ihnen keine Transzendenz erwachsen; durch die Mutterschaft kann keine Frau eine höhere Ebene der Bedeutung jenseits ihrer Faktizität finden. Der Mann hingegen ist ein autonomes und vollständiges Individuum, weil er ein Erzeuger ist: »seine Existenz wird gerechtfertigt durch die von ihm geleistete Arbeit«.[13] Beauvoir sagt ausdrücklich, dass die Frauen »in einer von ihnen gewollten und geliebten Arbeit eine konkrete Freiheit erreichen«.[14] Wenn man diese Worte liest, denkt man unwillkürlich an »Arbeit macht frei«, das Motto der Nazis über dem Eingangstor von Auschwitz.

Zu Beauvoirs Verteidigung sei jedoch gesagt, dass sie nicht das hektische Leben einer weiblichen Vorstandsvorsitzenden favorisiert, die sich lange Arbeitstage zumutet und ständig bemüht ist, ihre hochkarätige Karriere mit den Resten eines Familienlebens zu vereinbaren. Sie attackiert das moderne Frauenideal, »alles haben zu wollen«, in ihrem Kapitel über die sogenannte unabhängige Frau ihrer Zeit, mit Einsichten, die auch heute noch, fast ein Jahrhundert später, zutreffend sind. Sie argumentiert, die moderne Frau sei nicht frei, sondern gespalten. Sie sei nicht in der Lage, sich den Anforderungen der weiblichen Welt zu entziehen, während sie gleichzeitig versuche, sich in der männlichen Welt durchzusetzen. Sie wolle sowohl wie ein Mann als auch wie eine Frau leben, und »ihre Arbeitsbelastung und ihre Erschöpfung vervielfachen sich dadurch«.[15] Beauvoir ist völlig pessimistisch hinsichtlich einer Kombination von Mutterschaft und Karriere. »Schon ein Kind reicht aus, um die Aktivität einer Frau völlig zu lähmen«, schreibt sie.[16]

Kurz nach dem Abschluss meiner Promotion wandte ich mich an eine meiner ehemaligen Professorinnen und fragte sie, wie sie es schaffe, eine erfolgreiche akademische Karriere und parallel dazu mehrere Babys zu haben. Ich war damals noch nicht Mutter und es schien mir beängstigend, dies mit einer akademischen Laufbahn zu vereinen. Der Rat der Professorin war ganz einfach: Ich solle mich gut verheiraten. Ein Partner, der einen unterstütze, sei das Wichtigste. »Für mich war es eine wunderbare Erfahrung«, sagte sie, »aber ein Albtraum für eine meiner Freundinnen.« Was war der Unterschied zwischen ihnen? Sie selbst hatte einen Ehemann, der die Hausarbeit mit ihr teilte, während das bei ihrer Freundin nicht der Fall war. Dieser mir gegebene Rat hat sich als richtig erwiesen. In meiner eigenen Ehe wurde nie von mir erwartet, als Frau die alleinige Verantwortung für Kindererziehung und Hausarbeit zu übernehmen – dazu fühlen wir uns als Paar gemeinsam berufen. Das Motto unserer Ehe ist ein Zitat aus der homerischen *Odyssee*: »Denn nichts ist besser und wünschenswerter auf Erden, / Als wenn Mann und Weib, in herzlicher Liebe vereinigt, / Ruhig ihr Haus verwalten, den Feinden ein kränkender Anblick, / Aber Wonne den Freunden; und mehr noch genießen sie selber!«[17]

Diese Vision einer gemeinsamen häuslichen Sphäre ist nicht die von Beauvoir empfohlene Lösung. Innerhalb ihrer existenzialistischen Weltanschauung würde ein solcher Schritt die Frauen nicht frei machen, sondern würde sowohl Frauen als auch Männer zur Immanenz verdammen, zu einer Arbeit, welche die Existenz lediglich wiederholt und unterstützt, statt sie zu transzendieren. Beauvoir hielt eine marxistische Revolution für unvermeidlich. Wahre Gleichberechtigung kann nicht stückchenweise erreicht werden, indem hie und da kleine Änderungen an Gesetzen oder Bräuchen vorgenommen werden: »Der ganze Wald muss auf einmal gepflanzt werden.«[18] In diesem neu kultivierten Bereich könnte ein Mädchen mit »den gleichen Anforderungen und Ehren, der gleichen Strenge und Freiheit wie ihre Brüder« erzogen werden. Sie würde »ihren Wert in der Arbeit und beim Sport beweisen und dabei aktiv mit den Jungen konkurrieren«.[19] Beauvoirs Vision der Emanzipation der Frauen – die von der sowjetischen Revolution versprochen, aber nie verwirklicht wurde – ist die folgende:

> »Die genauso wie die Männer erzogenen und ausgebildeten Frauen würden unter den gleichen Bedingungen und für den gleichen Lohn arbeiten; die erotische Freiheit würde von den Sitten akzeptiert sein [...]; Frauen wären verpflichtet, für ihren Lebensunterhalt selbst zu sorgen; die Ehe würde auf einer freiwilligen Verbindung beruhen, die von den Ehepartnern beendet werden könnte, sobald sie dies wollten; die Mutterschaft wäre frei gewählt – das heißt, Geburtenkontrolle und Abtreibung wären erlaubt – und parallel dazu würden alle Mütter und ihre Kinder die gleichen Rechte erhalten, unabhängig von der Ehe; der Mutterschaftsurlaub würde von der Gesellschaft bezahlt, die eine Mitverantwortung für die Kinder übernehmen würde.«[20]

Ich bin zwar für bezahlten Mutterschaftsurlaub, aber ich muss mich unweigerlich fragen, welche Arbeitskräfte sich um die Plackerei in diesen staatlichen Kinderbetreuungseinrichtungen kümmern müssten – Beauvoir würde dies sicherlich nicht übernehmen wollen! Man könnte versuchen zu argumentieren, dass sie die Absicht hat, die als Gegenpole markierten Sphären von Männlichkeit und Weiblichkeit völlig abzuschaffen, um eine neutrale Sphäre einzurichten, die keinem Geschlecht zugeordnet ist. In gewissem Sinne trifft das zu: Ihr Ziel ist eine androgyne Welt. Sie behauptet, dass dann, wenn Mädchen von Geburt an in die männliche Sphäre aufgenommen werden, diese Sphäre nicht mehr als männlich, sondern als »androgyn« wahrgenommen wird.[21] Sogar in dieser finalen Beschreibung ihrer idealen Gesellschaft wird deutlich, dass es nicht die Männer sind, die sich ändern müssen, sondern die Frauen. Die männliche Norm bleibt bestehen, auch wenn sie jetzt Androgynie genannt wird, und die Frauen müssen sich ihr voll und ganz anschließen. Selbst wenn ich Beauvoir das letzte Wort überlasse, bestätigt sie damit meinen Standpunkt. Sie beendet ihr langes Werk über das Dilemma der Frauen mit einem letzten Aufruf an die Männer und die Frauen, »unmissverständlich ihre *Brüderlichkeit* zu bekunden«.[22]

Wir werden auf die Auswirkungen dieser Ideen in den folgenden Kapiteln noch näher eingehen. An dieser Stelle geht es mir nur darum, einige weltanschauliche Grundannahmen hervorzuheben, die auch heute noch, beinahe acht Jahrzehnte später, eine wichtige Rolle in zentralen Strömungen des Feminismus spielen. Allzu oft wird die Freiheit der Frauen als *Freiheit von der Weiblichkeit* interpretiert. Die »Autonomie« richtet sich nach männlichen Parametern, und von Frauen wird erwartet, dass sie invasive Maßnahmen chemischer und chirurgischer Art ergreifen, um ihren Körper diesem Ideal anzupassen. Frauen werden nicht einfach für das geschätzt, was sie *sind*, sondern müssen ihren Wert beweisen durch das, was sie *tun*. Die Handlungen und Aktivitäten, die von der Gesellschaft als lobenswert eingestuft werden, haben selten etwas mit Häuslichkeit und Mutterschaft zu tun.

Obwohl heutzutage nur noch wenige Feministinnen von sich sagen würden, bewusst existenzialistisch zu denken, würde ich behaupten, dass Simone de Beauvoirs Auffassung von Freiheit und Autonomie weiterhin das feministische Engagement zugunsten der Abtreibung motiviert. Der berühmte Satz im Urteil des Obersten Gerichtshofs der Vereinigten Staaten im Fall »Planned Parenthood v. Casey« (Geplante Elternschaft gegen Casey) lässt Anklänge an den Existenzialismus erkennen: »Zentral für die Freiheit ist das Recht jedes Menschen, sein eigenes Konzept der Existenz, des Sinns, des Universums und des Geheimnisses des menschlichen Lebens zu definieren.« Diese Stellungnahme lässt unberücksichtigt, dass wir verantwortlich sind für ein *Gegebensein* in der Welt, dass ein ungeborenes menschliches Wesen existieren könnte, ob es uns gefällt oder nicht, und dass diese Existenz eine bestimmte ethische Reaktion von uns erfordern könnte. Die frühere Auffassung, dass die Welt einen Sinn hat, der von den Menschen erkannt werden kann, ist verschwunden. Ebenso verloren gegangen ist der Glaube an ein gemeinsames menschliches Glück (die Eudaimonie), das durch ein Leben im Einklang mit unserer Natur erreicht werden kann. Sogar das Konzept der menschlichen Natur hat keine Gültigkeit mehr. Das einzige Telos ist nunmehr eine unbegrenzte Freiheit, eine endlose Reise der Selbstbestimmung ohne konkretes Ziel. Das Telos jedes Menschen besteht gemäß dieser Weltanschauung darin, das eigene Telos zu definieren.

Postmoderner Feminismus

Nach den Streitigkeiten über Sexualität in den 1980er-Jahren nahm der Feminismus eine entschieden postmoderne Wendung und hat sich seither in dieser Richtung rasch weiterentwickelt. Eine richtungweisende Schlüsselfigur dieses Wandels ist die Philosophin Judith Butler, die mit ihrer Arbeit die Umorientierung weg von der Frauenforschung hin zu den Gender Studies maßgeblich beeinflusst hat. Butlers Veröffentlichungen wurden in der akademischen Welt mittlerweile kanonisiert, so dass ich ohne Risiko darauf wetten

3. Wellen

würde, dass jeder heutige Lehrplan der Gender Studies ihr Denken berücksichtigt. Ihre gottgleiche Stellung in diesem Fachgebiet lässt sich kaum überschätzen.

Ich erinnere mich, dass ich Butler im Jahr 2008 bei der MLA-Tagung in Los Angeles sprechen sah. Das war in der Zeit, in der ich selbst sehr stark an postmodernem Feminismus interessiert war. Ich war damals mit meiner Dissertation beschäftigt und streckte erstmals meine Fühler aus auf dem hart umkämpften Stellenmarkt der akademischen Welt. Als ich ihren Namen auf dem Programm sah, schwor ich mir, dieser Sektion beizuwohnen, denn ich fand es ganz toll, die leibhaftige Judith Butler mit eigenen Augen sehen zu können.

Der große Vortragssaal war rappelvoll; es gelang mir immerhin, ganz hinten noch einen Stehplatz zu finden. Ich war überrascht von Butlers kleiner Statur, die in scharfem Kontrast zu ihrem legendären Status stand. Sie trug einen jungenhaften Haarschnitt, der zur Seite gekämmt war, und eine schicke Lederjacke. Wie bei literaturwissenschaftlichen Konferenzen üblich, las sie ruhig und konzentriert ihren vorbereiteten Beitrag vor. Ich kritzelte hektisch Notizen in eine kleine grüne Kladde und versuchte, mit dem stetigen Fluss der kostbaren Worte mitzuhalten, die vom Podium her in meine Richtung drangen. Allerdings dachte ich mir, während ich mitschrieb: *Ich habe keine Ahnung, wovon sie spricht.* Das hätte mich schon damals stutzig machen sollen, aber das tat es nicht. Ich notierte mir einfach pflichtbewusst ihre Worte und nahm an, dass ihre Weisheit außerhalb meiner Reichweite lag, wie ferne Wolken, die hoch über meinem Kopf vorbeiziehen, und dass ich genau darüber würde nachdenken müssen, um ihre Bedeutung zu erkennen. Zu jenem Zeitpunkt zweifelte ich nie auch nur einen Moment daran, dass das, was sie sagte, tiefgründig und unangreifbar war; stattdessen zweifelte ich an mir selbst.

Man muss fairerweise zugeben, dass Butler brillant ist. Sie ist ein intellektuelles Schwergewicht und ihre Prosa ist massiv wie eine Backsteinmauer; der Leser muss seinen Kopf mit Gewalt gegen die Worte stoßen, um sich einen Weg durch diese zu bahnen. 1998 gewann Butler mit dem folgenden Satz den berüchtigten »Preis für schlechtes Schreiben« der Zeitschrift *Literature and Philosophy*:

> »Der Übergang von einer strukturalistischen Darstellung, in der davon ausgegangen wird, dass das Kapital soziale Beziehungen auf relativ homogene Weise strukturiert, zu einer Sichtweise der Hegemonie, in der Machtbeziehungen der Wiederholung, Konvergenz und Reartikulation unterliegen, brachte die Frage der Zeitlichkeit in das strukturelle Denken und markierte einen Wechsel von einer an Althusser angelehnten Theorie, die strukturelle Totalitäten als theoretische Objekte ansieht, hin zu einer Theorie, in der die Erkenntnisse über die kontingente Möglichkeit von Struktur eine erneuerte Konzeption von Hegemonie erschließen, die gebunden ist an die kontingenten Orte und Strategien der Reartikulation von Macht.«[23]

Ich erwähne diese spöttische Auszeichnung nicht, um mich über Butler lustig zu machen, sondern um auf etwas aufmerksam zu machen: Eine der Gefahren von Theorien im Bereich von Gender und Feminismus ist ihre Unergründlichkeit. In all den Jahren, in denen ich Butlers Schriften gelesen und unterrichtet habe, habe ich noch nie erlebt, dass ein Studierender die volle Komplexität ihrer Argumente richtig erfasst hätte. Die Studierenden greifen sich jene Aspekte heraus, die verständlich sind und Berührungspunkte zu ihren eigenen Erfahrungen aufweisen, und auf der Grundlage dieser minimalen Bestätigung der Richtigkeit übernehmen sie den Rest pauschal und ungeprüft. Dies führt zu einem Phänomen, das ich als »Durchsickerungs-Gender-Theorie« bezeichne: die weit verbreitete Akzeptanz von Ideen, die einer Weltanschauung entspringen, welche die meisten Menschen – insbesondere die meisten Christen – ablehnen würden, wenn sie diese Provenienz durchschauen würden. Da die zugrundeliegende Weltanschauung aber nie klar artikuliert wird, wird sie unbemerkt an Bord geschmuggelt.

3. Wellen

Viele von Butlers zentralen Axiomen üben heute einen tiefgreifenden Einfluss auf die Populärkultur aus, häufig in abgeschwächter, durchgesickerter Form. Butler lehnt sich an mehrere Ideen aus *Das andere Geschlecht* an und steigert diese zu neuen Extremen. Dass sie stark von der existenzialistischen Philosophie beeinflusst ist, zeigt ihre Bezugnahme auf Beauvoir und Sartre gleich auf der ersten Seite ihres berühmtesten Buches, *Gender Trouble*. Gegen Ende von *Das andere Geschlecht* hatte Beauvoir verkündet, in der menschlichen Gesellschaft sei »nichts natürlich«.[24] Für Butler wird diese Aussage zu einer grundlegenden Prämisse: *Nichts ist natürlich*.

Wenn Beauvoir schreibt, man werde nicht als Frau geboren, sondern werde danach erst dazu gemacht, treibt sie einen Keil zwischen die Bedeutung von »Frau« und »weiblich«, indem sie argumentiert, die Kategorie »Frau« sei eine soziale und kulturelle Fiktion, die auf die biologische Realität der Weiblichkeit aufgesetzt werde. Sie postulierte dies bereits in den 1940er-Jahren und wurde damit zur Vorbereiterin der postmodernen Wende. Es dauerte nicht lange, bis der Feminismus, eine ursprünglich auf dem Konzept der Frau aufbauende Bewegung, damit begann, diese Kategorie nach und nach zu demontieren. Seit den 1980er-Jahren entstanden mit großem Aufwand an Zeit und Tinte viele feministische Schriften, die eine feste Kategorie namens »Frau« ablehnten. Dies war eine direkte Folge der postmodernen Wende, die zu einem interessanten Paradox führte, denn die feministische Theorie begann nun, voller Enthusiasmus den Ast abzusägen, auf dem sie saß.

In den 1990er-Jahren ging Butler noch einen Schritt weiter, indem sie auch die Kategorie des »Weiblichen« hinterfragte: »Das ›Weibliche‹ scheint kein stabiles Konzept mehr zu sein, seine Bedeutung ist genauso schwankend und unbestimmt wie das von ›Frau‹«, schrieb sie in *Gender Trouble*.[25] Mit dieser Behauptung trieb Butler die feministische Flucht vor dem Essenzialismus voran bis zu einer neuen Grenze. Beauvoir mag die Weiblichkeit unter negativen und sogar pathologischen Vorzeichen betrachtet haben, aber zumindest nahm sie diese ernst als eine »Faktizität«, die das

Leben der Frauen begründet und definiert. Butler hingegen tut das nicht. Das liegt daran, dass ihr Hauptziel als Theoretikerin darin besteht, die Normalität heterosexueller Beziehungen ins Wanken zu bringen – die Tendenz, die sexuelle Beziehung zwischen Mann und Frau als normal und natürlich zu betrachten, was im Jargon der Theorie als Heteronormativität bezeichnet wird. Die Auffassung, dass die Menschheit in zwei Geschlechter aufgeteilt ist, die biologisch komplementär sind, beruht für Butler nicht auf Tatsachen, sondern ist eine gesellschaftliche Erfindung. Wie aber ist sie zu dieser Haltung gelangt, die sowohl dem gesunden Menschenverstand als auch dem wissenschaftlichen Konsens widerspricht? Die Antwort lautet: über Foucault.

Der Schlüssel zum Verständnis von Judith Butler liegt darin, ihre Abhängigkeit von der postmodernen Philosophie Michel Foucaults zu erkennen. Mir ist klar, dass einige meiner Leser und Leserinnen an dieser Stelle den Eindruck haben könnten, dass ich ihnen eine unnötig komplexe Reihe von theoretischen Matroschkas zeige – *man öffne die Butler-Puppe, um darin die Foucault-Puppe zu finden!* In Wirklichkeit riskiere ich eher, den Sachverhalt zu sehr zu vereinfachen, denn wenn Butlers Werk eine Schachtelpuppe wäre, würden man darin Dutzende von kleinen französischen Puppen finden: zweifellos Foucault, auch Beauvoir – und daneben Derrida, Lacan, Irigaray, Kristeva, Wittig. Ich werde hier auf eine vollständige Genealogie verzichten und mich stattdessen auf Foucault konzentrieren, denn er steckt maßgeblich hinter der heutigen Identitätspolitik. Meines Erachtens haben die meisten der heutigen Anhänger des Gender-Paradigmas unwissentlich eine von Foucault geprägte Weltanschauung übernommen, die zu ihnen zumindest teilweise auf dem Umweg über Judith Butler gelangt ist.

Sehen wir uns eine Passage aus ihrem Buch *Undoing Gender* an:

»Die Frage, wer und was als wirklich und wahr angesehen wird, ist anscheinend eine Frage des Wissens. Aber es ist auch, wie Michel Foucault deutlich macht, eine Frage der

3. Wellen

Macht. Der Besitz oder das Überbringen von ›Wahrheit‹ und ›Wirklichkeit‹ sind mit enormer Macht verbundene Vorrechte in der sozialen Welt, eine Art, wie sich die Macht als Ontologie verstellt.«[26]

Macht verstellt sich als Ontologie. Unter Ontologie versteht man die Philosophie des Seienden, des Existierenden. Butler sagt hier, das, was wir als »wirklich« wahrnehmen, sei eigentlich eine Fiktion, die von institutioneller Macht geschaffen und durchgesetzt wird. Aus Sicht der Postmoderne ist Wahrheit immer in mentale Anführungszeichen zu setzen, weil sie letzten Endes nicht erkennbar ist (oder nicht existent). Es bleibt nur die Macht. Wissen beruht also nicht darauf, zu unterscheiden oder zu erkennen, was wahr ist, denn »Wahrheit« ist selbst bloß eine Konstruktion der Macht. Foucault verwendet den Doppelbegriff »Wissen/Macht«, um diese Idee zu transportieren, ein Ausdruck, der von Butler aufgegriffen wird.

Butlers bekanntester Beitrag zu den Gender Studies ist ihr Konzept von Geschlecht als Performanz. Im Jahr 1988 präsentierte sie die Theorie, dass das, was wir als Geschlecht wahrnehmen, in Wirklichkeit eine unbewusste, gesellschaftlich erzwungene Performanz ist, welche die Illusion einer Essenz erzeugt.[27] Von Geburt an werden die Menschen nach Geschlechtern kategorisiert und erhalten sozusagen die jeweiligen Skripte zu diesen Rollen. Die kontinuierliche Umsetzung dieser Skripte hält die Illusion aufrecht, dass diese Kategorien real sind, und nicht nur soziale Konstrukte.

Die Studierenden neigen dazu, sich Butlers Idee der »Gender-Performativität« herauszugreifen, weil sie in gewisser Weise wahr ist. Die meisten Menschen haben die Erfahrung gemacht, die eigene Männlichkeit oder Weiblichkeit zu betonen, um den Geschlechterstereotypen zu entsprechen. Einige der sichtbaren Signale des Geschlechtsunterschieds in Form von Frisuren und Kleidung, die von Kultur zu Kultur variieren, sind sicherlich prinzipiell willkürlich. In gewisser Weise führen wir alle unsere geschlechtliche Identität vor oder stellen sie dar und verkörpern sie. Was den Studierenden schwerer fällt zu erkennen, ist die Tatsache, dass Butler etwas viel Radikaleres behauptet. Sie sagt, dass die geschlechtliche Identität *nur* Performanz ist, dass es unter den verschiedenen kulturellen Ausdrucksformen keine »echte« Frau und keinen »echten« Mann gibt. Die kulturellen Ausdrucksformen der Geschlechter erzeugen lediglich die Illusion, dass es Männer und Frauen gibt.

Butler leugnet nicht, dass es biologische Geschlechtsunterschiede gibt. Sie argumentiert jedoch, dass jede Kategorisierung oder Bedeutung, die wir diesen Unterschieden zuschreiben, eine Frage der Macht und nicht der Wahrheit ist. Ihres Erachtens gibt es keinen triftigen Grund, diese Unterschiede als bedeutsamer anzusehen als Unterschiede in der Haar- oder Augenfarbe. Für sie existiert der Körper nur als Tabula rasa, als unbeschriebene Tafel ohne eigene Bedeutung, auf die gesellschaftliche Normen eingeätzt werden.

Wie alle feministischen Theorien haben auch Butlers Theorien einen politischen Aspekt. Davon auszugehen, dass das gesellschaftliche Geschlecht (alias Gender) eine Fiktion ist, ermöglicht es den Menschen, absichtlich die Normen zu untergraben, die diese Illusion von Realität erzeugen. »Was tragen Dragqueens, männlich gestylte Lesbierinnen, weiblich gestylte Lesbierinnen, Transgender-Personen und Transsexuelle zum politischen Feld bei?«, fragt sie. »Sie bringen uns nicht nur dazu, zu hinterfragen, was wirklich ist und was sein ›muss‹, sondern sie zeigen uns auch, wie die Normen, die die zeitgenössischen Vorstellungen von Realität bestimmen, in Frage gestellt werden können und wie sich neue Formen von Realität durchsetzen können.«[28] Darin besteht ihr politisches Projekt: die Demontage der Normen von sozialem und biologischem Geschlecht, um dadurch die sogenannte Heteronormativität zu überwinden.

Um dies zu erreichen, hinterfragt sie alle Regeln und Sitten rund um die Sexualität, einschließlich des Inzesttabus. Butler behauptet, dass Inzest nicht notwendigerweise traumatisierend sei; es sei das soziale Stigma, das ihn dazu mache.[29] Butler bewertet jede Aussage nicht nach ihrem Wahrheitsgehalt, sondern danach, ob sie sexuelle Normen etabliert. In *Undoing Gender* spricht sie davon, irgendwann in der Zukunft den »mütterlichen Körper zu ersetzen«, und zwar mit Hilfe von technologischen Innovationen, die eine künstliche Fortpflanzung ermöglichen und die Zeugung von Menschen vollständig von heterosexuellen Beziehungen entkoppeln. Butler warnt Feministinnen, die solche Neuerungen ablehnen, dass ihre Opposition *»die Naturalisierung der heterosexuellen Reproduktion riskiere«*.[30] Ich hebe diesen Satz besonders hervor, weil er Butlers extrem sozialkonstruktivistische Perspektive auf den Punkt bringt. Die bloße Vorstellung, dass heterosexuelle Fortpflanzung natürlich sei, ist für Butler ein schädliches Drehbuch, das völlig umgeschrieben werden muss.

Dieses postmoderne Verständnis von Wahrheit als Macht führt zu einer postmodernen politischen Praxis, in der die Sprache absichtlich manipuliert wird, um diese »neuen Formen von Realität« zu etablieren.[31] Deshalb wird so viel Wert auf die Überwachung der Sprache gelegt: Neue Pronomen werden geschaffen und ihre Verwendung vorgeschrieben, die Definitionen von Begriffen wie Gender werden dauernd geändert, ständig werden neue Kategorien und Unterkategorien von Identität und Begehren verbreitet. Es handelt sich um einen konzertierten Versuch, durch Machtausübung ein neues Drehbuch gesellschaftlicher Wahrheiten durchzusetzen.

Während der Niederschrift dieses Buches stieß ich auf die Behauptung, Michel Foucault habe sich für die Legalisierung der Pädophilie in Frankreich engagiert, was durch die Abschaffung des gesetzlichen Mindestalters für sexuelle Kontakte hätte erfolgen sollen. Das klang so extrem, dass ich mich fragte, ob es vielleicht nur eine Verschwörungstheorie war. Zu meinem Entsetzen musste ich feststellen, dass es stimmt. Im Jahr 1977 reichte Foucault bei der französischen Regierung einen förmlichen Antrag ein, einvernehmlichen Sex mit Minderjährigen zu entkriminalisieren.[32] Er schlug nicht nur vor, das Alter des Jugendschutzes herabzusetzen, sondern plädierte für seine völlige Abschaffung.[33] Im selben Jahr forderte ein offener Brief in der französischen Zeitung *Le Monde* die Freilassung von drei verurteilten Pädophilen, denn »drei Jahre [Gefängnis] für Küsse und Zärtlichkeiten sind genug«.[34] Im Brief wurde argumentiert, wenn 13-jährige Mädchen alt genug seien, um als Verhütungsmittel die Pille verschrieben zu bekommen, dann seien sie auch alt genug, um in Sex mit Erwachsenen einzuwilligen. Dieser Brief wurde unterzeichnet von Simone de Beauvoir, Jean-Paul Sartre, Jean-François Lyotard, Gilles Deleuze, Félix Guattari und Roland Barthes. Alle diese Intellektuellen sind Berühmtheiten in der akademischen Welt, verehrte Theoretiker und Philosophen. Ich habe sie alle während meines Aufbaustudiums gelesen, ohne zu wissen, dass ihre theoretischen Annahmen sie zu dem Schluss kommen ließen, dass es völlig in Ordnung sei, minderjährige Mädchen vorübergehend zu sterilisieren, damit sie Sex mit erwachsenen Männern haben können.

Wenn eine Philosophie jemanden an diesen Punkt führt, dann ist mit ihren Grundlagen etwas nicht in Ordnung.

Intersektioneller Feminismus

Judith Butlers Theorien haben unbestreitbar das Gender-Paradigma geprägt, aber diese Theorien ändern ihre Gestalt, sobald sie in die wechselhaften Winde der Populärkultur geraten. So lässt sich beispielsweise Butlers frühes Werk, insbesondere ihr berühmtes Konzept der Performativität, nicht mit dem Transgender-Narrativ vereinbaren, dass sich eine Gender-Essenz im falschen Körper befinden kann. Ein Mann mit von ihm erklärter Transidentität könnte behaupten, dass er »in Wirklichkeit« eine Frau ist, dass seine innere Gender-Wahrnehmung realer ist als sein körperliches Geschlecht. Das ist ein essenzialistisches Narrativ, das Butlers Auffassung widerspricht, Gender könne keine Essenz sein.

In ihrem späteren Werk passt Butler sich an derartige Probleme an. Es scheint eine Rückkopplungsschleife zu geben: Butlers Theorien beeinflussen die Kultur, und die Kultur beeinflusst ihrerseits Butlers später entstandene Veröffentlichungen. Da ihre Theorien nicht an die Realität gebunden sind, keine stabile Basis haben, kann sie improvisieren. Bei der Veröffentlichung von *Undoing Gender* im Jahr 2004 hat sie ihre Ausdrucksweise bereits an die Transgender-Politik angepasst; außerdem hat sie ihre Rhetorik erweitert, so dass zum ursprünglichen Fokus auf queere Identitäten nun gelegentliche Verweise auf andere ausgrenzende Identitätsfaktoren wie Hautfarbe und Behinderung hinzutreten. Dieser rhetorische Wandel in Butlers eigenem Werk entspricht einem umfassenderen Wandel in der Theorie des Feminismus und der Geschlechterforschung; es beginnt nun die vierte Welle des Feminismus und das Konzept der »Intersektionalität« erhebt den Anspruch auf den Herrscherthron im Reich der Theorie.

Intersektionalität ist ein Begriff, der 1989 von der schwarzen feministischen Theoretikerin Kimberlé Crenshaw geprägt wurde.[35] In ihren Veröffentlichungen wies Crenshaw, eine Rechtswissenschaftlerin, auf eine ihrer Meinung nach bestehende Lücke im Antidiskriminierungsrecht hin. Zwar sind »Rasse« – ein in den USA im Unterschied zu Deutschland heute noch üblicher Ausdruck – und Geschlecht beide geschützte Kategorien, aber die amerikanischen Gesetze berücksichtigen nicht immer besondere Formen der Diskriminierung, die entstehen können, wenn eine Person mehr als einer dieser Kategorien angehört. Anders ausgedrückt, könnte eine schwarze Frau eine doppelte Form von Diskriminierung erfahren, welche sowohl die Sektion der Hautfarbe als auch die des Geschlechts berührt; die intersektionelle Positionierung dieser Person ist folglich eine andere als die eines schwarzen Mannes oder einer weißen Frau.

Diese Beobachtung ist zweifellos richtig. Es gibt keine monolithische »Erfahrung der Frau« oder »Erfahrung von Schwarzen«; andere Faktoren wie Gesellschaftsklasse oder Behinderung spielen ebenso eine Rolle als Hintergrund der konkreten Wirklichkeit, in der die Menschen leben. Wenn man es als heuristisches Werkzeug oder Analyseinstrument verwendet, hat das grundlegende Konzept der Intersektionalität die Fähigkeit, unser Mitgefühl für andere Menschen zu erhöhen. Insbesondere feministische Untersuchungen sollten die verschiedene Kategorien betreffenden Lebensumstände von Frauen berücksichtigen. Viel zu oft hat sich der Feminismus nur für das Leben weißer Frauen aus der Mittel- und Oberschicht interessiert, was historisch gesehen ein Problem für die Bewegung darstellte. Der Feminismus der zweiten Welle entstand als Reaktion auf die düstere Darstellung der amerikanischen Vorstadt-Hausfrauen in Betty Friedans *The Feminine Mystique*. Die Intersektionalität hat das Potenzial, die undifferenzierte Vorstellung eines allgegenwärtigen Patriarchats, das dafür sorgt, dass Frauen immer und überall gegenüber Männern benachteiligt sind, um die notwendige Komplexität zu erweitern. Leider wird dieses Konzept in der heutigen feministischen Rhetorik in der Regel nicht so verwendet.

Ich erinnere mich, wie ich kürzlich nach einem Arbeitstag mit dem Fahrrad nach Hause fuhr. Die Luft war frisch und ich kam zügig voran; meine Beine fühlten sich kräftig und energiegeladen an. Ich hatte es eilig, nach Hause zu kommen, denn dort erwarteten mich warme Zimmer, eine warme Mahlzeit und eine Schar lärmender, gesunder Kinder. Mein Haus befindet in der Nähe der örtlichen Kirchengemeinde, die jeden Freitag den Bedürftigen eine kostenlose Abendmahlzeit anbietet. Als ich mich meinem Haus näherte, sah ich einen Mann, der in entgegengesetzter Richtung auf der gegenüberliegenden Straßenseite auf mich zu kam. Genauer gesagt humpelte er; sein linkes Bein schleifte immer ein wenig über den Boden, wenn er es mit großer Anstrengung nach vorne schwang. Seine Kleidung war zerlumpt, sein Gesicht verwittert und sein Blick von grimmiger Entschlossenheit geprägt, als würde er gegen einen starken Gegenwind anlaufen. Ich nahm an, dass er wegen der kostenlosen Mahlzeit die Pfarrei aufgesucht hatte, und als ich an ihm mit dem Fahrrad vorbeifuhr, schossen mir zwei Gedanken durch den Kopf, unmittelbar nacheinander. Der erste Gedanke war, dass mir plötzlich bewusst wurde, wie viel Glück ich hatte, einen gesunden Körper, einen festen Arbeitsplatz, eine eigene Unterkunft und genug zu essen zu haben. Der zweite Gedanke war, dass mir auffiel, wie absurd verkürzt und simplifizierend das Konzept des »Privilegs der weißen Männer« war. Es wäre eine Frechheit gewesen, diesem Mann zu sagen, dass er nur aufgrund seines Geschlechts eine Art von Machtposition mir gegenüber einnahm, war ich doch eine gut ausgebildete, gesunde, eine intellektuelle Tätigkeit ausübende Dozentin. Diese Erkenntnis war eine intersektionelle Einsicht, denn sie basierte auf meiner Wahrnehmung der Klassenzugehörigkeit und Körperbehinderung des Mannes, die ihn neben seinem Geschlecht charakterisierten. Ironischerweise ist jedoch der Vorwurf des »Privilegs der weißen Männer« ebenso ein Ergebnis intersektionellen Denkens, das weit über seine Rolle als Analyseinstrument hinausgewachsen ist und zu einer totalitären Ideologie geworden ist, die ich *Intersektionalismus* nennen werde – eine Ideologie, die eher zu Spaltung als zu Mitgefühl führt.

Wie das Gender-Paradigma geht auch der Intersektionalismus von einem postmodernen Verständnis der Realität aus, das sich an der Theorie von Michel Foucault orientiert, der gleichen Weltsicht, die auch Butlers Gender-Theorie zugrunde liegt. Es sei daran erinnert, dass es gemäß Foucaults Auffassung von Wirklichkeit immer von den Machtverhältnissen abhängt, was wir als Wahrheit und Wissen betrachten. Die Inhaber der Macht legen fest, was wirklich ist und was man wissen kann. Hierzu gibt es auch ein passendes Zitat von Judith Butler: »zu leben heißt, ein politisches Leben zu führen, in Beziehung zur Macht«.[36] Anstatt die Idee eines allgegenwärtigen Patriarchats zu nuancieren, produziert der Intersektionalismus zusätzlich die Vorstellung von noch weitreichenderen Kräften der Unterdrückung. Aus dem Bösewicht des »Patriarchats« wird der Erzfeind des »weißen und männlichen Cis-Hetero-Patriarchats«. Das ständige Hervorbringen von Neologismen wie »Cisgender« ist ein weiteres Kennzeichen des Intersektionalismus, der die Sprache manipuliert, um unsere Auffassung des »Wirklichen« neu zu gestalten.

Der Intersektionalismus beseitigt die Dimension des *Universellen* ebenso wie die des *Individuellen*. Wir können uns nicht mehr auf eine gemeinsame menschliche Natur oder Existenz berufen, die intrinsisch und kulturübergreifend ist. Genauso wenig können wir unsere Aufmerksamkeit auf das Individuum richten; wir müssen die Menschen stattdessen durch die Linse von Identitätskategorien betrachten, um herauszufinden, ob ihre Sichtweisen irgendeinen Wert haben. Menschliche Wesen werden definiert oder »konstituiert« durch ihre Position im Raster der ineinandergreifenden Kräfte der Unterdrückung. Wir sind keine einzigartigen Individuen; wir sind Frankenstein'sche Komposita, zusammengeflickte Knotenpunkte verschiedener Gruppenzugehörigkeiten.

Diese Zugehörigkeiten sind hierarchisch geordnet und mit Sozialkapital in verschiedener Höhe ausgestattet, was dazu dienen soll, die unterdrückende Machtdynamik umzukehren, die Marginalisierten wieder ins Zentrum zu rücken und die Unterprivilegierten zu privilegieren. Der Versuch zur Neustrukturierung der Machtverhältnisse ändert jedoch nichts an der bestehenden Sorge bezüglich der fremden Dominanz. Für sich selbst eine unterdrückte Identität in Anspruch zu nehmen, wird zu einer Art von Macht. Dieser Nullsummen-Ansatz führt zu einem spielbaren System des endlosen Gerangels um eine bessere Position auf der Unterdrückungspyramide. Wie der biblische Josef mit seinem vielfarbigen Traummantel erhält nun derjenige, der die meisten Marginalisierungseigenschaften aufweist, die soziale Dominanz über Seinesgleichen.

Bemerkenswerterweise wird unter den vielen ausgrenzenden Kräften der ökonomischen Klassenzugehörigkeit tendenziell weniger Aufmerksamkeit geschenkt, abgesehen von einem Kurzauftritt in der Standardlitanei der unterdrückten Identitäten. Ich vermute, dass die Ausblendung der Klasse etwas mit der Tatsache zu tun hat, dass der Intersektionalismus am meisten Beachtung findet in gut ausgebildeten, bürgerlichen Sphären, darunter die alten amerikanischen Universitäten der Ivy League sowie Schulungen der Personalabteilungen von Unternehmen. Wenn der Einkommensklasse mehr Gewicht auf dem Spielbrett des intersektionellen Monopolys zukommen würde, wäre es schwer für eine Professorin mit fester Anstellung an einer international renommierten Hochschule, die ein sechsstelliges Jahresgehalt bezieht, zu behaupten, dass sie unterdrückt wird, weil sie eine Frau oder homosexuell oder nicht weiß ist – oder alles davon auf einmal.

Die endemische Machtdynamik des Intersektionalismus führt auch zu bizarren Kämpfen *innerhalb* der unterdrückten Kategorien. So wurde beispielsweise die Kategorie POC (People of Color, Farbige Menschen), die in akademischen Kreisen eine Zeit lang Standard war, nun durch BIPOC (Black and Indigenous People of Color, Schwarze und indigene Farbige) ersetzt, wodurch diese Gruppen implizit in der Hierarchie oberhalb von anderen Minderheiten wie Asiaten und Latinos stehen, die zunehmend als »den Weißen nahestehend« betrachtet werden. Auf ähnliche Weise übertrumpfen Transgender-Identitäten jetzt lesbische und schwule, ja sogar einige ethnische Identitäten, was zu kuriosen Behauptungen wie der folgenden führt: »Heterosexuelle Cis-Männer mit schwarzer Hautfarbe sind die Weißen der Schwarzen.«[37] In verschärfter intersektioneller Rhetorik wie dieser wird die soziale Kategorisierung allzu oft als Hilfsmittel zur Einordnung und Verurteilung verwendet statt als Motivation zu Mitgefühl. Die Dynamik von Konflikt und Herrschaft wird durch den Intersektionalismus nicht unterbrochen, sondern übernommen und neu orientiert.

†

Was bedeutet das für uns? Was ist heute unter der »feministischen Weltanschauung« zu verstehen? Ich gebe ohne Weiteres zu, dass es schwierig, vielleicht sogar unmöglich ist, die feministische Weltanschauung *als Ganzes* zu definieren. Allerdings scheint es mir machbar, wichtige theoretische Strömungen des Feminismus ausfindig zu machen, die das Denken, die Rhetorik und die Praxis unserer Gegenwart prägen und dirigieren, insbesondere auf der Ebene der

Rezeption durch die Öffentlichkeit. Diese Strömungen bilden zusammen so etwas wie eine Weltanschauung, eine Reihe von Grundannahmen über die Wirklichkeit, die menschliche Person und das Wesen der wahren Freiheit. Diese implizite Weltanschauung nenne ich das *Gender-Paradigma*.

Allem voran ist es ein gottloses Paradigma. Das wird als selbstverständlich vorausgesetzt. Wir sind nicht durch die Schöpfung entstanden, sondern das Ergebnis gesellschaftlicher Kräfte. Die Wirklichkeit einschließlich des biologischen und sozialen Geschlechts – alles, sogar die Wahrheit – ist eine gesellschaftliche Konstruktion. Eine Leugnung Gottes führt zu einer Leugnung der Natur. Mit »Natur« meine ich nicht die natürliche Welt der Pflanzen und Tiere, sondern das Konzept der »menschlichen Natur«, die Überzeugung, dass einige Aspekte der menschlichen Identität vorsozial und intrinsisch sind – durchaus beeinflusst von sozialen Instanzen, aber nicht vollständig durch sie geschaffen. Weil das *Telos* mit der *Natur* zusammenhängt, beruht unsere Bestimmung auf unserem Wesen. Eine Negierung von Gott und Natur bedeutet auch Negierung der Teleologie. Freiheit bedeutet nicht mehr, frei zu sein, um in Harmonie mit unserer Natur zu leben und unser angeborenes Potential auszuschöpfen, sondern Freiheit ist einfach das Ausleben uneingeschränkter Entscheidungsfreiheit, das endlose Überschreiten von Grenzen und Normen. Dies führt zu einer weiteren Konsequenz: der Verunglimpfung des Körpers, denn *der Körper selbst stellt eine Grenze dar*. Die konkrete Realität des Körpers und der sexuellen Differenz beschränkt die Wahlfreiheit, beschränkt die Improvisation der eigenen Identität, beschränkt die soziale Konstruktion. Aus diesem Grund nimmt das Gender-Paradigma letztlich eine negative Haltung gegenüber der Körperlichkeit ein.

Mein Ziel in diesem Kapitel war es, einen kurzen Überblick zum Feminismus zu präsentieren, sowohl hinsichtlich seiner historischen Entwicklung als auch hinsichtlich seiner gegenwärtigen Ausprägungen sowie seiner Beziehung zur Gender-Theorie. Der Rest des Buches wird an verschiedenen Stellen thematisch eintau-

3. Wellen

chen und der Breite der Darstellung einige Vertiefungen hinzufügen, mit ausführlicheren Überlegungen zum biologischen und sozialen Geschlecht sowie zur Verkörperung. Während alle vorherrschenden Strömungen, die ich hier vorgestellt habe, einige Grundannahmen teilen, darf man nicht übersehen, dass die verschiedenen Standpunkte nicht immer miteinander harmonieren, sondern dass es Spannungen innerhalb jeder Strömung und zwischen den Strömungen gibt. Das Gender-Paradigma ist nicht unbedingt eine kohärente Weltanschauung, sondern voller innerer Widersprüche. Dennoch halte ich es nicht nur für möglich, sondern für ausgesprochen nötig, diesen weltanschaulichen Rahmen zu skizzieren, damit deutlich wird, wie sich diese Sichtweise von einer christlichen unterscheidet. Nur auf dieser Grundlage – durch ein echtes Verständnis der konkurrierenden Weltanschauungen – ist es für Christen möglich, das feministische Denken und die feministische Praxis nach wertvollen Details zu durchforsten und mit säkularen Feministinnen zur Erreichung gemeinsamer Ziele zusammenzuarbeiten.

4. Kontrolle

Im Jahr 1930 unterzog sich ein dänischer Künstler namens Einar Wegener der ersten von vier Operationen, um sein biologisches Geschlecht zu ändern. Wegener hatte sich zuvor bereits seit einigen Jahren häufig als Frau gekleidet und präsentiert, bisweilen unter dem Namen »Lili«. Wegener war einer der ersten Menschen, die sich für einen chirurgischen Eingriff entschieden, der heutzutage als geschlechtsangleichende Operation (GA-OP) bezeichnet wird. In den 1930er-Jahren war dies ein neuartiges Phänomen; die Verfahren waren noch völlig experimentell.

Wegener hörte zum ersten Mal von der für ihn verlockenden Aussicht auf eine Geschlechtsumwandlung durch das deutsche Institut für Sexualwissenschaft, geleitet von Magnus Hirschfeld, einem deutschen Arzt, der den Begriff des »Transsexuellen« erfand. Wegener war besessen von dem Wunsch, eine »vollständige Frau« zu werden, wozu für ihn auch die Kapazität, Kinder auszutragen und zu gebären, gehörte.[1] Eine Frau zu werden, bedeutete für ihn nicht nur, nach außen hin diesen Eindruck zu erwecken, sondern er wollte eine echte Geschlechtsumwandlung einschließlich der Fortpflanzungsfähigkeit einer Frau. Er wollte völlig neu geboren werden. Seine Geschichte liest sich fast wie eine Nacherzählung der Erschaffung Evas: ein Mann, der in den Schlaf des Nichtseins fällt, damit ein neues weibliches Geschöpf entstehen kann. Doch in diesem Fall war keine göttliche Kraft am Werk, nur der Wille des Menschen und die unerprobte Macht seiner *Techne*.

Als Teil seiner Verwandlung trennte sich Wegener von seiner Frau Gerda und ließ seinen Namen offiziell in Lili Elbe ändern; sein neues Ich erhielt den Nachnamen von dem Fluss, der sich durch Europa schlängelt. Er nahm sich auch einen männlichen Liebhaber, in der Hoffnung, eines Tages dessen Kinder zu gebären, sobald er nach der Verpuppung zum weiblichen Schmetterling geworden sein würde.

Wegener vertraute sich Hirschfelds Behandlung an und musste in weniger als zwei Jahren vier invasive Operationen über sich ergehen lassen. Zuerst wurden seine Hoden entfernt, gefolgt von einer Eierstocktransplantation in seinen Unterleib. Bei der dritten Operation wurden sein Penis und Hodensack entfernt, und die letzte Operation bestand aus einer Gebärmuttertransplantation und der Schaffung eines Vaginalkanals. Auf tragische, aber vorhersehbare Weise stieß sein Immunsystem den fremden Uterus ab: Elbe starb 1931, drei Monate nach seiner letzten Operation, im Alter von 48 Jahren.

Die Geschichte von Einar Wegener war keiner größeren Öffentlichkeit bekannt, bis sie 2015 in dem englischsprachigen Film *The Danish Girl* nacherzählt wurde. Ganz anders war das im Fall von Christine Jorgensen, geboren als George William Jorgensen, einem amerikanischen Mann, der Mitte des 20. Jahrhunderts zum ersten Trans-Star wurde; sein Foto erschien auf den Titelseiten von Zeitschriften, und er reiste durch die USA, um mit seinen Auftritten um Verständnis für die Anliegen von Transgender-Menschen zu werben, die damals noch als Transsexuelle bezeichnet wurden. Jorgensens medizinische Umwandlung, die 1952 begann, unterschied sich von der Wegeners in zwei wesentlichen Aspekten. Seit dem Beginn der 1950er-Jahre besaßen die Endokrinologen die Fähigkeit, Sexualhormone zu synthetisieren und zu manipulieren, eine technologische Innovation, die auch die Entwicklung der ersten hormonellen Antibabypille ermöglichte. Jorgensen begann seine Transformation mit der Einnahme von Hormonen des anderen Geschlechts – der von ihm angenommene Name »Christine« war eine Hommage an seinen Endokrinologen, Christian Hamburger – und ließ sich dann seine Hoden und seinen Penis entfernen, gefolgt vom Anlegen einer künstlichen Vagina. Das ist der zweite entscheidende Unterschied zu Wegener: Jorgensen wurde durch die Umwandlung dauerhaft

4. Kontrolle

sterilisiert, unternahm jedoch keinen Versuch, die Fruchtbarkeit einer Frau zu erreichen. Er teilte nicht Wegeners Auffassung, dass es erstrebenswert sei, eine »vollständige Frau« zu werden.

Wegener und Jorgensen waren natürlich ganz unterschiedliche Menschen, mit jeweils eigenen Wünschen und Motivationen. Außerdem ist die Transplantation fremder Organe in einen Körper viel riskanter als die Entfernung angeborener Organe – ein Risiko mit für Wegener tödlichem Ausgang. Aber es gibt noch eine weitere Ebene ihrer beiden Geschichten, die es wert ist, hervorgehoben zu werden: Es lässt sich daran eine grundsätzliche Verschiebung der kulturellen Auffassung dessen, was es bedeutet, eine Frau zu sein, beobachten. Jorgensen glaubte offenbar nicht, das Potenzial zum Gebären von Kindern besitzen zu müssen, um eine »echte« Frau zu sein. Noch bezeichnender ist, dass diese Einstellung nun auch in der Gesellschaft vorherrschte. Im Jahr 1930 gehörte zum Streben nach Weiblichkeit noch die Übernahme der weiblichen Gebärfunktion. In den 1950er-Jahren war die Weiblichkeit bereits reduziert worden auf die Form des eigenen Aussehens. Was steckt hinter diesem konzeptionellen Wandel? Was war in den dazwischenliegenden zwei Jahrzehnten passiert? Die Empfängnisverhütung hatte sich unter der Bevölkerung durchgesetzt.

Keine Götter, keine Herren

Die frühen feministischen Suffragetten waren keine Befürworter der Empfängnisverhütung. Sie setzten sich zwar für »freiwillige Mutterschaft« ein, jedoch auf dem Weg über zeitweise Abstinenz vom Geschlechtsverkehr: Die Frauen sollten das Recht haben, nein zum Sex zu sagen, auch im Rahmen der Ehe. Damit würden sowohl der Mann als auch die Frau die Verantwortung für die Familienplanung übernehmen, die Frauen würden gesetzlichen Schutz vor Vergewaltigung in der Ehe erhalten, und von den Männern würde verlangt, ihre Begierden zu zügeln, um die Geburten zu regulieren.

Tatsächlich waren viele Suffragetten der Auffassung, dass von der Empfängnisverhütung die Männer mehr als die Frauen profitieren würden, da diese den Männern größere sexuelle Ausschweifungen ermöglichen würde, ohne dass diese dabei riskieren würden, ein Kind zu zeugen.

Diese Feministinnen der ersten Welle sahen den Ursprung der weiblichen Unterdrückung in äußeren sozialen Kräften, insbesondere im Rechtssystem. Aber eine einflussreiche Aktivistin, Margaret Sanger, kam zu dem Schluss, dass die Suffragetten fehlgeleitet waren und sich auf die falschen Dinge konzentrierten. Die Veränderungen, für die sie kämpften, würden die Frauen nicht frei machen, denn, so argumentierte sie, Frauen werden nicht wirklich von der Gesellschaft, den Männern oder schlechten Gesetzen unterdrückt, sondern von ihren eigenen Körpern:

»[Die Frau] forderte das Wahlrecht und eine gesetzliche Regelung ihrer Arbeitszeit sowie eine Gleichstellung ihrer Eigentumsrechte mit denen des Mannes. Keine dieser Forderungen betraf jedoch unmittelbar die wichtigsten Faktoren ihrer Existenz [...]. Sie war an ihren Platz in der Gesellschaft und der Familie durch die mütterlichen Funktionen ihrer Natur gekettet, und nur derart starke Fesseln konnten sie an ihr Los als brütendes Tier für die männlichen Zivilisationen der Welt binden [...]. Die Frau hat durch ihre Reproduktionsfähigkeit alle Tyranneien der Erde begründet und aufrechterhalten. Sowohl für die Tyrannei einer Monarchie als auch einer Oligarchie oder einer Republik war und ist noch heute die einzige unverzichtbare Voraussetzung ihrer Existenz eine Vielzahl von Menschen – so zahlreich, dass sie billig sind, und so billig, dass sie unweigerlich unwissend sind. Auf dem Felsen einer unaufgeklärten, unterwürfigen Mutterschaft wurden diese Tyranneien errichtet; mit Hilfe der Erzeugnisse einer solchen Mutterschaft konnten sie gedeihen.«[2]

4. Kontrolle

Dies ist ein Auszug aus Sangers Buch *Woman and the New Race*, das 1920 erschien. Der Titel des Kapitels ist aufschlussreich: »Der Fehler der Frau und ihre Verpflichtung«. Welcher Fehler? Zu viele Babys zu bekommen, was zu zahlreichen Problemen in der ganzen Welt geführt hat. Welche Verpflichtung? Sie muss die Welt neu erschaffen, indem sie sich befreit »von den Fesseln ihrer eigenen Rolle bei der Reproduktion«. Sanger glaubt nicht nur, dass Frauen durch ihre biologische Beschaffenheit unterdrückt werden, sondern sie wirft ihnen auch vor, eine schlimme Situation aufrechtzuerhalten. An der Tyrannei ist nicht mehr der Tyrann schuld, sondern die Mütter. Die weibliche Fruchtbarkeit wird zum Sündenbock gemacht für die Benachteiligung der Frau sowie für alles, was auf der Welt nicht in Ordnung ist.

Die von Sanger in Amerika gegründete Bewegung zur Geburtenkontrolle war durch und durch eugenisch geprägt. Dies ist in Sangers eigenen Schriften deutlich erkennbar. Es ging ihr letztlich nicht primär um das Wohlergehen der einzelnen Frauen, obwohl das natürlich auch Teil ihres Projekts war. Ihr oberstes Ziel war es, die Erde von untauglichen Menschen zu säubern, jenen »bedeutungslosen, ziellosen Leben, die unsere Welt übervölkern [...], die aber absolut nichts dazu beitragen, um die Rasse auch nur ein Jota voranzubringen. Ihre Leben sind hoffnungslose Wiederholungen. [...] Solches Unkraut verstopft den Pfad der Menschheit und verbraucht die Energien und Ressourcen dieser kleinen Erde.«[3] Sangers eugenische Ansichten klingen zum Glück für die meisten heutigen Ohren anstößig, aber ihre Sicht der Geburtenkontrolle als globales Allheilmittel gilt mittlerweile als unbestreitbar. Doch zu ihrer Zeit, im frühen 20. Jahrhundert, war das Gegenteil der Fall: Eugenische Überzeugungen waren weithin akzeptiert, insbesondere in der Elite, während die Frage der Geburtenkontrolle damals noch kontrovers diskutiert wurde.

Sanger begann ihre Aktivitäten im Jahr 1914 mit der Veröffentlichung eines Rundschreibens, in dem sie für die Empfängnisverhütung mit dem Slogan »Keine Götter, keine Herren« warb – ein

Motto, das später von den antifaschistischen Anarchisten übernommen wurde. 1916 eröffnete sie die erste Klinik für Geburtenkontrolle in den Vereinigten Staaten und in den frühen 1920er-Jahren gründete sie die Amerikanische Liga für Geburtenkontrolle, aus der später die Organisation für geplante Elternschaft hervorgehen sollte. Ab dem Jahr 1929 setzte sich Sanger aktiv bei der US-Regierung für die Legalisierung der Empfängnisverhütung ein. Dank Sangers Bemühungen waren Verhütungsmittel nunmehr leicht verfügbar, obwohl sie immer noch verboten waren. Sanger hatte auch für die Verbreitung des Begriffs »Geburtenkontrolle« gesorgt, der in der amerikanischen Umgangssprache gebräuchlich geworden war. In den frühen 1950er-Jahren entwickelte Sanger dann zusammen mit Katharine McCormick und Gregory Pincus die erste hormonelle Verhütungspille, die 1957 von der FDA zugelassen wurde.

Sangers Schriften zu lesen, löst ein Wechselbad der Gefühle aus. Auf der einen Seite weist sie mit ihrer übersteigerten Rhetorik auf sehr reale soziale Probleme hin. Sie empört sich zu Recht angesichts der Tausenden von Frauen, die sich gezwungen sahen, illegal abzutreiben. Sie hat recht, die Gesellschaft dafür zu kritisieren, die Frauen in diese schreckliche Lage zu bringen. Ich teile ihre Abneigung gegen den Krieg, die Tyrannei und die Unterdrückung. Auf welche Weise sie jedoch diese Probleme analysiert, ist abstoßend. Sie gibt dem Körper der Frauen die Schuld daran und entmenschlicht jene Menschen, die ihrer Meinung nach nicht hinreichend »die Rasse voranbringen«. Diese Sichtweise steht im Einklang mit dem triumphalistischen Fortschrittsnarrativ ihrer Zeit. Der Weg in den utopischen Kristallpalast der Zukunft soll durch Fortschritte in Wissenschaft und Technik sowie die kontinuierliche Eroberung der Natur geebnet werden.

Alle Religionen aus der vorchristlichen Achsenzeit, einschließlich der philosophischen Schulen der Antike wie Stoizismus und Konfuzianismus, sprechen von der Notwendigkeit, das Verlangen zu regulieren, um im Einklang mit der Natur zu leben – womit sowohl unser Körper als auch die gesamte Schöpfung gemeint sind.

4. Kontrolle

Der Fortschrittsglaube der Aufklärung verdinglicht hingegen die Natur, weil er in ihr eine Instanz sieht, die es zu kontrollieren gilt. *Kontrolle* ist der Eckpfeiler von Sangers Weltanschauung.[4] Es geht ihr dabei nicht um die Kontrolle über unsere Leidenschaften und zerstörerischen Begierden, ein Ideal, das Sanger »eine Absurdität« nennt.[5] Gemeint ist die Kontrolle über die Biologie, über nichts Geringeres als die Natur. Sangers Vorstellung von Fortschritt ist eine Verkehrung der antiken Weisheitsregel. Anstatt unseren Willen zu zügeln, um in Harmonie mit der Natur zu leben, verzerren wir die Natur, um unserem Willen freien Lauf zu lassen.

Simone de Beauvoir greift in ihrem 1949 verfassten Werk *Das andere Geschlecht* viele von Sangers Ansichten wieder auf und fügt sie in einen anspruchsvolleren existenzialistischen Rahmen ein. Wie Sanger hält auch Beauvoir die Frauen für versklavt von ihrer Biologie. Wie Sanger behauptet Beauvoir, dass wahre Freiheit nur in einer sozialistischen Utopie zu finden sei, die es den Frauen ermögliche, ihren Körper durch Verhütung und Abtreibung zu kontrollieren. Beide Frauen gestalten ihre Vision von Freiheit implizit nach dem männlichen Ideal. Frauen können nur dann wahre Freiheit erlangen, wenn sie so vollständig wie möglich den Männern gleich werden. Beauvoirs direkter Einfluss auf Betty Friedan, die Architektin der zweiten Welle des Feminismus, trug dazu bei, eine unerschütterliche Allianz zwischen der Ideologie der Kontrolle und der feministischen Bewegung zu schmieden.

Innerhalb weniger Jahrzehnte sorgte Margaret Sanger für eine Revolution, eine schockierende Umkehrung der kulturellen Sitten und Gefühle. Als Sanger ihre Arbeit begann und die Geburtenkontrolle als Allheilmittel für die Menschheit propagierte, galt sie noch als radikal. Ihre Ansichten zur Geburtenkontrolle standen damals noch im Widerspruch zur Gesellschaft ihrer Zeit, sogar zur Einstellung der meisten Feministinnen. Am Ende ihres Lebens war ihre Sichtweise jedoch zum Standard geworden; insbesondere die Feministinnen der zweiten Welle schlossen sich ihrer Position an. Seit den 1960er-Jahren verorten die Feministinnen im Gefolge von

Sanger und Beauvoir die Unterdrückung der Frauen in deren Biologie und treten für eine Vision von »Gesundheit« ein, die weibliche Fruchtbarkeit pathologisiert.

Die Pathologisierung der Weiblichkeit

Sangers kultureller Putsch war erfolgreich, weil es ihr gelang, die Ärzte auf ihre Seite zu bringen. Die Geburtenkontrolle wurde umetikettiert zu einer Angelegenheit der »reproduktiven Gesundheit«, eine Einordnung, die sich im Laufe der Zeit noch weiter verfestigt hat. Denken Sie nur an die gängige Abkürzung für hormonelle Empfängnisverhütung: »die Pille« – das reicht als Bezeichnung, als ob es ein einziges magisches Mittel gäbe, das den Frauen ihre Gesundheit und Freiheit garantieren könnte.

Und welche »Störung« erfordert angeblich eine medizinische Intervention? Die normale Funktion des weiblichen Körpers. Gesunde Frauenkörper sind schließlich fruchtbar. Wenn die Pille als Dreh- und Angelpunkt der Frauengesundheit auserkoren wird, dann liegt dem eine beunruhigende Annahme zugrunde: dass Frauen, um »gesund« und »frei« zu sein, biologisch so weit wie möglich wie Männer funktionieren müssen. Sangers Schriften machen deutlich, dass sie die weibliche Fruchtbarkeit nicht als natürlich und gut erachtet, sondern als *pathologisch* – eine gefährliche Krankheit, die behandelt und unter Kontrolle gebracht werden muss. Diese Auffassung hat sich in unserer Kultur etabliert. Der Zugang zu Geburtenkontrolle und Abtreibung ist heutzutage fast gleichbedeutend mit »reproduktiver Gesundheit«, eine schlau gewählte Bezeichnung, die zwar frauenfreundlich klingt, aber in Wirklichkeit die natürlichen biologischen Eigenschaften, durch die sich die Frauen auszeichnen, nämlich Fruchtbarkeit, Schwangerschaft und Gebärfähigkeit, pathologisiert.

Der englische Ausdruck für Gesundheit, »health«, hat zwei etymologische Wurzeln: ein altenglisches Wort, das dem heutigen

4. Kontrolle

»wholeness« entspricht und »Ganzheit« bedeutet, sowie ein altnordisches Wort, das dem heutigen »holy« entspricht und »heilig« bedeutet. Gesundheit ist Ganzheitlichkeit, wenn Ordnung und Harmonie des Körpers stimmen, wenn alles so funktioniert, wie es soll. Die Aufgabe der Heilung besteht also in der *Wiederherstellung der Ganzheit*. Diese Harmonie und Ordnung, diese natürlichen Prozesse des Körpers, die wiederhergestellt werden müssen, haben etwas Heiliges an sich. Eine christliche Vision der Frauengesundheit impliziert eine ganzheitliche Betrachtung der weiblichen Physiologie statt einer pathologischen Perspektive; es geht darum, im Einklang mit der natürlichen Ordnung des weiblichen Körpers zu arbeiten und nicht gegen sie.

Diese Sichtweise steht im krassen Gegensatz zum Mainstream-Feminismus und zum medizinischen Establishment, die sich beide das Paradigma der Pathologie zu eigen gemacht haben. Die am häufigsten angewandten und verschriebenen Methoden der Geburtenkontrolle, wie synthetische Hormone und/oder das Intrauterinpessar (IUP), wirken, indem sie die normalen Funktionen des weiblichen Fortpflanzungssystems zum Erliegen bringen, indem sie absichtlich eine *Funktionsstörung* herbeiführen, um eine Schwangerschaft zu verhindern. Es überrascht nicht, dass der Ausfall eines Organsystems den gesamten Organismus aus dem Gleichgewicht bringen kann, was zu einem erhöhten Risiko für schwere Krankheiten führt.

Nach Angaben des Nationalen Krebsinstituts der USA kam eine Meta-Analyse von 54 Studien zu dem Ergebnis, dass Frauen, die orale Verhütungsmittel verwenden, ein um 24 Prozent erhöhtes Brustkrebsrisiko haben.[6] Eine dänische Studie aus dem Jahr 2017 zeigte, dass Frauen mit aktueller oder kürzlich erfolgter Einnahme von oralen Verhütungsmitteln ein 20 Prozent höheres Gesamtrisiko für Brustkrebs aufweisen, das bei bestimmten Pillen sogar bis zu 60 Prozent beträgt.[7] Außerdem stieg das Brustkrebsrisiko, je länger orale Verhütungsmittel verwendet wurden. Die dänische Studie verdient besondere Beachtung, weil sie sich hauptsächlich mit neueren Zusammensetzungen der Antibabypille beschäftigt, und nicht mit älteren Versionen, die höhere Dosen synthetischer Hormone enthalten. Die Einnahme von oralen Verhütungsmitteln erhöht nachweislich auch das Risiko für Gebärmutterhalskrebs – je länger die Anwendung, desto höher das Risiko. Bei fünf oder weniger Jahren der Anwendung ist das Risiko um zehn Prozent erhöht. Bei einer fünf- bis neunjährigen Anwendung steigt das Risiko auf 60 Prozent und nach zehn oder mehr Jahren der Einnahme verdoppelt es sich.[8]

Andererseits senkt die Nutzung von oralen Verhütungsmitteln das Risiko für die Entstehung von Krebserkrankungen der Gebärmutterschleimhaut und der Eierstöcke um mindestens 30 Prozent.[9] Gleichen sich diese spezifischen Risiken also gegenseitig aus? Das ist eine Möglichkeit, dies so zu interpretieren. Die Schutzwirkung gegen Eierstockkrebs ist darauf zurückzuführen, dass eine Frau durch die Einnahme der Pille im Laufe ihres Lebens weniger Eisprünge und Menstruationen erlebt. Diese Verringerung kann aber ebenso *auf natürliche Weise* erreicht werden, nämlich durch die Prozesse der Schwangerschaft, des Gebärens und der Stillzeit, also genau jene Prozesse, die die Pille zu unterbinden versucht. Schwangerschaft und Stillen senken nicht nur das Risiko von Eierstock- und Gebärmutterschleimhautkrebs, sondern auch das Risiko für Brustkrebs. Wenn eine Frau gestillt hat, erhöht dies überdies im Fall von Brustkrebs ihre Überlebenschancen. Der Verzicht auf orale Verhütungsmittel und das Erleben der normalen physiologischen Prozesse von Schwangerschaft, Geburt und Stillzeit bieten also die optimale Kombination und ein geringeres Risiko für alle Arten von Krebserkrankungen.

Hormonelle Geburtenkontrolle kann auch verheerende Auswirkungen auf das geistige und emotionale Wohlbefinden der Frau haben. Laut einer in Dänemark durchgeführten Studie aus dem Jahr 2016, an der über eine Million Frauen teilnahmen, erhöht die Pille das Risiko einer Depression.[10] Bei reinen Progesteron-Verhütungsmethoden, einschließlich der Spirale, war das Risiko sogar

4. Kontrolle

noch höher: »Dass das Intrauterinpessar in allen Altersgruppen besonders stark mit Depressionen assoziiert war, ist besonders signifikant, weil den Ärzten traditionellerweise beigebracht wurde, dass die Spirale nur lokal wirkt und keine Auswirkungen auf den Rest des Körpers hat. Das ist eindeutig nicht zutreffend.«[11] Das Risiko einer Depression war am höchsten bei jugendlichen Mädchen, einer Bevölkerungsgruppe, deren psychische Gesundheit derzeit in einer schweren Krise steckt.

Diese erhöhten Risiken für schwächende Krankheiten wie Krebs und Depression sowie Blutgerinnsel und Schlaganfall werden zusätzlich von weitverbreiteten Nebenwirkungen begleitet: Migräne, Gewichtszunahme, verminderte Libido, Stimmungsschwankungen. Kein Wunder, dass viele Frauen nach einigen Jahren auf die von ihnen gewählte Methode der künstlichen Geburtenkontrolle verzichten. Laut dem CHOICE-Projekt zur Empfängnisverhütung, einer Kohortenstudie mit 10 000 Frauen im Alter zwischen 14 und 45 Jahren, »haben 69 Prozent der Frauen, die sich für orale Verhütungsmittel, Injektionen, den Vaginalring oder das Hautpflaster entschieden hatten, diese nach drei Jahren wieder aufgegeben«.[12] Sogar das Intrauterinpessar, das im Vergleich dazu besser zu sein scheint, hat Abbruchquoten von fast 50 Prozent innerhalb von fünf Jahren, größtenteils aufgrund von Nebenwirkungen wie Blutungen oder Schmerzen, oder weil die Spirale die Gebärmutter perforiert und aus dem Körper ausgestoßen wird. Diese Statistiken zeigen deutlich die weitverbreitete Unzufriedenheit der Frauen mit den verfügbaren Verhütungsmethoden und widerlegen die triumphalistische Propaganda, Verhütung sei der goldene Schlüssel zur reproduktiven Gesundheit und Freiheit der Frauen.

Es gibt noch eine weitere Ebene in diesem Sachverhalt: Die gängige medizinische Praxis, das hormonelle Ökosystem einer Frau durcheinanderzubringen, um den Eisprung zu unterdrücken – oder reproduktive Störungen zu behandeln –, basiert nicht auf wissenschaftlichen Erkenntnissen. Im Jahr 2019 veröffentlichte die Zeitschrift *Scientific American* ein spezielles Dossier zur reproduktiven

Gesundheit von Frauen. Wie nicht anders zu erwarten, erwähnt der Bericht die Standard-Plattitüde, dass Verhütung die Frauen frei mache, aber nur als eine Art von Rechtfertigung. Der Großteil des Dossiers enthält überraschend deutliche Kritik an der enthusiastischen Haltung des medizinischen Establishments gegenüber der Geburtenkontrolle und erörtert, wie dieser Enthusiasmus ein Hindernis für die Gesundheit der Frauen sein kann. In der Zeitschrift wird den Ärzten vorgeworfen, »synthetische Hormone wie einen Hammer zu schwingen und die Antibabypille großzügig für alle Arten von Beschwerden zu verschreiben«.[13] Dieser unangemessene Enthusiasmus kann in Wirklichkeit die Natur einer hinter den Symptomen steckenden Krankheit verschleiern, beispielsweise der Endometriose, bei der es im Durchschnitt acht Jahre dauert, bis sie diagnostiziert wird.[14]

Der erste Artikel des Dossiers, »Was ist der Sinn einer Periode?«, unterstreicht das mangelnde Wissen der Ärzte über die natürlichen Funktionen des weiblichen Fortpflanzungssystems und der damit zusammenhängenden Zyklen, insbesondere des Menstruationszyklus. Weil sie es so eilig hatten, den Frauen die sogenannte »reproduktive Freiheit« zu verschaffen, scheinen die Pioniere der Antibabypille – Margaret Sanger, Gregory Pincus und John Rock – »die Auswirkungen der Unterbrechung des natürlichen Zyklus übersehen zu haben. Sie fanden zuerst heraus, wie man die Periode unterdrücken kann, und erst viel später versuchten sie, den Sinn ihrer Funktionsweise wirklich zu verstehen.«[15] Die meisten Vertreter des medizinischen Establishments sehen und verschreiben die Pille als Wundermittel für alle möglichen körperlichen Probleme und Unregelmäßigkeiten. Elizabeth Kissling, Professorin für Frauen- und Geschlechterstudien an der Eastern Washington University, ist da ganz anderer Meinung: »Die Pille ist keine Behandlung [für unregelmäßige Menstruation], sie ist ein Weg, diese Behandlung zu verweigern. [...] Die Ärzte sind schnell dazu bereit, Teenagern, die über starke Krämpfe [im Unterleib] berichten, dieses Medikament zu verschreiben, ohne zu untersuchen, ob es eine bestimmte

4. Kontrolle

Ursache hierfür gibt.« Wie Kissling bin auch ich besorgt über den Trend, die Pille für eine langfristige Unterdrückung der Periode zu verschreiben, ohne die möglichen Nebenwirkungen ausreichend zu kennen. Diese Praxis, sagt Kissling, ist »das größte unkontrollierte medizinische Experiment an Frauen in der Geschichte«.[16]

Was ist die Alternative dazu? Sangers Analyse, so problematisch sie auch sein mochte, stellte zu Recht fest, dass mittellose und der Arbeiterklasse zugehörige Frauen durch eine Schwangerschaft häufig in eine verzweifelte Lage kamen. Während sie die Schuld daran vor allem der weiblichen Fruchtbarkeit gab, würde ich dies anders erklären: Verantwortlich dafür waren der Mangel an gesellschaftlicher Unterstützung für diese Frauen, die kulturelle Erwartung, dass Frauen immer für Männer sexuell verfügbar sein sollten, und die geringen Kenntnisse über den Fruchtbarkeitszyklus der Frau. In Sangers Zeit hatten die Frauen weder sehr viel Zugang zu Informationen noch die entsprechenden Werkzeuge hierfür, ganz anders als heute; aber leider muss man feststellen, dass dieses Wissen auch in der Gegenwart noch nicht überall in der Ärzteschaft und unter den Frauen vorhanden ist. Den Frauen und Mädchen werden routinemäßig Medikamente verschrieben, die ihre natürlichen Zyklen unterdrücken, aber sie werden nur selten darüber aufgeklärt, wie sie diese Zyklen besser verstehen und »lesen« können. Das müsste nicht so sein.

Laut einer Studie aus dem Jahr 2012 sind die drei wichtigsten Eigenschaften, die sich Frauen von einer Verhütungsmethode wünschen: (1) Wirksamkeit, (2) keine Nebenwirkungen und (3) Erschwinglichkeit.[17] Die Studie kommt zu dem Schluss dass »diese Kombination nicht existiert«. In Wirklichkeit gibt es sie aber sehr wohl, und zwar in natürlichen Formen der Geburtenkontrolle, die als Fruchtbarkeitsbasierte Methode oder in katholischen Kreisen als Natürliche Familienplanung bekannt sind. Gemäß dem Dossier von *Scientific American* gehören die fertilitätsbewussten Methoden zu den wenigen Verhütungsarten, »deren Popularität zunimmt«.[18]

Wie der Name schon sagt, werden Frauen dazu angeleitet, den Verlauf ihrer zyklischen Fruchtbarkeit persönlich zu verfolgen. Es gibt eine Reihe von Methoden, die sich auf unterschiedliche Kombinationen von Fertilitätsindikatoren stützen; dazu gehören die Basaltemperatur, der Zervixschleim und die Werte von Hormonen wie Östrogen und Progesteron sowie des luteinisierenden Hormons, das den Eisprung auslöst. Fruchtbarkeitsbasierte Methoden haben keine physiologischen Nebenwirkungen, da sie nicht darauf abzielen, das Fortpflanzungssystem der Frau zu stören; stattdessen stimmen sie die Frauen auf ihren Körper ein, so dass sie informationsgestützte sexuelle Entscheidungen treffen können. Derartige Methoden sind außerdem erschwinglicher, was freilich davon abhängt, ob man die neuesten technischen Hilfsmittel verwenden will; jedenfalls erfordern sie keine ständigen Verschreibungen und auch keine medizinischen Eingriffe. Sie können auch sehr effektiv sein, wie mehrere von Fachleuten begutachtete Studien bestätigen.[19] Die Ergebnisse dieser Studien zeigen, dass fertilitätsbewusste Methoden, wenn sie richtig angewendet werden, genauso wirksam oder *sogar noch wirksamer* sind als künstliche Methoden der Geburtenkontrolle.

Fruchtbarkeitsbasierte Methoden erfordern ein erhöhtes und aktives *Bewusstsein* der Frau für die Vorgänge im eigenen Körper. Es handelt sich nicht um eine passive Form der Geburtenkontrolle, wie das der Fall ist beim täglichen Einwerfen einer Pille oder dem Einsetzen von einem Stück Metall in die Gebärmutter. Diese Aufmerksamkeit scheint mir nicht schlecht, denn je mehr eine Frau sich über ihren üblichen Zyklus im Klaren ist, desto eher wird sie merken, wenn etwas nicht stimmt, was auf eine Erkrankung hinweisen könnte, die *tatsächlich* ärztliche Hilfe erfordert (im Gegensatz zu den normalen weiblichen Körperprozessen). Um als Methode der Geburtenkontrolle wirksam zu sein, erfordert die Fertilitätsbeobachtung einige Verhaltensänderungen: Zur Vermeidung einer Schwangerschaft muss ein Paar regelmäßig Enthaltsamkeit üben oder während der fruchtbaren Tage der Frau ein Barriereverfahren nutzen. Der katholische Ansatz, die Natürliche Familienplanung, beruht auf periodischer Abstinenz, was ein entsprechendes Engage-

4. Kontrolle

ment und die Mitwirkung sowohl des Mannes als auch der Frau nötig macht. Das Paar muss die Vorgaben dieser Methode aktiv erfüllen, wobei Selbstbeherrschung und gemeinsame Opferbereitschaft auf die Probe gestellt werden. Der Frau wird dadurch nicht mehr die alleinige Verantwortung für ihre Fruchtbarkeit aufgebürdet.

Der wichtigste Unterschied zwischen einer synthetischen und einer natürlichen Methode der Geburtenkontrolle ist der folgende: Die eine versucht, eine Schwangerschaft zu verhindern, indem sie die Physiologie der Frau so verändert, dass sie nicht mehr richtig und gemäß ihrer Bestimmung funktioniert. Die andere kann verwendet werden, um je nach Wunsch eine Schwangerschaft zu vermeiden oder zu erreichen; dies geschieht durch ein tieferes Verständnis der weiblichen Physiologie, das es der Frau ermöglicht, ihr Verhalten im Einklang mit dieser zu steuern. Auf den Punkt gebracht: Die eine Methode funktioniert, indem sie die normalen Körperfunktionen der Frau verändert; die andere, indem sie dieser Frau mehr eigenständiges Wissen über ihren Körper vermittelt.

Trotz der ständigen Rhetorik über die Freiheit, die Selbstkontrolle und die Handlungsfähigkeit von Frauen scheint es unter den Ärzten eine starke Abneigung zu geben, bei der Planung von Schwangerschaften vermehrt auf die persönliche Kompetenz von Frauen zu setzen. Ich persönlich habe noch nie gehört, dass ein Mediziner die fruchtbarkeitsbewusste Methode als praktikable Option zur Geburtskontrolle vorgeschlagen hätte. Als ich anfing, mich für natürliche Verhütungsmethoden zu interessieren, informierte ich mich im Gespräch mit anderen Frauen und durch eigene unabhängige Recherchen. Immer wenn ich mit Ärzten über meine Entscheidung, fertilitätsbasiert zu verhüten, sprach, drängten diese mich, auf die Pille oder eine Spirale umzusteigen. Die Ärzte ziehen es eindeutig vor, das Fortpflanzungssystem einer Frau medizinisch zu verändern, anstatt ihr zuzutrauen, ihre eigene Fruchtbarkeit aufmerksam zu beobachten und mit diesem Wissen dann Verhaltensentscheidungen zu treffen, um eine Schwangerschaft entweder herbeizuführen oder zu vermeiden.

Ich erinnere mich an ein bestimmtes Gespräch nur wenige Stunden nach der Geburt meines dritten Kindes. Eine Ärztin kam in mein Krankenhauszimmer, um mir zunächst herzlich zu gratulieren und dann sofort umzusteuern und sich nach meinen Plänen zur Geburtenkontrolle zu erkundigen. Ihre implizite und in sich widersprüchliche Botschaft schien zu sein: »Meinen Glückwunsch zur Geburt dieses wunderschönen Babys! Wie glücklich müssen Sie sein! Was können wir aber jetzt tun, um sicherzustellen, *dass so etwas nie wieder passiert?*« Sie war gar nicht begeistert, als ich ihr sagte, dass ich Fruchtbarkeitskontrolle verwenden würde, und drängte mich, mir vor dem Verlassen des Krankenhauses ein Rezept für hormonelle Verhütungsmittel ausstellen zu lassen.

Ich finde derartige Interventionen kurz nach der Niederkunft furchterregend, die Tatsache, dass eine Ärztin mich zur Einnahme von synthetischen Hormonen verleiten will, noch bevor meine Zyklen wieder eingesetzt haben. Wenn ich mit Medizinern über fertilitätsbasierte Geburtenkontrolle spreche, stoße ich allzu oft auf Skepsis und Missbilligung, als ob ich die archaische Rhythmusmethode praktizieren würde, anstatt wissenschaftlich fortgeschrittene und präzise Techniken zu verwenden, um mein persönliches Zyklusschema zu erfassen. Mir ist klar, dass meine Einstellung sie nervös macht – meine mangelnde Bereitschaft, meine Fruchtbarkeit zu unterdrücken, und meine Weigerung, mich auf Medikamente zu verlassen statt auf mein eigenes Handeln und Körperwissen.

Das aktuelle medizinische Paradigma, mit dem die meisten Feministinnen vollauf einverstanden sind, ist ein Paradigma, das die weibliche Fruchtbarkeit pathologisiert und das Potenzial einer Frau, schwanger zu werden, als unerwünschten Zustand, der medizinisch behandelt werden muss, betrachtet. Diese medizinische Übergriffigkeit zerstört die Ganzheit des Körpers einer Frau, statt sie wiederherzustellen, und entspricht somit nicht der grundlegenden Definition von Gesundheitsfürsorge. Eine katholische Vision von Frauengesundheit und Familienplanung würde im Gegensatz dazu Mediziner und Frauen in Methoden des Fruchtbarkeitsbewusstseins ausbilden, Methoden, die im Einklang mit dem Körper einer Frau funktionieren und nicht gegen ihn. Diese Vision bietet einen fruchtbarkeitspositiven Ansatz für die weibliche Gesundheit, einen Ansatz, der den Körper der Frau nicht als Bedrohung für Freiheit und Lebensglück betrachtet, sondern vielmehr als *ein wertvolles Gut*, das tieferes Verständnis und mehr Respekt verdient.

Im Widerspruch zur Realität

Die endemische Verwendung von hormonellen Verhütungsmitteln mag nicht gut für die Gesundheit der Frauen sein, aber ist sie vielleicht gut für die Gesellschaft? Laut Sanger müssen die Frauen die Schuld und die Verantwortung für gesellschaftliche Missstände auf sich nehmen und zu heilbringenden Märtyrerinnen für das Wohl aller werden. Sie glaubt zwar, dass die Geburtenkontrolle zur Emanzipation der Frauen führen wird, aber sie scheint mehr interessiert an der umfassenden eugenischen Utopie, deren Verwirklichung sie von der Geburtenkontrolle erhofft.

Leider täuscht Sanger sich in beiderlei Hinsicht: Empfängnisverhütung ist weder gut für die Frauen noch gut für die Gesellschaft. Wir leben heutzutage in einem Zustand ständiger Dissonanz. Unser gemeinsames kulturelles Verständnis, ebenso wie die Normen und Erwartungen, die von diesem Verständnis geprägt sind, stehen im Widerspruch zur Realität. Wir betrachten Sex heute als eine *Freizeitbeschäftigung* und nicht als eine *Fortpflanzungsaktivität*. Der Zusammenhang zwischen dem Sex und der Möglichkeit, neues Leben zu zeugen, wurde zerstört. Wir stellen uns Frauen als von Natur aus sterile Wesen vor, und die Frauen denken genauso von sich selbst. Eine Schwangerschaft wird oftmals als ein sexuelles Missgeschick angesehen, als ein Fall von schiefgelaufenem Sex, und nicht als das Ergebnis, das der Geschlechtsverkehr bewirken soll. Das Fortpflanzungspotenzial von Sex wird als ein Schalter betrachtet, der bei Bedarf umgelegt werden kann, dessen Standardeinstellung aber »aus« ist.

Dieses Konzept der weiblichen Sterilität hat zahlreiche Konsequenzen. Eine davon ist, dass die Abtreibungsrate tatsächlich *ansteigt*. Sanger hatte gehofft, dass die Geburtenkontrolle die Abtreibung und den Kindermord beenden würde. Sie stellte sich vor, dass es im Rahmen ihrer Empfängnisverhütungsutopie »keine Tötung von Babys im Mutterleib durch Abtreibung« mehr geben würde.[20] Es hat sich herausgestellt, dass das Gegenteil der Fall ist. Sangers eigene Organisation, Planned Parenthood, führt derzeit etwa 350 000 Abtreibungen pro Jahr durch. Sobald die Antibabypille in Amerika gesetzlich zugelassen war, schnellten die Abtreibungsraten in die Höhe. Im Jahr 1965, als die Geburtenkontrolle legalisiert wurde, wurden in den USA nur 794 Schwangerschaftsabbrüche verzeichnet; fünf Jahre später hatte sich diese Zahl vervielfacht auf 193 491 registrierte Abtreibungen. Als ein Jahrzehnt vergangen war, wurden in den Vereinigten Staaten jährlich 1 034 200 Schwangerschaftsabbrüche durchgeführt. Von weniger als eintausend auf über eine Million: Es handelt sich um einen Anstieg von nicht weniger als 1302,52 Prozent innerhalb von zehn Jahren. Selbst wenn wir davon ausgehen, dass im Jahr 1960 nicht alle Abtreibungen gemeldet wurden, steht eindeutig fest, dass die Abtreibungen drastisch zugenommen haben, sobald Verhütungsmittel weit verbreitet waren.[21]

Dieser Anstieg der Schwangerschaftsabbrüche nach der Legalisierung der Geburtenkontrolle ist das Gegenteil von dem, was man erwarten würde. Wie die meisten Menschen glaubte auch ich früher einmal, Empfängnisverhütung sei der beste Weg, um die Zahl der Abtreibungen zu verringern. Aus einer bestimmten Perspektive ist dies auch teilweise richtig. Wenn eine Gesellschaft zum ersten Mal empfängnisverhütende Mittel erlaubt, nimmt die Abtreibung drastisch zu, wie das gerade erwähnte Beispiel der Vereinigten Staaten zeigt. In der Sowjetunion jedoch führte die zunehmende Verfügbarkeit von Verhütungsmitteln zu einer *Reduzierung* der dort erschreckend hohen Abtreibungsrate, die im Jahr 1988 die Zahl der Lebendgeburten übertraf.[22] Das lag daran, dass zu der Zeit, als die

4. Kontrolle

UdSSR eine empfängnisverhütende Gesellschaft wurde, die Standardmethode der Geburtenkontrolle zunächst die Abtreibung war. Sobald eine alternative Methode der Geburtenkontrolle eingeführt wurde, gingen die Abtreibungsraten zurück.

In den Vereinigten Staaten hingegen fungierte die Abtreibung als Reserve, als nachgeordnete Form der Geburtenkontrolle, wenn die Verhütung versagte. Am treffendsten lässt sich die Dynamik zwischen Verhütung und Abtreibung also folgendermaßen charakterisieren: Wenn eine Gesellschaft die Verhütung normalisiert, steigt die Abtreibungsrate drastisch an. In einer Gesellschaft, die bereits Geburtenkontrolle praktiziert, kann die Verwendung von Verhütungsmitteln jedoch die Abtreibungsrate konstant halten oder sogar leicht senken. In den Vereinigten Staaten zum Beispiel erreichte die Abtreibungsrate im Jahr 1990 ihren historischen Höchstwert mit 1 608 600 belegten Fällen; danach sank die Zahl der Schwangerschaftsabbrüche auf derzeit etwa 850 000 pro Jahr. Dies ist jedoch immer noch ein astronomischer Anstieg (1070,53 Prozent) gegenüber der Quote von 1965, der Zeit vor der Pille. Insgesamt führt also die Normalisierung der Empfängnisverhütung – *die standardmäßige Erwartung der weiblichen Sterilisierung* – zu einer dramatischen Erhöhung der Abtreibungsraten.

Warum ist das so? Die Empfängnisverhütung gibt ein Versprechen, das sie nicht immer halten kann. Es lautet: Eine fruchtbare Frau kann Sex haben, ohne schwanger zu werden. Die Realität ist: Alle Verhütungsmethoden haben Versagensquoten, und wenn eine Methode versagt, wird unsere Wunschvorstellung vom sterilisierten Sex mit der Wirklichkeit konfrontiert. Eine Frau, die sich in dieser Situation befindet und sich von ihrem funktionierenden Körper verraten fühlt, wird oftmals eine Abtreibung vornehmen lassen. Das ist der Back-up-Faktor: Wenn die Verhütung ihr Versprechen nicht einlöst, springt die Abtreibung in die Bresche.

Es gibt hierbei noch eine zusätzliche Ebene von Komplexität, und das ist die Veränderung der Selbstwahrnehmung der Frauen. Als ich an dem einwöchigen Seminar der Philosophin Luce Irigaray teilnahm, war ich zusammen mit zehn anderen Doktorandinnen aus der ganzen Welt. Wir kamen aus den verschiedensten Disziplinen und jede von uns präsentierte abwechselnd den Forschungsstand ihrer Doktorarbeit, gefolgt von einem Feedback von und einer Diskussion mit Irigaray und der Gruppe. An die Arbeit einer bestimmten Forscherin erinnere ich mich besonders gut. Sie war eine praktizierende britische Ärztin, die verstehen wollte, warum so viele ihrer Patientinnen schwanger wurden. Diese Frauen nahmen ein Verhütungsmittel ein, das die Ärztin ihnen selbst verschrieben hatte, und viele von ihnen waren bereits Mütter und hatten Erfahrung mit einer Schwangerschaft. Dennoch tauchten immer wieder einige dieser Frauen in ihrer Praxis auf und berichteten, sie seien ungewollt schwanger geworden. Die Forscherin hatte festgestellt, dass ihre Patientinnen ein »magisches Denken« bezüglich der Verhütung zu haben schienen, aber sie verstand noch nicht, warum.

Ich war damals Mitte zwanzig, verheiratet und praktizierte etwas widerwillig die hormonelle Verhütung. Ich sage widerwillig, weil ich einerseits glaubte, dass ich zugunsten einer akademischen Karriere das Kinderkriegen vorerst auf eine unbestimmte Zukunft verschieben musste. Andererseits bemerkte ich auch, dass die Verhütung mich reizbar machte, meine Libido schwächte und das Risiko für Brustkrebs erhöhte, wofür es in meiner Familie schon einige Präzedenzfälle gab. Gemessen an den Ergebnissen der Untersuchung dieser Forscherin war auch ich anfällig für das »magische Denken«. Ich erinnere mich an unsere Seminarsitzung: ein Kreis von angehenden feministischen Akademikerinnen, die darüber rätselten und spekulierten, warum Frauen, die Verhütungsmittel nahmen, immer wieder schwanger wurden. Wir entwickelten dazu unsere Theorien, ohne die offensichtlichste Ursache dieser Schwangerschaften zu identifizieren: die Geburtenkontrolle selbst.

Einige Jahre später, nachdem ich katholisch geworden war und mir nunmehr erlaubte, die angeblichen Vorteile meiner jahrelangen Einnahme der Pille zu hinterfragen, konnte ich das erkennen, was ich das Verhütungsparadoxon nenne: *Eine Folge der Anwendung von*

4. Kontrolle

Verhütungsmitteln ist ein geringeres Bewusstsein für die eigene »Notwendigkeit« der Verhütung. Mit anderen Worten, die Verwendung von passiven Verhütungsmethoden – die auf die Physiologie der Frau einwirken, ohne dass sie dies bewusst verfolgen könnte – verändert die Selbstwahrnehmung der Frau als fruchtbares Wesen und fördert stattdessen ein Gefühl vermeintlicher Sterilität. Diese veränderte Einschätzung kann die Entscheidungen und Handlungen der Frauen beeinflussen. Wenn ich mich als steril betrachte, könnte ich mich beispielsweise eher auf ein zwangloses und risikoreicheres Sexualverhalten einlassen, da ich mich nicht gehemmt fühle durch die Erwartung langfristiger Konsequenzen. Vielleicht steigt auch die Wahrscheinlichkeit, dass ich die Einnahme der Pille vergesse, was mir tatsächlich häufig passiert ist. Dieses geringere Bewusstsein der eigenen Fähigkeit zur Schwangerschaft kann die durch falsche Anwendung verursachte Versagensrate von Verhütungsmitteln effektiv erhöhen und trägt zu der überraschend hohen Zahl ungeplanter Schwangerschaften in den Vereinigten Staaten bei, die trotz der Verbreitung der Empfängnisverhütung weiterhin zu beobachten ist.[23]

Sex als Konsumgut

Durch die Normalisierung der Empfängnisverhütung haben wir die Fruchtbarkeit aus unserem Bewusstsein getilgt. Dies hat – wie sollte es auch anders sein – unser aller Verständnis des Zwecks von Sex neu geprägt, wodurch sich dann unser Verhalten verändert hat. Es gibt nicht mehr das Ideal sexueller Zurückhaltung für ein höheres Gut. Mit *Zurückhaltung* meine ich nicht die viktorianische Flucht vor dem Körper und der Sexualität; ich gehe noch weiter zurück in die Vergangenheit zu den Philosophen der Antike, die alle der Auffassung waren, Glück sei nur durch ausgewogen tugendhaftes Verhalten zu erreichen, durch erlernte Gewohnheiten, die uns davon befreien, zum Spielball unserer Begierden zu werden.

Während ich dabei bin, diese Überlegungen zu formulieren, kommt mir eine Szene in den Sinn, die aus meinem Archiv banaler Alltagserinnerungen der letzten Zeit stammt. Ich befinde mich in einem Flugzeug, das gerade gelandet ist, und warte im Gang zusammen mit all den anderen Passagieren darauf, aussteigen zu können. Direkt vor mir steht ein grauhaariger Mann, schätzungsweise in den Sechzigern, der wie alle anderen sein Handy einschaltet. Anstatt jedoch seine Textnachrichten oder E-Mails zu überprüfen, öffnet er eine Dating-App. Ich verwende das Wort »Dating«, aber das ist natürlich ein Euphemismus. Er sucht nach Sex. Auf seinem Bildschirm erscheinen blitzschnell hintereinander zahlreiche Frauengesichter; er wischt die meisten von ihnen unglaublich rasch weg, nachdem er einen kurzen Blick auf sie geworfen hat. Ich schaue ihm schamlos über die Schulter, ohne dass er dies bemerkt, und so sehe ich sie auch: eine Frau nach der anderen, ein Teil von ihnen strahlend lächelnd, andere zaghaft und hoffnungsvoll; einige versuchen, mit Schmollmund und etwas nackter Haut verführerisch auszusehen. Er hält nur bei jungen Gesichtern inne, bei Frauen, die halb so alt sind wie er, und drückt mit dem Daumen einen Knopf, um diese Frauen für später vorzumerken. Ich denke über die Frauen nach, deren Gesichter an uns vorbeiziehen. Ich denke daran, dass sie sich nach Liebe oder Gesellschaft sehnen, dass sie sich jemanden wünschen, der sie treffen und kennenlernen möchte, jemanden, der sie schätzt und respektiert. Welche Frau – welcher Mensch – würde sich das nicht wünschen? Unser aller Bestimmung ist, zu lieben; diese Liebe suchen wir. Während ich diesem Mann dabei zuschaue, wie er sich Dutzende von Gesichtern ansieht, spüre ich in meinem Bauch das wachsende Gefühl von Wut und Abscheu, das mir bis in die Kehle hinaufsteigt. Er betrachtet diese Frauen nicht als Personen, sondern als Möglichkeiten, seine Lüste zu befriedigen, wie jemand, der in einem Fastfood-Restaurant den schmackhaftesten Hamburger sucht, um seinen Hunger zu stillen.

Seine Gesten sind gefühllos, ja, aber auch hektisch und zwanghaft. Wir sind noch nicht einmal aus dem Flugzeug gestiegen,

4. Kontrolle

und schon ist er auf Beutefang, wie ein Hai, der endlos kreist und nicht zur Ruhe kommt. Er hat nicht die Kontrolle, er *wird* kontrolliert. So wie seine Begierde die Persönlichkeit der Gesichter auf seinem Bildschirm ausblendet, so vermindert sie auch seine eigene Menschlichkeit. Indem er diese Frauen zu Objekten macht, macht er sich selbst zum Tier.

Das ist es, was aus Sex wird – und was aus *uns* wird –, wenn dieser vom Leben abgeschnitten ist. Papst Paul VI. hat dies bereits im Jahr 1968 in seiner Enzyklika *Humanae vitae* vorausgesagt. Dieses Sendschreiben, das sich schon damals der Mehrheitsmeinung der Bevölkerung widersetzte, war die endgültige Antwort der katholischen Kirche auf die Frage, ob sie wie andere christliche Kirchen die Benutzung von Verhütungsmitteln erlauben sollte. Der Vatikan verneinte dies. Als Teil seiner Antwort machte Paul VI. mehrere Vorhersagen, die heute hellseherisch klingen. Eine davon war die folgende:

> »Auch muss man wohl befürchten: Männer, die sich an empfängnisverhütende Mittel gewöhnt haben, könnten die Ehrfurcht vor der Frau verlieren, und, ohne auf ihr körperliches Wohl und seelisches Gleichgewicht Rücksicht zu nehmen, sie zum bloßen Werkzeug ihrer Triebbefriedigung erniedrigen und nicht mehr als Partnerin ansehen, der man Achtung und Liebe schuldet.«[24]

Wenn ich diese Passage lese, denke ich an den Mann im Flugzeug, an Millionen von Männern wie ihn und an die Parade der aussortierten Gesichter auf ihren Smartphones. Wir müssen nicht das falsche Bild einer idealisierten Vergangenheit heraufbeschwören, um zu erkennen, dass in unserer heutigen Kultur etwas faul ist. Es ist ja nicht so, dass die sexuelle Ausbeutung von Frauen erst 1965 erfunden worden wäre. Es handelt sich um ein uraltes Übel. Aber die Entkoppelung der Sexualität vom Leben hat den Sex degradiert und uns degradiert durch ein konsumorientiertes Sexualparadigma, das Befreiung verkündet, während es uns versklavt.

Innerhalb des Paradigmas von Sex als Konsumgut kristallisiert sich eine neue Sichtweise der menschlichen Person heraus, da die angeborene Würde und leibhafte Persönlichkeit nun weniger Gewicht haben und in den Hintergrund treten. Diese Sichtweise ist *instrumentalisierend*, da die andere Person als ein Werkzeug betrachtet wird, ein Mittel zur Erreichung der egoistischen Ziele eines Individuums. Wenn wir von der sexuellen Verdinglichung der Frau sprechen, dann ist diese Perspektive gemeint: eine Person, die zu einem Gebrauchsgegenstand gemacht wird.

Die einzige moralische Richtlinie in diesem Paradigma ist die Zustimmung. Sie dürfen als frei Handelnder alles tun, was Sie wollen, solange es nicht die freie Handlungsfähigkeit eines anderen beeinträchtigt. Lassen Sie es mich nochmal unterstreichen: *Das Einverständnis ist hierbei entscheidend.* Die Betonung der Bedeutung der Einwilligung ist vielleicht der einzige gute Aspekt dieses Paradigmas. Die katholische Tradition teilt diese Wertschätzung der Zustimmung; so ist beispielsweise eine Ehe nur dann gültig, wenn sie von beiden Partnern freiwillig geschlossen wurde. Das Problem ist nicht, dass die Zustimmung bei dieser Sichtweise ein zentraler Wert ist; das Problem ist, dass sie der *einzige* Wert ist. Das beiderseitige Einverständnis sollte der Ausgangspunkt und nicht das Ende der Diskussion über Sexualmoral sein. Es reicht nicht aus zu sagen, das Beste, was wir vom Sex in moralischer Hinsicht erwarten können, sei, dass es sich um *keine Vergewaltigung* handle.

Die Zustimmung ist als Plattform nicht stabil und solide genug, um darauf eine ganze Sexualethik zu errichten. Sie bietet keinen Schutz gegen Selbstzerstörung und wenig Hilfe gegen Entscheidungen, die auf subtile Weise, bisweilen sogar unbewusst, erzwungen werden. Eine Frau verkauft Sex, um eine Drogensucht zu finanzieren. Hat sie diesen Gelderwerb wirklich freiwillig gewählt? Trägt er zur Stärkung ihrer Selbstbestimmung bei? Eine Pornodarstellerin, die als Kind sexuell missbraucht wurde, beschließt, ihre eigene Ausbeutung zum Beruf zu machen. Ist das gut? Wie oft sind unsere Entscheidungen denn wirklich »frei«? Nur eine Ethik, die

4. Kontrolle

auf dem *objektiven* Wert der verkörperten menschlichen Persönlichkeit beruht, kann klare Grenzen gegen sexuellen Missbrauch und Ausbeutung ziehen.

Zu den Verdiensten der MeToo-Bewegung zählt vermutlich das Aufdecken von Schwachstellen im Paradigma von Sex als Konsumgut sowie das Aufzeigen der Armseligkeit einer Sexualmoral, die nur auf Zustimmung beruht. Diese Bewegung hat deutlich gemacht, dass jemand auch dann durch Sex missbraucht und geschädigt werden kann, wenn dieser Sex formal einvernehmlich ist. Die Ära der sexuellen Befreiung hat sich als nicht so befreiend für die Frauen herausgestellt, wie behauptet wurde.

Ich habe einmal in einem meiner Seminare für das Grundstudium erwähnt, dass man in sexuellen Beziehungen die andere Person als *Zweck* und nicht als *Mittel* behandeln sollte, woraufhin mir meine die Prostitution befürwortenden feministischen Teilnehmerinnen sofort widersprachen. »Was ist dann mit einer Servererin in einem Restaurant?«, wandten sie ein. »Benutzen Sie sie nicht als Mittel zum Zweck, wenn Sie sie dafür bezahlen, Ihnen einen Burger zu bringen?« Ich erwiderte, dass der Unterschied darin bestehe, dass bei der Prostitution und der sexuellen Ausbeutung *die Person selbst der Burger sei*. Was konsumiert und zur Ware gemacht wird, ist hierbei kein Essen, sondern der Körper der Sexarbeiterin, ihr eigenes Selbst. Aus der anthropologischen Perspektive des Christentums ist Sex nicht nur eine körperliche Aktivität, sondern eine Vereinigung ganzer Personen. Das macht die »Arbeit« des Sex einzigartig, verschieden von anderen Arten körperlicher Arbeit.

Die Denkweise meiner Studierenden basierte auf einer dualistischen Variante der instrumentalistischen Sichtweise, bei der das Selbst vom Körper getrennt wird, was es ermöglicht, den Körper zu verdinglichen und dennoch ein willensgesteuertes Phantom der Persönlichkeit zu bewahren. Es handelt sich um eine Abwandlung des alten kartesianischen Dualismus »Ich denke, also bin ich«. Statt das Selbstsein mit der Rationalität zu verbinden, präferiert dieser neue Modus die Autonomie des Begehrens: »Ich wähle aus, also bin ich.«

Alle Feministinnen würden die erste Art von Instrumentalisierung rundweg ablehnen: Frauen dürfen nicht verdinglicht und entmenschlicht werden. Aber ich wette, dass die meisten dieser Feministinnen genauso entschieden den dualistischen Instrumentalismus befürworten würden, denn dieser rechtfertigt den ganzen Bereich des »sexpositiven« Feminismus. Pornografie, Sadomasochismus, Prostitution? Alles kein Problem, wenn eine Frau selbst entscheidet, daran teilzunehmen. Denn durch die Alchemie ihrer Wahl werden all diese Dinge zu einer Quelle der Befreiung und, um das Klischee zu bemühen, der Ermächtigung. Diese Position ist nur haltbar, wenn man den Körper entpersonalisiert, was zu einer Wahrnehmung des Körpers als Mechanismus, als Apparat, als Do-it-yourself-Projekt führt.

Sobald das Selbst von der materiellen Realität abstrahiert und durch eine uneingeschränkte Wahlfreiheit gekennzeichnet ist, wird der menschliche Körper mit seinen Einschränkungen schnell zu einem Hindernis, das überwunden werden muss. Der Schriftsteller Wendell Berry erörtert diesen Rückschritt in seinem Essay »Feminism, the Body, and the Machine«, woraus diese eindringliche Passage eine aufmerksame Lektüre verdient:

> »Unsere sogenannte ›sexuelle Revolution‹ ist in Wirklichkeit vor allem ein industrielles Phänomen, bei dem der Körper als Quelle der Lust oder als Lustmaschine benutzt wird, mit dem Ziel, die natürliche Lust von ihren natürlichen Konsequenzen zu ›befreien‹. Wie jedes andere industrielle Unterfangen versucht die industrielle Sexualität, die Natur zu erobern, indem sie sie ausbeutet und die Folgen ignoriert, indem sie jede Verbindung zwischen Natur und Geist oder Leib und Seele leugnet und sich der sozialen Verantwortung entzieht. Die geistigen, körperlichen und wirtschaftlichen Kosten dieser ›Freiheit‹ sind immens. [...] Charakteristisch für den industriellen Sex ist, dass er seine Freiheit und Qualität durch eine industrielle Buchhaltung belegt, die ge-

wissenhaft die Anzahl der ›Sexualpartner‹, Orgasmen usw. auflistet, mit der im industriellen Rahmen unvermeidlichen Folgerung, dass der Körper eine Art von Beschränkung für den idealen Sex darstellt, der noch sehr viel vielfältiger sein wird, sobald er von Robotern erledigt werden kann.«[25]

Die industrielle Revolution und die sexuelle Revolution sind benachbarte Zweige desselben krumm gewachsenen Baumes, dessen Früchte wir weiterhin eifrig verzehren, weil wir auf das ferne Flüstern hören: *Nehmt, esst, und ihr werdet wie Götter sein.*

Autonomie als Versuchung

Wenn die als Wahlmöglichkeit verstandene Freiheit zum Telos mit offenem Ausgang der menschlichen Existenz wird, wird der Körper schnell zu einem Problem, insbesondere für uns Frauen, denn unsere fruchtbare Physiologie sorgt für eine enge Bindung zu anderen Körpern und dem Rest der Schöpfung. Durch die Akzeptanz dieses Telos wurde der Marsch des Feminismus hin zur Freiheit gleichzeitig zu einer Flucht vor der Körperlichkeit.

Das Ideal der Autonomie spielt für den modernen Feminismus seit seinen Anfängen im 19. Jahrhundert eine zentrale Rolle. Elizabeth Cady Stanton, eine Ahnin der ersten Welle, baute ihre Vision der Frauenbefreiung auf einer Konzeption des einsamen Selbst auf, ständig in bernsteinartiger Isolation schwebend. Gemäß ihrer Vorstellung muss die Frau wie der gestrandete Robinson Crusoe auf einer »einsamen Insel« leben, wo sie allein »über ihr eigenes Schicksal entscheidet«. Dies ist Stantons feministische Anthropologie: die menschliche Seele in völliger Isolation, um »die Reise des Lebens allein« zu absolvieren. Trotz unseres tiefen »Hungers des Herzens nach Liebe und Anerkennung« lehre uns die Natur die strapaziöse Lektion der »Selbständigkeit, des Selbstschutzes, des Selbsterhalts«. Stantons Bild vom Leben und vom Menschsein ist düster. Während sie zu Recht auf die Einzigartigkeit jeder menschlichen Seele hinweist, ist dies für sie weniger ein Grund zur Ehrfurcht als zur Verzweiflung. Es gibt in ihrer Weltsicht keinen Sinn für Gemeinschaft, gegenseitige Liebe oder Interdependenz. Sie steigert das, was sie die »protestantische Idee« des Individualismus nennt, bis zu einem trostlosen Extrem; wir sind für sie eher wie Geschosse, die jedes für sich durch den Weltraum fliegen, als miteinander verbundene Teile eines gemeinschaftlichen Ganzen.[26]

Von Sanger wird dieses Ideal der Autonomie dem weiblichen Körper konkret auferlegt, was nur durch technologische Kontrolle möglich ist. Weil die körperliche Fruchtbarkeit die Autonomie bedroht, muss die natürliche Verbindung zwischen Sex und Fortpflanzung gekappt werden. Simone de Beauvoir knüpft an diese dualistische Vision an und verleiht Sangers konkretem Projekt mehr philosophische Tiefe. Diese Synergie zwischen Aktivismus an der Basis und Spekulationen im Elfenbeinturm stellt sicher, dass der Wert der Autonomie und die damit verbundene dualistische Anthropologie in der feministischen Theorie und Praxis verankert bleiben. Letztlich befreit dies die Frauen aber nicht, sondern schadet ihnen.

Vor einigen Jahren sah ich einen Facebook-Beitrag einer Frau, die berichtete, warum sie sich für eine Abtreibung entschieden hatte. Ich kannte diese Frau nicht, aber ihre Worte wurden von vielen geteilt und landeten so auch in meinem Feed. Hier ist, was sie schrieb:

»Ich habe lange gezögert, ob ich darüber etwas posten sollte; es handelt sich um eine sehr persönliche und in vielerlei Hinsicht schmerzhafte Angelegenheit, die mich gerade beschäftigt. Es scheint mir nötig, mich als öffentliches Beispiel dafür zu präsentieren, warum es so wichtig ist, einen sicheren und rasch verfügbaren Zugang zu Abtreibungsangeboten zu haben. Dies ist schon das zweite Mal in meinem Leben, dass ich über längere Zeit regelmäßig hormonell ver-

4. Kontrolle

hütet habe und trotzdem schwanger geworden bin. Sicheren und geschützten Sex zu praktizieren ist keineswegs narrensicher. Nur weil ich einen liebevollen Partner habe, mit dem ich schon lange zusammen bin, habe ich es keineswegs eilig, Mutter zu werden. Und eine Schwangerschaft bis zur Geburt eines Kindes durchzustehen, ist für mich einfach keine Option, weder physisch noch emotional noch finanziell. Ich bin aufrichtig davon überzeugt, dass eine Frau unter allen Umständen das Recht hat, frei zu entscheiden. [...] Körperliche Autonomie existiert, und das aus gutem Grund.«

Als ich diese Worte damals zum ersten Mal las, schmerzte mich das im Herzen (was auch heute noch der Fall ist): einerseits wegen dieser Frau, die sich unübersehbar in einer Situation voller Kummer und Unruhe befand, andererseits wegen des neuen menschlichen Lebens, dessen Wert wegrationalisiert wurde. Ich war auch schockiert von der eklatanten, schrecklichen Ironie des letzten Satzes: »Körperliche Autonomie existiert, und das aus gutem Grund.« Der wirkliche Grund, warum diese Frau sich in einer solch quälenden Lage befand, war die Tatsache, dass körperliche Autonomie erwiesenermaßen für Frauen nicht auf die gleiche Weise gegeben ist wie für Männer. Frauen haben aufgrund ihrer Physiologie einen Körper, der offen für das Leben ist, einen Körper, der den Fremden willkommen heißt, bevor der Wille die Tür verriegeln kann. Ob es uns gefällt oder nicht, sind die Körper der Frauen dafür konzipiert. Ein Mann kann unaufhörlich Sex haben, bis er vor Erschöpfung stirbt; er wird nie schwanger werden. Er wird sich niemals mit der Frage abquälen müssen, ob er abtreiben soll oder nicht. Er ist fruchtbar, aber seine Fruchtbarkeit öffnet seinen Körper nicht für den Körper eines anderen Lebewesens. Die körperliche Autonomie, die diese Frau für sich beansprucht, ist ihr nicht von Natur aus angeboren, sondern muss ihrem Körper künstlich aufgezwungen werden – unvollkommen durch die Verhütung oder, wenn diese versagt, gewaltsam durch eine Abtreibung.

Dieser Facebook-Beitrag und die Millionen ähnlicher Erfahrungen, die er repräsentiert, zeigen etwas Entscheidendes: Das Ideal der völligen sexuellen Freiheit, der »körperlichen Autonomie«, wurde geprägt von der Norm der männlichen Körperlichkeit. Daher ist es für Frauen letztlich eine Versuchung: ein Versprechen, das nicht eingehalten werden kann, ein Versprechen, hinter dem sich eine Lüge verbirgt. »Nehmt diese Pille«, sagt die Schlange des neuen Jahrtausends, »und ihr werdet wie Männer sein.« Aber eine Frau, die die Pille nimmt, ist immer noch eine Frau, und wenn die Illusion der Autonomie zusammenbricht, dann muss sie – und ihre Nachkommenschaft – den Blutzoll dafür zahlen.

Eine Ideologie, die die Menschen als isolierte Atome betrachtet, die im luftleeren Raum aufeinanderprallen, ist eine Ideologie, die letztlich zu Spaltung und Zerstörung führt. Wie wäre es, wenn wir unsere Praxis an der Norm der weiblichen Körperlichkeit orientieren würden? An einem Ethos der Verbundenheit und der radikalen Aufnahmebereitschaft gegenüber dem Leben? Ein Ethos, das auf dem Wert der *Integrität* und nicht auf dem der *Autonomie* beruht – eine persönliche Ganzheit, die synergetisch ist und sich in Liebe öffnet, um die Ganzheit eines anderen zu beherbergen. Aus der Sicht der Autonomie ist die Schwangerschaft eine Bedrohung, eine mangelnde Anpassung. Aus einem anderen Blickwinkel – einem, der die menschliche Leiblichkeit als integralen Bestandteil der Persönlichkeit betrachtet und die Person als Ikone des Göttlichen sieht – wird die Schwangerschaft zu einem lebendigen Spiegel, durch den wir einen Eindruck von den Eigenschaften Gottes erhalten können.

Eine schwangere Frau ist ein Abbild jener göttlichen Liebe, die alle Dinge hervorbringt, der Liebe, in der wir leben, uns bewegen und unser Sein haben. Stantons einsames weibliches Selbst ist allein und verlassen, schiffbrüchig auf einer nur von einem Menschen bewohnten Insel, »ganz auf sich allein gestellt, um Trost zu finden« in der Stunde »ihrer schwersten Leiden«. Das ist eine verzerrte Darstellung der Realität, denn in Wirklichkeit ist die menschliche Seele

4. Kontrolle

nie allein, genauso wenig wie ein Kind im Mutterleib. Was sie ständig am Leben erhält, sind nicht ihre eigenen Anstrengungen, ihr eigener Wille oder ihre eigene Souveränität, sondern die Liebe, die der Motor aller Existenz ist, die Liebe, die eine menschliche Form annimmt, um für uns sichtbar zu werden. Das ist der Herzschlag unter den Dingen, wenn wir es erlernen, ihn zu hören. Nicht das wüste Tosen eines Ozeans, sondern das gleichmäßige *Pochen* eines entflammten Herzens.

†

Die Normalisierung der Empfängnisverhütung veränderte nicht nur auf komplexe und widersprüchliche Weise die materiellen Lebensumstände der Frauen, sie läutete auch ein neues konzeptionelles Paradigma ein, eine neue Art, über Sex, Körperlichkeit und Weiblichkeit nachzudenken. Als Einar Wegener zum ersten Mal die starke Versuchung spürte, eine Frau zu werden – wie gesagt, eine Versuchung ist ein Versprechen, das nicht gehalten werden kann –, gehörte zu seinem Wunsch, eine Frau zu werden, auch das Bestreben, neues Leben in sich zu tragen. Zu der Zeit, als Christine Jorgensen sich einem ähnlichen Prozess der Metamorphose unterzog, hatte sich das Ziel jedoch verschoben. Für viele Menschen war Weiblichkeit nun nicht mehr in einer biologischen Realität verwurzelt, sondern war nur noch ein rein soziales, ornamentales Phänomen. Wie eine typische Frau zu wirken und aufzutreten schien nunmehr ausreichend, um eine Frau zu werden.

Die Trennung der sexuellen Vereinigung von der Fortpflanzung löste eine rasche Abfolge von Entkopplungen aus, die zu dem heutigen Gender-Chaos geführt haben. Das biologische Geschlecht wurde vom sozialen Geschlecht abgespalten, die Frau vom Weiblichen, der Mann vom Männlichen, der Körper vom begehrenden Willen. Diese Spaltungen sind sowohl auf einer konzeptionellen als auch auf einer technologischen Ebene erfolgt; Letzteres wurde ermöglicht durch experimentelle Behandlungen, Hormone und chirurgische Eingriffe, die noch gar nicht hinreichend erforscht sind. Ist es angesichts dessen verwunderlich, dass Eltern heutzutage nicht mit der Wimper zucken, wenn es darum geht, ihre Kinder mit synthetischen Hormonen vollzupumpen? Unsere heranwachsenden Töchter haben das Zeug ja schon seit Jahrzehnten genommen. Das ist nur das neueste Kapitel derselben Geschichte, der Fragmentierung der menschlichen Persönlichkeit und der Verunglimpfung des Körpers, stets im Namen der Freiheit.

5. Biologisches Geschlecht

Aldous Huxleys zum Klassiker gewordener dystopischer Roman *Brave New World* (*Schöne neue Welt*) handelt von einer totalitären Gesellschaft, die die menschliche Fortpflanzung vollständig von der sexuellen Aktivität trennt. Die Menschen werden passgenau massenproduziert für ein Kastensystem; von Kindheit an werden ihre Wünsche geformt und konditioniert, um aus ihnen glückliche Sklaven des sozialen Systems zu machen. Babys, die von Natur aus von der Schönheit der Sonne und der Blumen angezogen werden, werden mit Elektroschocks bestraft, bis sie eine Abneigung gegen diese schönen Dinge entwickeln, die sie in der industriellen Umgebung der Stadt »glücklich« macht. Die Erwachsenen werden durch die euphorisierende Droge Soma, die ein falsches Glücksgefühl vermittelt, fügsam gemacht und in einen Zustand oberflächlicher Zufriedenheit versetzt, der sie eher ablenkt als erfüllt.

Eine die Gesellschaft manipulierende Meisterleistung wie diese ist nur möglich durch die vollständige Unterwerfung der Natur – nicht der Natur im Sinne von Bäumen und Bienen, sondern der Natur im Sinne der menschlichen Natur. Huxley war kein Christ, aber das von ihm entworfene Bild ist zutiefst teleologisch. Der dunkle Spiegel von *Brave New World* zeigt, dass der Mensch kein unbeschriebenes Blatt ist, keine Tabula rasa, die nur darauf wartet, von der Gesellschaft beschriftet zu werden. Das Regime muss sich mit einer vorsozialen Natur des Menschen auseinandersetzen, die ständig die Oberhand zu gewinnen droht. Der Staat in *Brave New World* hat sein eigenes künstliches Telos, das er durchsetzen will, und weil das ursprüngliche Telos mit der Natur verbunden ist, muss der Staat unermüdlich gegen die menschliche Natur kämpfen, indem er systematisch und gewaltsam alle dauerhaften Bindungen zwischen den Menschen beseitigt, jede natürliche Neigung zu Schönheit und Ganzheit unterdrückt. Die Ehe wurde abgeschafft, sogar jede Form von verbindlicher Monogamie ist verboten. Es gibt keine Familienstrukturen mehr, weder natürliche noch künstliche – der Ausdruck »Mutter« ist zu einer Obszönität geworden.

Huxleys Dystopie kommt mir heutzutage ständig in den Sinn. Zum Beispiel neulich, als ich an einem Ritual teilnahm, das an den Arbeitsplätzen des 21. Jahrhunderts zum Standard geworden ist: an der obligatorischen Schulung des Personals bezüglich des richtigen Verhaltens untereinander. In meiner idealen Welt würden die Kurse zur Einhaltung der Verhaltensregeln ersetzt werden durch eine einfache, jährlich verschickte E-Mail, in der stehen würde: »Einen schönen Gruß. Dies ist Ihre jährliche Erinnerung von Seiten der Personalabteilung. Seien Sie kein Idiot.« Stattdessen erhalten wir eine langwierige und ermüdende Präsentation der vielen Möglichkeiten, unsere Kollegen zu beleidigen, eine Liste, die jedes Jahr länger und langweiliger wird, da es immer mehr Vergehen gibt. Die diesjährige Schulung beinhaltete zum Beispiel die Anweisung, das soziale Geschlecht nicht mehr mit der Biologie zu assoziieren. »Sagen Sie ›schwangere Menschen‹ statt ›schwangere Frauen‹«, forderte die PowerPoint-Folie in aufmunterndem Tonfall von uns. Während ich mir diese Folie ungläubig ein zweites Mal durchlas, dachte ich an *Brave New World*, wo die Technologie die Biologie besiegt hat, wo »Mutter« ein Schimpfwort geworden ist. Wenn es um das biologische Geschlecht, das soziale Geschlecht und die Sexualität geht, ist unsere Welt der von Huxleys Dystopie leider allzu ähnlich. Die Formulierung »schwangere Frau« soll eine Mikroaggression darstellen, eine Verunglimpfung, weil sie die heutzutage verletzende Annahme impliziert, dass nur Frauen schwanger werden können.

Wie ist es so weit gekommen? Was wird gerade umgeschrieben? Was wurde aus dem Gedächtnis verdrängt? Um diese Fragen beantworten zu können, müssen wir uns die Konzepte »biologisches Geschlecht« und »soziales Geschlecht (alias Gender)« näher ansehen, die sich verändernden Bedeutungen dieser Bezeichnungen erfassen und sie erneut in der Realität verankern. Das wird der Schwerpunkt der folgenden zwei Abschnitte sein, in denen wir uns abwechselnd mit dem biologischen und dem sozialen Geschlecht befassen werden.

Essenzielles Potenzial

Seit der zweiten Welle sah sich der Feminismus mit dem immer wieder auftretenden Problem konfrontiert, sich einer festen Definition von »Frau« sowohl zu widersetzen als auch diese zu benötigen. Einerseits enthält der Begriff »Feminismus« einen Bezug auf die Frau (lateinisch »femina«). Andererseits war der Feminismus stets geprägt von einem tiefen Misstrauen gegenüber der Idee einer universellen, zeitlosen Vorstellung dessen, was eine Frau sei.

Für Letzteres gibt es gute Gründe. Verschiedene Kulturen und historische Epochen haben entmenschlichende Definitionen der Frau hervorgebracht. Auf der Basis der Behauptung, dass Frauen intellektuell minderbemittelt und nur zum Gebären von Kindern (vorzugsweise Söhnen) geeignet seien, wurden ihnen grundlegende Rechte und der Zugang zur Bildung verweigert. Feministinnen haben auch auf die Schwierigkeit hingewiesen, eine Definition zu finden, die umfassend genug ist, um alle Frauen einzubeziehen: Was ist der gemeinsame Nenner, auf den wir uns berufen können? Auf körperliche Merkmale lässt sich nicht verweisen, denn das würde Frauen ausschließen, die eine Entfernung der Gebärmutter hinter sich haben, Frauen, die einen starken Bartwuchs besitzen, Frauen, die den Durchschnittsmann überragen. Wir können nicht auf die Mutterschaft verweisen, denn nicht alle Frauen sind Mütter. Wir können nicht auf Charaktereigenschaften wie Mitgefühl oder Sanftmut verweisen, weil alle von uns Frauen kennen, die diese Qualitäten nicht verkörpern.

Fällt Ihnen auf, dass ich mich gedanklich im Kreis drehe? Ich lehne sämtliche Definitionen von »Frau« mit der Begründung ab, dass sie nicht alle Frauen einschließen. Bei meinen Überlegungen setze ich voraus, dass es so etwas wie eine »Frau« gibt, und dann suche ich nach einer Möglichkeit, genau auszudrücken, was dieses Wesen von anderen Wesen unterscheidet. Was ist die Beschaffenheit, die Quidditas, der Frau?

Die Vorstellung, dass alle Frauen eine intrinsische Eigenschaft teilen, die das »Frausein« charakterisiert, wird als *Essenzialismus* bezeichnet. Eine essenzialistische Perspektive behauptet, dass Männer und Frauen grundlegend oder in ihrer Essenz verschieden sind. Das muss nicht bedeuten, dass sie polare Gegensätze sind, die sich in jeder Hinsicht unterscheiden, sondern dass es ein Alleinstellungsmerkmal gibt, das alle Frauen besitzen und alle Männer nicht oder umgekehrt. In der Gender-Theorie wird der Essenzialismus oft mit dem sozialen Konstruktivismus kontrastiert, d. h. der Auffassung, dass es auf der Ebene des Seins keine Unterschiede zwischen Männern und Frauen gibt; alle feststellbaren Unterschiede sind gemäß dieser Sichtweise bloße Erzeugnisse von Gesellschaft und Kultur.

Das feministische Denken ist aus den oben genannten Gründen überwiegend antiessenzialistisch, und um der Spannung zu entgehen, die sich durch einerseits die Ablehnung des Essenzialismus und andererseits die Fokussierung der Bewegung auf die Frau ergeben, berufen sich viele Feministinnen auf den *Nominalismus*. Dieses philosophische Konzept – nach lateinisch »nomen«, »Name« – postuliert, dass wir Dinge nur unter einem gemeinsamen Namen zusammenfassen können, ohne uns dabei auf eine universelle, kulturübergreifende Essenz berufen zu können. Ich kann zum Beispiel behaupten, dass es Frauen gibt, weil die Idee der Frau als ein geistiges und soziales Konstrukt existiert. Es gibt feministische Theoretikerinnen, die schreiben, dass sie den Essenzialismus nominalistisch und »strategisch« einsetzen, indem sie sich auf eine übergreifende Kategorie berufen, wenn es ihnen gerade passt, und diese Kategorie

5. Biologisches Geschlecht

ablehnen, wenn das nicht der Fall ist; dabei verweigern sie sich endgültigen Definitionsversuchen.

Als Studentin auf dem College geriet ich in diese nominalistisch-essenzialistische Endlosschleife. Was mich zum Feminismus brachte, war zunächst ein explizit essenzialistisches Motiv: Ich sah meine Weiblichkeit als integralen Bestandteil meiner Identität und strebte danach, meine spezifische Würde *als Frau* zu verstehen und anzunehmen. Auf den ersten Blick schien der Feminismus einen Raum zu bieten, in dem ich genau das tun konnte. Ich hatte nicht erwartet, dass ich die Idee der Weiblichkeit würde ablehnen müssen, um meine Würde zu finden. Sobald ich mich jedoch in das feministische Denken vertieft hatte, wurde mir schnell klar, dass der Essenzialismus aus Sicht der Feministinnen eine unverzeihliche Sünde war.

Ich erinnere mich, wie ich in meinem vierten Studienjahr in einem feministischen Philosophiekurs saß und mit meinen Kommilitonen und Kommilitoninnen über mögliche Definitionen des Begriffs »Frau« diskutierte, wobei ich nie eine befriedigende Lösung fand. Ich wollte mich immer wieder auf den Körper berufen, auf die weibliche Biologie, wusste aber keine Entgegnung, wenn ich mit Ausnahmen konfrontiert wurde. Sind Frauen nach einer operativen Entfernung der Gebärmutter denn keine Frauen mehr? Es war für mich offensichtlich, dass dieser Gedanke absurd war, aber ich konnte nicht genau begründen, weshalb. Trotzdem blieb ich eine heimliche Essenzialistin und spielte bei Bedarf die Karte des Nominalismus. Im Verborgenen hielt ich an der Vorstellung fest, dass die Weiblichkeit ein zentraler Bestandteil meiner Identität war, dass der Ausdruck »Frau« etwas Grundlegendes und Reales bezeichnete, etwas, das tiefer reichte als eine gesellschaftliche Fiktion.

Ich habe einmal versucht, dies einem männlichen Kursteilnehmer zu beichten. Wir besuchten beide das Seminar zur feministischen Philosophie und bekannten uns beide voller Überzeugung zu den Idealen des Feminismus. Eines Tages bat er mich nach dem Unterricht, ihm meine Sichtweise zu erklären. Er fragte mich, wie ich meine Identität als Frau definieren würde. Ich weiß nicht mehr, was genau ich ihm geantwortet habe; ich kann mich nur noch erinnern, dass ich ihm gegenüber aufrichtig war und dass er darauf mit ungläubigem Entsetzen reagierte: »So kannst du doch nicht denken! Das ist *Essenzialismus*!« Mir ist klar, dass es nicht einer gewissen Ironie entbehrt, dass ausgerechnet ein männlicher Studienkamerad meine Haltung aus feministischer Sicht kritisierte. Seine Reaktion zeigt, dass die Ablehnung des Essenzialismus von einem Großteil der feministischen Philosophie stillschweigend *vorausgesetzt* wird, ohne dies gesondert zu begründen. Ich war erst seit relativ kurzer Zeit eine begeisterte Feministin, und nun war ich schon zur Häretikerin geworden.

Mir fehlte damals noch ein wichtiges Instrument in meinem analytischen Werkzeugkasten: die Unterscheidung zwischen Potenzialität und tatsächlicher Gegebenheit. Ich bin diesen Konzepten zum ersten Mal im Werk des mittelalterlichen Philosophen und Theologen Thomas von Aquin begegnet, der sie seinerseits von Aristoteles übernommen hat. Die *Potenzialität* (auch »Potenz« genannt) bezieht sich auf jedes inhärente Potenzial oder jede Möglichkeit, die ein Ding hat. Die *Aktualität* (auch »Akt« genannt) ist die Verwirklichung oder Aktualisierung dieser inhärenten Möglichkeit. Betrachten wir einige Beispiele.

Bevor ich mich heute morgen hingesetzt habe, um zu schreiben, habe ich mir einige der Arbeitsblätter meiner Tochter aus dem Kindergarten angesehen. Sie lernt gerade, wie man aus Buchstaben mit Hilfe von deren Klang Wörter bilden kann. Auf einem Arbeitsblatt hatte sie Figuren aus der Weihnachtsgeschichte aufgelistet: MRE, AJL, CING – Mary, Angel, King (Maria, Engel, König). Es hat etwas Beeindruckendes, zu sehen, wie ihre übergroßen, wackeligen und oft verkehrt herum gezeichneten Buchstaben so angeordnet werden, dass sie verständliche Wörter ergeben. In ihr steckt ein Potenzial – das Potenzial zu lesen, zu schreiben, zu denken, die Sprachbeherrschung zu entwickeln –, das allmählich aktualisiert wird, und es ist aufregend, in Echtzeit zu beobachten, wie es sich

5. Biologisches Geschlecht

entfaltet. Sie ist erst seit zwei Monaten im Kindergarten und beginnt bereits zu schreiben und zu lesen.

Mein Kater, Kafka, hat auch einige sprachliche Fähigkeiten. Zumindest kann er ziemlich gut kommunizieren. Wie sein Namensgeber stößt Kafka ängstlich klingende Töne aus: Er miaut laut, wenn er etwas braucht, in der Regel Wasser, Futter oder Aufmerksamkeit, und er jault tief und stolz, um zu signalisieren, dass er eine Trophäe präsentiert, meistens den Kadaver einer toten Ratte. Trotz seiner Intelligenz und seiner Fähigkeit, sich mitzuteilen, würde Kafka aber nie lesen lernen, wenn ich ihn in den Kindergarten schicken würde. Ich könnte ihn anschließend bis zum Ende seiner sprichwörtlichen sieben Katzenleben in der Schule lassen, aber er würde trotzdem nichts dazulernen, weil er nicht das angeborene Potenzial hat, Lese- und Schreibfähigkeit zu entwickeln. Es gibt viele Tiere, die noch intelligenter sind als Kafka, aber keines von ihnen könnte das schaffen, was meiner fünfjährigen Tochter jetzt schon gelingt, denn ihnen fehlt von Natur aus das Potenzial dazu.

Wie hilft uns das bei der Definition einer »Frau«? In meinen früheren und gescheiterten Versuchen, zu einer passenden Definition zu gelangen, hatte ich nur mit der Idee der Aktualität – der tatsächlichen Gegebenheit – gearbeitet und nach einer Eigenschaft gesucht, die wirklich für alle Frauen zu jeder Zeit zutreffend sein würde. Mein gesunder Menschenverstand sagte mir, dass eine Frau ein erwachsener Mensch weiblichen Geschlechts ist, aber ich war mir unsicher, wie ich auf die unvermeidlichen Einwände reagieren sollte, die jede von mir vorgeschlagene Definition hervorrief: Was ist mit unfruchtbaren Frauen? Was ist mit Frauen nach der Menopause? Was ist mit Frauen, die eine Mastektomie oder Hysterektomie hinter sich haben? Was ist mit Frauen mit einem Y-Chromosom?

Die Potenzialität löst dieses Problem. Eine Frau ist die Art von Mensch, deren Körper das Potenzial besitzt, neues Leben zu gebären. Diese zur Weiblichkeit gehörende Potenzialität ist immer vorhanden, selbst wenn es besondere Umstände gibt, wie Alter oder

Krankheit, die verhindern, dass dieses Potenzial aktualisiert, d. h. verwirklicht werden kann. Sogar die Kategorie der »Unfruchtbarkeit« macht diese Definition nicht ungültig, sondern bekräftigt sie. Ein männlicher Mensch, der nicht schwanger werden kann, gilt nicht als »unfruchtbar«, weil er dieses Potenzial nie besessen hat. Eine Frau, die nicht schwanger werden kann, hat aber dieses Potenzial und gilt daher als unfruchtbar. Unfruchtbarkeit bezeichnet die oftmals schmerzliche und niederschmetternde Unfähigkeit, das eigene Fortpflanzungspotenzial aktuell umzusetzen.

Vielleicht habe ich damit eine hieb- und stichfeste Definition der Frau gefunden, aber reduziert diese Definition den Menschen nicht auf seine reproduktive Funktion? Ist das nicht entmenschlichend? Die erste Antwort, die ich auf diesen Einwand habe, lautet, dass es bei dieser Definition nicht um die *Funktion* an sich geht, sondern um das angeborene *Potenzial*. Dies ist eine wichtige Unterscheidung, denn sie bekräftigt die Tatsache, dass Frauen, die sich nicht fortpflanzen, immer noch vollwertige Frauen sind.

Meine zweite Antwort besteht darin, an ein Leitprinzip des katholischen Denkens zu erinnern: Wenn wir über Menschen sprechen, sprechen wir immer über Körper *und* Seelen, über physisch-geistige Wesen. Unsere Betrachtung der Weiblichkeit muss das körperliche Geschlecht beinhalten, aber auch darüber hinausgehen, um die ganze Person zu berücksichtigen. Das ist die lebendige Spannung, mit der wir leben müssen: im Körper verwurzelt zu bleiben, aber nicht auf den Körper beschränkt.

Kürzlich sah ich einen Tweet der Marke Tampax, der verkündete: »Nicht alle Menschen mit Periode sind Frauen. Feiern wir die Vielfalt der Menschen, die bluten!«[1] Dahinter steckt dieselbe Weltanschauung wie hinter der Personalschulung, an der ich teilnehmen musste und in der uns die Formulierung »schwangere Menschen« statt »schwangere Frauen« verordnet wurde. Ich habe ähnliche Permutationen auch schon anderswo gesehen: Menschen mit einem Gebärmutterhals, Stillende, gebärender Elternteil – sprachliche Verrenkungen, um über weibliche Körper zu sprechen, ohne die Bezeichnung *Frau* zu verwenden. Genau *dies* scheint mir ein entmenschlichender, rein funktionsbasierter Ansatz. Anstelle eines Begriffs, der sich auf eine ganzheitliche Person bezieht – »Frau« –, haben wir hier Begriffe, die auf einer Funktion beruhen und dann lose mit einer Person verbunden werden, was zwangsläufig einschränkend ist. »Gebärender Elternteil« ist limitiert auf die Funktion, ein Kind zur Welt zu bringen; wenn man stattdessen »Mutter« sagt, enthält dies einen Bezug auf diese Rolle, geht aber weit darüber hinaus und umfasst so viel mehr als ein einzelnes Ereignis oder eine Funktion.

Es ist das Gender-Paradigma, das die Kategorisierung nach Funktionen vornimmt und nicht nach Personen. Indem es die Weiblichkeit von dem Konzept der »Frau« scheidet, schafft dieses Paradigma eine Spaltung zwischen Körper und Identität. Anstelle einer Integration dieser beiden bleibt uns eine Fragmentierung, eine Vorstellung der menschlichen Person als Kartoffelkopf-Puppe: eine hohle, neutrale Trägerform mit einer Vielzahl an beliebig aufsteckbaren Teilen.

Geschlechterwissenschaft

Da wir nun eine brauchbare Definition von Frau haben, die mit Weiblichkeit assoziiert ist, sollten wir uns mit einigen fehlgeleiteten Annahmen über das biologische Geschlecht in unserer Kultur befassen. Einer meiner schönsten Erfolge in der Lehre der Gender-Theorie bestand darin, dass es mir gelang, meine Studierenden in die folgende Gedankenfalle zu locken. Während einer unserer Seminardiskussionen bemerkte ich, dass einige Teilnehmende die von ihnen aufgeschnappte Behauptung wiederholten, dass das biologische Geschlecht bei der Geburt von Ärzten und Eltern »zugewiesen« werde, statt identifiziert oder erkannt zu werden. »Moment mal«, sagte ich. »Ist denn die sexuelle Orientierung von Natur aus festgelegt, etwas, mit dem wir geboren werden?« Meine Studenten und Studentinnen nickten bereitwillig, das galt ihnen als gesichertes Dogma. »Und Sie sagen auch, dass das biologische Geschlecht ein soziales Konstrukt ist, eine Kategorie, die bei der Geburt willkürlich ›zugewiesen‹ wird?« Wieder heftiges Nicken. »Wie ist das möglich? Sind diese Behauptungen nicht widersprüchlich? Wie ist es möglich, sich von etwas *von Geburt an* angezogen zu fühlen, das lediglich ein soziales Konstrukt ist?« Aha. In dieser Millisekunde sah ich das Licht der Vernunft kurz durch den postmodernen Dunst hindurchschimmern. Auch wenn sie dann schnell wieder das Thema wechselten, so hatten sie doch zumindest den Widerspruch erkannt.

Die bizarre Vorstellung, dass das biologische Geschlecht jedem Menschen bei der Geburt nur »zugewiesen« werde, ist einer von mehreren Mythen über das Geschlecht, die in unserer Zeit viel Zustimmung gefunden haben. Diese Mythen neigen dazu, Zusammenhänge zu bilden, wie eine Falltür, die sich in eine weitere öffnet. Sobald Sie einen Mythos als wahr akzeptieren, fallen Sie schnell hinab in den Kaninchenbau. Die erste Falltür ist diese Auffassung:

Das Geschlecht ist nicht binär, sondern ein Spektrum. Dies führt zu der Überzeugung, die Kategorien »männlich« und »weiblich« seien soziale Konstrukte und nicht Begriffe, die einer objektiven Wahrheit bezüglich der menschlichen Natur entsprechen. Wenn das Geschlecht aber bloß ein Konstrukt ist, dann werden die Etiketten »Mädchen« und »Junge« tatsächlich von Ärzten »zugewiesen«, die auf diese Weise die Illusion eines binären Geschlechts schaffen. Wenn das Geschlecht bei der Geburt nicht *anhand* des Körpers identifiziert wird, sondern *auf* den Körper projiziert wird, dann kann das Geschlecht auch geändert werden.

Die Eintrittspforte zu dieser Spirale von Mythen ist die Behauptung, dass das Geschlecht nicht binär sei – mit anderen Worten, die Behauptung, es gebe mehr als zwei Geschlechter und Geschlecht sei ein Spektrum. Die Frage ist: Lässt sich dies denn belegen?

Los geht's! Starten wir auf eine magische Reise durch die Wunderwelt der Geschlechterwissenschaft.

5. Biologisches Geschlecht

Die menschlichen Körper sind teleologisch organisiert gemäß ihrer verschiedenen Rollen bei der Fortpflanzung der Spezies. Die Struktur unseres Körpers ist so angelegt, dass er entweder große Geschlechtszellen oder kleine Geschlechtszellen produziert. Diese Geschlechtszellen werden Gameten genannt. Große Geschlechtszellen sind Eizellen und kleine Geschlechtszellen sind Spermien. Eine Physiologie, die auf die Produktion von Eizellen ausgerichtet ist, ist weiblich, und eine Physiologie, die auf die Produktion von Spermien ausgerichtet ist, ist männlich. Diese Zweiteilung zwischen großen und kleinen Gameten ist stabil und universell, nicht nur bei der menschlichen Spezies, sondern auch bei *allen* Pflanzen- und Tierarten, die sich sexuell fortpflanzen.

Es gibt keine dritte Geschlechtszelle und kein Spektrum von möglichen Gameten. Dieses unveränderliche Merkmal unseres Menschseins bindet uns eng an den Rest der Schöpfung. Wenn sich die Geschlechtszellen vereinen, können sie ein neues Mitglied der Spezies schaffen. Das geschlechtliche Binärsystem ist also die notwendige Voraussetzung für die beständige Weitergabe der menschlichen Existenz. (Wenn es nur ein Konstrukt wäre, hätten wir ein Problem.)

Das Geschlecht eines Babys wird nicht willkürlich bei der Geburt festgelegt, sondern bei der Empfängnis durch das SRY-Gen (oder seine Abwesenheit) bestimmt. Dieses Gen ist sozusagen der Hauptschalter der geschlechtlichen Differenzierung. Wenn es ausgelöst wird, leitet das SRY-Gen einen Prozess der sexuellen Entwicklung ein, der zur Produktion männlicher Geschlechtszellen führt. Ohne erfolgreiche SRY-Aktivierung werden die Keimdrüsen eines sich entwickelnden Babys zu Eierstöcken, die so strukturiert sind, dass sie weibliche Gameten produzieren.

Wenn die Wissenschaft sich sicher ist und die Geschlechterbinarität beim Menschen schon seit Millionen von Jahren existiert – warum haben wir es dann heutzutage mit der neuen Vorstellung von Geschlecht als Spektrum zu tun? Im folgenden Abschnitt werde ich eine mögliche Genealogie für diese Idee skizzieren; zunächst möchte ich hier aber auf zwei zentrale Argumente eingehen, die hinter der Spektrumshypothese stehen.

Die bei weitem häufigste Erwiderung, die ich zu hören bekomme, ist die folgende: »Geschlecht ist nicht binär. *Es gibt intersexuelle Menschen.*« Die Fußsoldaten der Gender-Brigade haben die Intersex-Karte immer griffbereit im Halfter und ziehen sie schnell heraus. Dieser reflexartige Verweis auf Intersex ist ein großartiger rhetorischer Schachzug, denn die meisten Menschen wissen nicht genug über das Thema, um eine überzeugende Antwort darauf zu geben. Der Begriff wird so verwendet, dass er suggeriert, es gebe etwas »Intersexuelles« völlig außerhalb des männlich-weiblichen Binärsystems, wie ein drittes Geschlecht oder eine nicht-geschlechtliche Kategorie von Menschen, die weder männlich noch weiblich sind, oder auf irgendeine Weise sowohl männlich *als auch* weiblich. Dadurch wird die Trumpfkarte der Intersexualität benutzt, um die grundlegende und stabile Realität des biologischen Geschlechts zu leugnen, um die Auffassung zu rechtfertigen, dass das Geschlecht ein Konstrukt sei, und um einer grenzenlosen Selbstidentifizierung den Weg zu bahnen.

Der Begriff »intersexuell« ist ein Oberbegriff, der eine Reihe von Zuständen umfasst, die die Entwicklung bestimmter Geschlechtsmerkmale behindern. Obwohl er in der Welt der Gender-Theorie weit verbreitet ist, wird er oft ungenau und falsch angewandt. In der medizinischen Literatur wird häufig die Bezeichnung »Störungen der Geschlechtsentwicklung« (engl. »disorders of sex development«, DSDs) verwendet. Daneben gibt es auch die Formulierungen »Unterschiede in der sexuellen Entwicklung« und »Variationen der sexuellen Entwicklung« (engl. VSDs). Ich bevorzuge den Ausdruck »angeborene Bedingungen der sexuellen Entwicklung« (engl. CCSDs), der medizinisch präzise ist und das Wort »Störung« vermeidet, das manche Menschen als stigmatisierend empfinden. Außerdem trägt die Hinzufügung des Wortes »angeboren« praktischerweise dazu bei, die Bandbreite der Zustände zu beschränken; während Störungen der sexuellen Entwicklung durchaus erst später

5. Biologisches Geschlecht

einsetzen können, gibt es bei ihnen keine geschlechtliche Uneindeutigkeit bei der Geburt. Wenn das Adjektiv »intersexuell« verwendet wird, um eine Kategorie *zwischen* den Geschlechtern zu benennen, ist dies eine falsche Bezeichnung. Korrekt ist es allerdings, sich mit dem Ausdruck auf eine biologisch begründete Variation *innerhalb* der Männlichkeit oder Weiblichkeit zu beziehen.

Ich bin dem Konzept der Intersexualität zum ersten Mal während meines Aufbaustudiums begegnet, als ich Gender-Theorie studierte. Ich stieß auf das Buch *Sexing the Body* der Biologin Anne Fausto-Sterling und fand es äußerst faszinierend. Ich hatte mich bis dahin noch nie eingehend mit den komplexen Zusammenhängen der geschlechtlichen Entwicklung befasst, und ihre radikalen Schlussfolgerungen verblüfften mich. Ich benutzte dieses Buch als Primärquelle für das Abschlussprojekt meines Masterstudiums, in dem ich argumentierte, die Wissenschaft selbst sei eine geschlechtlich geprägte Disziplin mit einer inhärent männlichen Voreingenommenheit (eine interessante, aber letztlich fehlerhafte Argumentation).

Fausto-Sterling ist die feenhafte Patin des intersexuellen Schachzugs, dieser tokenisierenden Bezugnahme auf intersexuelle Menschen, um das Konzept eines binären Geschlechts zum Einsturz zu bringen. Ihre Forschungen sind auch der Ursprung gängiger Fehleinschätzungen über CCSDs, wie zum Beispiel die Vorstellung, dass diese Zustände so häufig seien wie rote Haare. In einem zusammen mit anderen Wissenschaftlern verfassten Aufsatz mit dem Titel »How Sexually Dimorphic Are We?« (»Wie zweigestaltig sind wir in geschlechtlicher Hinsicht?«) argumentiert sie, dass Geschlecht als Kontinuum aufgefasst werden sollte und nicht als binäre Struktur. Eine zentrale Rolle spielt dabei die Behauptung, dass intersexuelle Bedingungen relativ häufig seien und bei 1,7 von 100 Lebendgeburten nachweisbar seien.[2] Die Autoren kommen auf diese Zahl durch eine übermäßig weit gefasste Definition von Intersexualität, worunter sie jedes »Individuum, das vom platonischen Ideal des körperlichen Dimorphismus abweicht«, verstehen, »auf chromosomaler, genitaler, gonadaler, oder hormoneller Ebene«.³ Diese weitreichende Definition würde Erkrankungen wie das polyzystische Ovarialsyndrom (engl. PCOS) mit einschließen, eine hormonelle Störung, die auftritt, wenn eine Frau einen Androgenüberschuss produziert, oder das Klinefelter-Syndrom, bei dem ein Mann ein zusätzliches X-Chromosom hat. (Das könnte sogar mich betreffen! Meine Körperbehaarung entspricht ganz und gar nicht dem platonischen Ideal.) Diese Zustände können zwar zu Fruchtbarkeitsproblemen führen, verursachen aber keine geschlechtliche Unbestimmtheit. Eine Frau mit PCOS ist eindeutig weiblich, und ein Mann mit Klinefelter ist eindeutig männlich; er ist sich seiner chromosomalen Veränderung oft gar nicht bewusst, bis er versucht, Kinder zu bekommen.

Bei den fünf häufigsten Abweichungen, die Faust-Sterling als »intersexuell« einstuft, handelt es sich keineswegs um Fälle von geschlechtlicher Uneindeutigkeit. Wenn wir die Kategorie des Intersexuellen auf die letztgenannten Fälle beschränken, sinkt die Zahl auf 0,018 Prozent der Lebendgeburten – eine Zahl, die hundertmal *niedriger* ist als die Schätzung von Fausto-Sterling.⁴ Statt mit der künstlich aufgeblähten Häufigkeit von 1,7 von 100 Geburten treten CCSDs bei weniger als 2 von 10 000 Geburten auf. Das ist ein wichtiger Punkt, den man sich klarmachen muss: *Die überwiegende Mehrheit der oftmals als intersexuell eingestuften Personen ist eindeutig männlich oder weiblich*, auch wenn die Form der Männlichkeit oder Weiblichkeit in irgendeiner Weise atypisch ist.

Nehmen Sie den Zustand der vaginalen Agenesie, den Fausto-Sterling als intersexuell einstuft. Neugeborene Mädchen mit dieser Abweichung haben eine nicht voll entwickelte Vagina, jedoch voll funktionsfähige Eierstöcke, die zu weiblichen Geschlechtsmerkmalen führen. Nach Fausto-Sterlings Logik ist ein Mädchen mit vaginaler Agenesie nicht »wirklich« weiblich. Ironischerweise *bekräftigt* sie durch ihren Versuch, die platonischen Ideale von Männlichkeit und Weiblichkeit zu kritisieren, diese Ideale sogar, indem sie Menschen mit Abweichungen in der Geschlechtsentwicklung aus der Geschlechterbinarität aussondert.

5. Biologisches Geschlecht

In Anbetracht der Tatsache, dass die geschlechtliche Entwicklung ein Prozess ist und in jeder Phase dieses Prozesses etwas schiefgehen kann, bin ich tatsächlich überrascht, wie *selten* Fälle von echter sexueller Uneindeutigkeit sind. Ich bin nicht überrascht, dass es solche Fälle gibt, sondern dass es so wenige sind. Statistisch gesehen ist das Geschlecht bei 99,9 Prozent aller Menschen bei der Geburt eindeutig zu erkennen, eine bemerkenswerte Konsistenz. In den vereinzelten Ausnahmefällen ist die Realität des Geschlechts immer noch vorhanden, benötigt aber mehr Aufwand, um erkannt zu werden – nicht aus Neugierde, sondern aus Sorge um die körperliche Gesundheit der betreffenden Person. Das liegt nicht daran, dass diese Personen weder männlich noch weiblich wären, sondern daran, dass ihre Entwicklung auf dem Weg zur Männlichkeit oder Weiblichkeit einige unerwartete Wendungen genommen hat.

Um das Geschlecht dieser Individuen zu bestimmen, müssen mehrere Faktoren zusammen betrachtet werden: Karyotyp (Chromosomen), Phänotyp (Genitalien), Keimdrüsen (Eierstöcke oder Hoden), interne Strukturen, die die Gametenproduktion unterstützen, und Hormone. Geschlechtliche Uneindeutigkeit tritt auf, wenn der Phänotyp nicht ohne Weiteres als männlich oder weiblich klassifiziert werden kann oder wenn der Karyotyp nicht mit dem Phänotyp übereinstimmt, wie bei der Kompletten Androgenresistenz (engl. Complete Androgen Insensitivity Syndrome, CAIS).[5] Bei der allzu umfassenden Verwendung der Bezeichnung »intersexuell« werden Karyotyp und Phänotyp tendenziell bevorzugt beachtet, während die Gametenproduktion und die Gesamtstruktur des Körpers übersehen werden. Angesichts der Zweideutigkeit der beiden erstgenannten Faktoren neigen Gender-Theoretiker dazu, vorschnell zu dem Schluss zu kommen: Es gibt keine geschlechtliche Binarität. Populäre Memes wie die Genderbread Person stellen das Geschlecht als Spektrum dar und definieren es als eine beliebige Mischung aus »Genitalien, Körperform, Stimmlage, Körperbehaarung, Hormonen, Chromosomen usw.«. Die Gametenproduktion wird dabei überhaupt nicht erwähnt, obwohl sie die Grundlage des biologischen Geschlechts darstellt.

Dies entspricht einem weit verbreiteten Irrtum: der Reduzierung des biologischen Geschlechts auf sekundäre Geschlechtsmerkmale, auf das Aussehen der Genitalien oder die Entwicklung der Brüste. Das Gender-Paradigma versteht völlig falsch, was das biologische Geschlecht ist, es verwechselt Ursache und Wirkung. Sekundäre Geschlechtsmerkmale entwickeln sich als *Folge* des biologischen Geschlechts; sie sind dessen Wirkung und nicht dessen Ursache.

Dieses Missverständnis wird oft aufrechterhalten, um eine erwünschte Schlussfolgerung zu erreichen: die Auffassung, dass eine Person ihr Geschlecht ändern kann. Wenn das Geschlecht durch sekundäre Merkmale wie das Aussehen der Genitalien und die Tiefe der Stimme definiert wird, dann ist eine Änderung des Geschlechts durch Chirurgie und synthetische Hormone möglich. Wenn das Geschlecht jedoch im Wesentlichen davon abhängt, wie der Körper in Bezug auf die Produktion von Gameten organisiert ist – eine Potenzialität, die nicht mit einem Skalpell verliehen werden kann –, dann lautet die unbestreitbare Wahrheit: Es ist *nicht* möglich, das eigene Geschlecht zu ändern, denn das Geschlecht ist konstitutiv für die ganze Person.

Wenn man auf der Ebene des Phänotyps und des Karyotyps mit Uneindeutigkeit konfrontiert wird, besteht die beste Reaktion nicht darin, mit den Schultern zu zucken und an das Spektrum zu glauben, sondern sich weiter um die Identifizierung des Geschlechts zu bemühen, indem man sich die anatomischen Strukturen ansieht, die entweder die Produktion großer oder kleiner Gameten unterstützen. Früher hat man für Fälle von sexueller Uneindeutigkeit die Bezeichnung »Hermaphrodit« verwendet, aber das ist ein entmenschlichender und falscher Ausdruck. Hermaphroditen sind Arten von Lebewesen, die keine getrennten Geschlechter besitzen, wie beispielsweise Schnecken. Stattdessen hat jedes Mitglied der Spezies die Fähigkeit, sowohl große als auch kleine Gameten zu produzieren, und kann daher entweder die »männliche« oder die »weibliche« Rolle bei der Fortpflanzung übernehmen. Bei einer solchen Spezies ist die hermaphroditische Fortpflanzung die Norm. Die menschliche Biologie hingegen unterstützt diese Art der Fortpflanzung nicht. In einem äußerst seltenen Sonderfall abweichender geschlechtlicher Entwicklung (CCSD) kann ein Individuum sowohl Eierstock- als auch Hodengewebe entwickeln, aber sogar in diesem Fall wird es nur die eine oder die andere Sorte von Gameten produzieren, nicht beide. In der gesamten Medizingeschichte gibt es nur etwa 500 dokumentierte Fälle einer ovotestikulären CCSD, und es gibt in der Forschungsliteratur keine konkreten Belege für einen hermaphroditischen Menschen, für jemanden, der dazu in der Lage gewesen wäre, sowohl kleine als auch große Geschlechtszellen zu erzeugen.[6]

Wenn alle Dimensionen des Geschlechts berücksichtigt werden, kann das Geschlecht jedes Menschen festgestellt werden. Zu einem anderen Schluss zu kommen, hieße, einige Menschen von einer Realität auszuschließen, an der wir alle teilhaben. Diese Art des Denkens hat unbeabsichtigte und schädliche Konsequenzen, die zu einer Verletzung des Körpers führen.

Körperliche Unversehrtheit

Trotz ihrer Schwächen ist einer der verdienstvollsten Aspekte von Fausto-Sterlings Forschung ihre Kritik an der Genitalverstümmelung von Säuglingen (engl. IGM), medizinisch unnötige Operationen an Säuglingen mit CCSD. Dies war früher eine gängige medizinische Praxis: Wenn ein Baby mit atypischen oder uneindeutigen Genitalien geboren wurde, war die Reaktion darauf, das Skalpell zu zücken und zu versuchen, normaler aussehende Genitalien zu formen. Ein kleines Mädchen, das mit einer vergrößerten Klitoris (Klitoromegalie) geboren wurde, konnte einer unnötigen Genitaloperation unterzogen werden, um die Klitoris normaler erscheinen zu lassen. Solche rein kosmetischen Eingriffe können zu Einschränkungen bei der sexuellen Funktion und Empfindung führen.

Was noch beunruhigender ist: Ein gesunder Säugling eines bestimmten Geschlechts kann in das andere Geschlecht eingestuft und entsprechend aufgezogen werden, wenn das äußere Erscheinungsbild seiner Genitalien dies nahelegt. In diesem Fall ist die Bezeichnung »zugewiesenes Geschlecht« zutreffend: Einem neugeborenen Jungen mit einem Mikropenis konnte es passieren, chirurgisch verändert zu werden und als Mädchen aufgezogen zu werden, nur weil seine männlichen Genitalien nicht der Norm entsprachen. Aus chirurgischer Sicht ist es einfacher, das Aussehen einer Vagina nachzubilden, so dass Säuglinge mit uneindeutigen Genitalien häufiger als »weiblich« eingeordnet wurden, unabhängig von der sonstigen Struktur ihrer Körper. Ich erinnere mich an einen gruseligen Spruch aus dem Buch von Fausto-Sterling, den sie einem Chirurgen zuschrieb: »You can make a hole, but you can't build a pole.« (»Sie können ein Loch machen, aber Sie können keinen Pfahl errichten.«)

Das ursächliche Problem hinter der Praxis der Genitalverstümmelung von Säuglingen ist eine Idealvorstellung vom *Aussehen* männlicher und weiblicher Genitalien. Wert gelegt wird vor allem auf das kosmetische Erscheinungsbild; es fehlt an Respekt für die Unversehrtheit des Körpers und dessen Aufbau als Ganzes.

Intersexueller Aktivismus kam erstmals in den 1990er-Jahren auf – nicht als Versuch, die geschlechtliche Binarität in Frage zu stellen, sondern um schädliche medizinische Praktiken zu beenden und um ein größeres Bewusstsein zu wecken für CCSD-Fälle. Die Intersex Society of North America (ISNA) setzte sich erfolgreich für bahnbrechende Veränderungen im Gesundheitssystem ein. Im Jahr 2006 veröffentlichte klinische Richtlinien definierten neue Protokolle für den Umgang mit Säuglingen mit CCSD. Dazu gehörte auch ein vorsichtigeres Vorgehen bei chirurgischen Eingriffen, wobei fortan die Körperfunktionen und die medizinische Notwendigkeit im Vordergrund stehen sollten und nicht mehr das Aussehen.

5. Biologisches Geschlecht

Nach diesen Erfolgen löste sich die ISNA im Jahr 2008 auf, also etwa zu der Zeit, als ich während meines Aufbaustudiums zum ersten Mal von intersexuellen Zuständen erfuhr. Damals schien es, als würde eine neue Ära anbrechen, in der die Würde und die körperliche Unversehrtheit von Menschen mit CCSD respektiert werden würde, aber durch die Verbreitung der postmodernen Gender-Theorie wird dieser Fortschritt derzeit wieder zunichtegemacht.

Die Anhänger des Geschlechterspektrums behaupten, Verbündete von Menschen mit CCSD zu sein, und ich nehme ihnen ab, dass die meisten von ihnen in gutem Glauben handeln. Aber die reflexartige Beschwörungsformel »Es gibt intersexuelle Menschen!« wird benutzt, um die Realität des biologischen Geschlechts in Zweifel zu ziehen, statt ein Bewusstsein für die besonderen Umstände und Bedürfnisse von Personen mit CCSD zu schaffen. Ironischerweise verfallen postmoderne Gender-Verfechter in denselben Fehler wie jene Chirurgen, die unnötige Operationen durchführten: Sie orientieren sich zu stark an idealisierten Stereotypen des *Aussehens* von Männern und Frauen. Im Gender Unicorn (Gender-Einhorn), einem Internet-Meme, das die postmoderne Gender-Theorie in ein Comic-Diagramm umsetzt, sind drei Optionen für das »bei der Geburt zugewiesene Geschlecht« aufgeführt: männlich, weiblich und divers/intersexuell. Dieses Meme klassifiziert »intersexuell« als etwas anderes als männlich oder weiblich, eine Fehleinschätzung, die in der Rhetorik von Gender-Aktivisten häufig zu finden ist. Leider entmenschlicht diese Art der Darstellung von CCSDs intersexuelle Menschen, indem sie darauf besteht, dass jede Abweichung von idealisierten Normen nicht »wirklich« männlich oder weiblich ist, sondern »divers«. Gemäß dieser Auffassung wird ein Mädchen, das mit atypischen Genitalien geboren wurde, vollständig aus der Kategorie »weiblich« ausgeschlossen und in eine amorphe dritte Kategorie eingeordnet oder auf einem Spektrum zwischen Männlichkeit und Weiblichkeit ausgesetzt.

Das Konzept des »Intersexuellen« wird in Debatten über Transgender-Identitäten immer häufiger als Trumpfkarte ausgespielt.

Die Hinzufügung eines »I« zu dem immer weiter ausgedehnten LGBTQIA+-Akronym vermischt auf reduktive und wenig hilfreiche Weise die sehr unterschiedlichen Situationen von Menschen mit CCSD und Personen, die sich selbst eine Trans-Identität zuschreiben. Ein besonderer Konfliktpunkt ist dabei die Frage der körperlichen Integrität.

Die Intersexualitäts-Aktivisten haben sich darauf konzentriert, verstümmelnde Operationen zu beenden, weil ihnen Gesundheit und Ganzheit wichtiger waren als ein idealisiertes Aussehen und weil sie die Unversehrtheit des Körpers in jeder Form bewahren wollten. Diese Bemühungen stehen im Widerspruch zum Transgender-Aktivismus, der invasive Operationen an gesunden Körpern befürwortet, das kosmetische Aussehen über die Gesundheit und Körperfunktionen stellt und die Integrität des Körpers nicht als ein bewahrenswertes Gut respektiert. Die Eingriffe, die Intersexualitäts-Aktivisten als »Verstümmelungen« bezeichnen, sind die gleichen Eingriffe, die Trans-Aktivisten für gut und notwendig halten, sogar für Minderjährige. Genitalverstümmelungen von Säuglingen werden zu Recht verurteilt, nicht nur, weil sie nicht einvernehmlich sind – wenngleich dies ein wichtiger Faktor ist –, sondern auch, weil sie dem Körper unnötigen Schaden zufügen. Für den Trans-Aktivisten ist die Integrität des Körpers nur dann wichtig, *wenn ihm das gerade beliebt*. Die zugrunde liegende Vorstellung der Postmoderne ist, dass wir die Kontrolle über unsere Natur haben, dass wir die Herren sind, die Götter, die Macher. Anstatt diese Fantasie zu bestätigen, entlarven Menschen mit CCSD sie als falsch, weil sie es mit körperlichen Realitäten aufnehmen müssen, die sich ihrer Kontrolle entziehen.

Es hat einige Versuche gegeben, die für sich eine Trans-Identität beanspruchenden Menschen als intersexuell zu kategorisieren, meist unter Berufung auf die Idee eines angeborenen »mentalen Geschlechts«, das nicht mit dem körperlichen Geschlecht übereinstimmt. Mehrere Studien haben mit Hilfe von Neuro-Bildgebung untersucht, ob die Gehirne von Menschen mit Trans-Identität eine größere Ähnlichkeit zu den Gehirnen des Geschlechts, zu dem sie sich bekennen, aufweisen als zu dem Geschlecht, mit dem sie geboren wurden. Diese Theorie ist auf drei verschiedenen Ebenen problematisch. Erstens gibt es keine soliden Beweise für einen Zusammenhang zwischen Gehirnstruktur und Trans-Identität. Die vorliegenden Studien mit Neuro-Bildgebung sind klein und sehr begrenzt; außerdem liefern sie unschlüssige und widersprüchliche Ergebnisse.[7] Zweitens: Selbst wenn wir solide Beweise für diese strukturellen und funktionalen Unterschiede im Gehirn hätten, wäre aufgrund der Neuroplastizität der kausale Zusammenhang weiterhin unklar. Mit anderen Worten, es wäre unmöglich zu sagen, ob solche Unterschiede angeboren sind und zu einer Trans-Identifizierung führen oder ob die Trans-Identifizierung und der Geschlechtswechsel das Gehirn neu strukturieren.[8] Drittens: Selbst wenn wir solide Belege für diesen Zusammenhang hätten sowie den Nachweis, dass er ebenso angeboren ist wie der intersexuelle Zustand, hätten wir es mit einem weiteren Problem zu tun: Warum sollte das Geschlecht nach der Neuroanatomie definiert werden und nicht nach dem Vorhandensein eines gesunden Fortpflanzungssystems, wenn Geschlecht im Grunde genommen eine reproduktive Kategorie ist? Eine Neudefinition des Geschlechts anhand der Struktur und Funktion des Gehirns würde bedeuten, dass jede Frau und jeder Mann, deren Neurobilder von der Norm abweichen, nicht »wirklich« eine Frau oder ein Mann sind. Ich bestreite nicht, dass einige Fälle von sexueller Inkongruenz eine neurologische Grundlage haben könnten. Das ist sicherlich möglich. Was ich in Abrede stelle, ist die Idee eines »vom Gehirn festgelegten Geschlechts«, das nicht anderweitig nachweisbar ist und dem grundlegenden biologischen Verständnis von Geschlecht widerspricht.

Lassen Sie mich hier die wichtigsten Punkte zusammenfassen:

Das Geschlecht ist kein Spektrum, sondern ein stabiles Binärsystem – nicht nur bei der menschlichen Spezies, sondern bei allen sexuell reproduktiven Pflanzen- und Tierarten. Es gibt kein drittes Geschlecht. Es gibt kein Spektrum an möglichen Geschlechtern.

Im Laufe der Geschlechtsentwicklung kann es zu Abweichungen kommen, die zu atypischen Ausprägungen von Männlichkeit und Weiblichkeit führen. In 99,98 Prozent dieser Fälle ist das Geschlecht eindeutig als männlich oder weiblich zu erkennen. Die Einstufung bestimmter Personen als »intersexuell« oder »divers« führt zu der Auffassung, dass beispielsweise Frauen »mehr« oder »weniger« weiblich sind, je nachdem, wie sehr ihr Körper der Norm entspricht. Bin ich denn »weniger« weiblich, weil ich mehr Gesichts- und Körperhaare habe als das weibliche Ideal? Bin ich weniger eine Frau, weil mir in der High School gesagt wurde, meine Beine sähen aus wie Männerbeine? Diese Art des Denkens zieht einen engen, oberflächlichen Rahmen um Männlichkeit und Weiblichkeit und erniedrigt jeden, der aus diesem Rahmen fällt.

Die 0,02 Prozent der Fälle, in denen das Geschlecht nicht auf den ersten Blick identifizierbar ist, stellen kein drittes Geschlecht dar und genauso wenig Markierungen auf einem Spektrum. Sogar in diesen Fällen ist das Geschlecht vorhanden und muss bestimmt werden unter Berücksichtigung der gesamten Person; dabei muss auf deren körperliche Gesundheit Rücksicht genommen werden. Diese extrem seltenen Umstände sind per Definition einzigartig und besonders, und der Fokus muss auf den spezifischen Bedürfnissen der jeweiligen Person liegen. Einige CCSDs erfordern, ebenso wie andere angeborene Normabweichungen, medizinische Aufmerksamkeit und Behandlung, um das Wohlbefinden und die Unversehrtheit des Körpers zu bewahren.

Die Existenz intersexueller Menschen als Beleg zu erküren, um ein postmodernes Verständnis von biologischem und sozialem Geschlecht zu fördern, ist ungerecht. Die humanste und präziseste Art, CCSD-Fälle zu betrachten, ist, diese Zustände nicht als Ausnahmen von der binären Geschlechterordnung zu verstehen, sondern als Variationen innerhalb des Binärsystems. Wir müssen innerhalb der Kategorien von männlich und weiblich Platz schaffen für eine Vielzahl von Körpertypen und Persönlichkeiten. Wir müssen diese Kategorien keineswegs abschaffen.

5. Biologisches Geschlecht

Der Leib als Sakrament

Ich habe hier relativ viel Zeit auf der biologischen Ebene verbracht. Es ist wichtig, zu verstehen, was Geschlecht ist und wie sich die geschlechtliche Entwicklung vollzieht, um den postmodernen Mythen entgegentreten zu können. Darauf können sich unsere Überlegungen jedoch nicht beschränken, wenn wir von einer christlichen Perspektive aus denken. Unsere Betrachtung des biologischen und sozialen Geschlechts muss auf die ganzheitliche und heilige Wirklichkeit der *Person* abgestimmt sein – der Person als einer integrierten Einheit von Leib und Seele. Wir müssen einen Weg der Kontemplation gehen, der die verschiedenen Dimensionen des Menschseins berücksichtigt, um das Wunder eines jeden Menschen angemessen zu würdigen. Dies ist ein Weg, der zur Integration führt, von der Unordnung zur Ganzheit. Die postmoderne Herangehensweise an das biologische und das soziale Geschlecht erfolgt in der entgegengesetzten Richtung, was zu Fragmentierung führt, zu einem Stückwerk-Selbst, in dem Leib, Seele und Begehren voneinander abgespalten und neu arrangiert werden – in dem der Leib nicht mehr die Grundlage der persönlichen Identität ist, sondern vielmehr ihr lebloses Werkzeug.

Im Unterschied dazu erlaubt uns der personale Ansatz, jeden Menschen als Person zu betrachten und nicht als eine Ansammlung sich ständig vermehrender Etiketten, sowie, was noch wichtiger ist, unsere Aufmerksamkeit auf die Sakramentalität jedes menschlichen Leibes zu lenken. Der Leib ist nicht »nur« Körper. Leib ist die Manifestation von Personen. Das sakramentale Prinzip ist immer am Werk: Das Sichtbare offenbart das Unsichtbare. Der Leib offenbart uns die ewige und göttliche Wirklichkeit der Person – eine Wirklichkeit, die nur durch die Verkörperung Eingang finden kann in die greifbare, sinnliche Welt.

Auf diese Weise tritt Gott in unsere Welt ein und offenbart sich, durch die fleischgewordene Wirklichkeit Christi, der einen Leib annahm, damit wir den unsichtbaren Gott erkennen und lieben können. Die Fleischwerdung ist sowohl ein geschichtlicher Moment, ein Ereignis auf der Zeitachse der Weltgeschichte, als auch ein ewiger Augenblick. Die göttliche Person, die sich im Mutterleib Marias regte, ist auch die Person, die sich in der Eucharistie zeigt, gekleidet in die Moleküle von Wein und Brot, um auf unsere Zunge gelegt zu werden und von unserem Herzen verzehrt zu werden. Dieses Geheimnis – das sakramentale Mysterium der Inkarnation – sollte unsere Vision alles Bestehenden prägen.

Allzu leicht verlieren wir dieses Geheimnis aus den Augen; wir lassen es zu, dass sich unser Blick verengt, dass er oberflächlich und eigennützig wird. Wir verfallen in den beständigen Fehler, einige menschliche Körper als nicht ganz menschlich und damit als entbehrlich zu betrachten, ausgeschlossen aus dem Kreis dessen, was man berücksichtigt und wertschätzt.

Diese seit jeher bestehende Tendenz wird deutlich aufgezeigt in Flannery O'Connors Erzählung *A Temple of the Holy Ghost* (*Ein Tempel des Heiligen Geistes*). Geschildert aus der Perspektive eines fantasievollen Kindes, das von heldenhaftem Märtyrertum träumt, während es seine Gebete vernachlässigt, wirft diese Geschichte ein helles Licht auf die Würde und Sakramentalität intersexueller Menschen.

In dem Ort, in dem die Erzählerin wohnt, findet gerade ein Jahrmarkt statt, mit einem Riesenrad, einem Karussell und »geschlossenen Zelten«, die nur für Erwachsene zugänglich sind. Die kindliche Protagonistin hört zwei ältere Mädchen darüber tuscheln, was sie in einem dieser Zelte gesehen haben: eine »Missgeburt«, die »sowohl ein Mann als auch eine Frau« war.[9] Für diese Person gab es »eine besondere Bezeichnung«, aber die Mädchen erinnern sich nicht an den Ausdruck und verwenden stattdessen abwertende Formulierungen wie »du-weißt-schon-was« und das ausgrenzende Pronomen »Es«.[10]

Das kleine Mädchen darf sich aufgrund seines Alters die geschlossene Ausstellung nicht ansehen, aber mit seiner lebhaften Fantasie malt es sich die spärlichen Einzelheiten aus, die ihm die älteren Mädchen genannt haben. Es stellt sich das Innere des Zeltes

5. Biologisches Geschlecht

vor wie eine christliche Erweckungsversammlung und die intersexuelle Person wie einen Prediger: »Gott hat mich so gemacht [...] Gott hat das mit mir gemacht und ich preise ihn.« Die Leute murmeln: »Amen. Amen.« Die Predigt geht weiter: »Erhebt euch. Ein Tempel des Heiligen Geistes. Ihr! Ihr alle seid der Tempel Gottes, wisst ihr das nicht? Der Geist Gottes wohnt in eurem Inneren, wisst ihr das nicht? [...] Ein göttlicher Tempel ist etwas Heiliges. Amen. Amen. Ich bin ein Tempel des Heiligen Geistes.«[11]

Diese Vorstellung eines gemeinschaftlichen Gottesdienstes, der von einer intersexuellen Person geleitet wird, steht in krassem Gegensatz dazu, wie die religiösen Autoritäten der Stadt tatsächlich reagieren. Am Ende der Geschichte erfahren wir, dass der Jahrmarkt vorzeitig geschlossen wurde, nachdem die örtlichen Geistlichen eine Inspektion durchgeführt und die Polizei aufgefordert hatten, »den Laden dicht zu machen«.[12] Anstatt »Amen« zu flüstern und Gott für sein Werk zu preisen, sagen die Einwohner »Hinweg mit dir!«.

In einem persönlichen Brief erklärt O'Connor, wieso diese intersexuelle Figur die einzige Person ist, die in der Erzählung der Heiligkeit nahekommt. Sie schreibt: »Ich kann die Reinheit in dieser Geschichte nur annähernd beschreiben, indem ich sage, dass es bedeutet, das anzunehmen, was Gott für uns will, eine Akzeptanz unserer individuellen Lebensumstände.«[13] Nur die intersexuelle Person zeigt diese spirituelle Weisheit, die Reinheit der Selbstannahme, die angesichts ihrer Lage als Außenseiterin noch bemerkenswerter ist.

Der letzte Teil der Geschichte dreht sich um eine andere Art von Darstellung: um die eucharistische Anbetung, die katholische Übung, ehrfürchtig vor einer konsekrierten Hostie zu knien, dem kleinen runden Brot, das vom Heiligen Geist in den Leib Christi verwandelt wurde. Diese Form des Leibes des Heilands ist unerwartet und stellt unsere Annahmen über das, was sein sollte, in Frage.

Als das Kind die erhobene Monstranz mit dem Leib Christi sieht, der »in der Mitte elfenbeinfarben schimmert«, denkt es wieder an die Person aus dem geschlossenen Zelt und hört sie sagen: »So wollte Er, dass ich bin.«[14]

Durch diese religiöse Bildlichkeit drückt O'Connor auf geschickte Weise zwei Wahrheiten gleichzeitig aus. Erstens die unbestreitbare Tatsache, dass Menschen mit ungewöhnlichem Körper oft gemieden, zum Sündenbock gemacht und entmenschlicht werden. Dies geschieht immer noch. Trotz der angeblichen Fortschrittlichkeit ist die gegenwärtige Darstellung von intersexuellen Menschen, als seien sie weder Männer noch Frauen, einfach die neueste Version dieser Ausgrenzung – die auf den heutigen Stand gebrachte, politisch korrekte Art, »Missgeburt« und »Es« zu sagen.

Zweitens entwirft O'Connor eine tiefreichende Parallele zwischen der intersexuellen Person und Christus selbst. Wie bei Christus erstaunt und verwirrt die Identität dieser Person die Menge. Wie Christus wird diese Person mit Misstrauen betrachtet, verspottet und zurückgewiesen. Wie der Leib Christi in der Anbetung wird der Leib dieser Person zur Schau gestellt. So wie die göttliche Person Christi durch seinen eucharistischen Leib sichtbar gemacht wird, ist auch der intersexuelle Leib eine Offenbarung, ein sakramentales Abbild des lebendigen Gottes und ein Tempel des ihm innewohnenden Geistes. Diese ausführliche Parallele verdeutlicht die Heuchelei, den inhärenten Widerspruch, einerseits den Leib Christi, seine Göttlichkeit und Menschlichkeit, zu verehren und andererseits den intersexuellen menschlichen Leib zu verunglimpfen, obwohl dieser göttliche Würde in sich trägt.

Diese Geschichte fordert uns auf, eine Haltung der Anbetung einzunehmen; wir müssen die gesamte Wirklichkeit und jedes menschliche Wesen aus der Perspektive des erhellenden Mysteriums der Inkarnation betrachten. Jeder Leib ist eine Ikone Christi; jeder Leib ist ein Sakrament, das uns das heilige und einzigartige Geheimnis der Person offenbart.

Mögen uns die Knie erzittern vor Erstaunen darüber.
Amen, Amen.

6. Soziales Geschlecht

Eine Kollegin äußerte mir gegenüber einmal ihren Unmut darüber, dass eine Studentin in meinem Kurs zur Gender-Theorie nicht in der Lage war, den Unterschied zwischen biologischem Geschlecht [*sex*] und sozialem Geschlecht [*gender*] zu artikulieren. Ich hingegen empfand dies irritierenderweise als Bestätigung: Diese Studentin hatte einfach die Tatsache richtig erfasst, dass die beiden Ausdrücke keine feststehende Bedeutung haben, weder in der Gender-Theorie noch in der Kultur generell.

Was *ist* der Unterschied? Sind *»sex«* und *»gender«* austauschbare Synonyme? Zeigen sie eine gnostische Aufspaltung von Körper (dem biologischen Geschlecht) und Seele (Gender) an? Oder stehen sie für das Zusammenwirken von Biologie und Gesellschaft in der menschlichen Identität? Je nach Kontext können beide Ausdrücke alle von diesen Bedeutungen annehmen. Warum? Kurz gesagt deshalb, weil wir uns zutiefst im Unklaren darüber sind, was es heißt, ein Körper zu sein. Wir wissen nicht mehr, wer wir als geschlechtliche Wesen sind, und das spiegelt sich auch in unserer Sprache wider.

Noch wichtiger ist vielleicht, dass die Bedeutungen, die wir diesen Wörtern beilegen, bestimmte philosophische Annahmen darüber repräsentieren, was es heißt, eine menschliche Person zu sein – ganz gleich, ob wir dies beabsichtigen oder nicht. Und diese Bedeutungen variieren in einem erstaunlichen Tempo. Als Christin bin ich zwar davon überzeugt, dass die angemessene Haltung jeder menschlichen Person gegenüber stets die der Liebe und des Respekts ist, aber das bewahrt die in unserer Kultur herrschende *Vorstellung* von der menschlichen Person nicht davor, einer genaueren Analyse unterzogen zu werden. Was es an diesem Scheideweg braucht, ist ein intensiver Blick auf die, mit Chesterton gesprochen, »Idee der Idee« von Gender in unserer Gegenwart.

Das Verschwinden des biologischen Geschlechts

Im vergangenen Jahrhundert hat unser Verständnis von biologischem Geschlecht und Gender eine fundamentale Veränderung erlebt – oder genauer gesagt sogar *zwei* Veränderungen. Um die Geschichte des kulturellen Aufstiegs von Gender zu erzählen, muss ich eine zweifache Revolution beschreiben: erstens die Erosion des althergebrachten Bezugsrahmens, in dem das körperliche Geschlecht sich auf die ganze Person erstreckte und durch seine Funktion bei der Fortpflanzung bestimmt wurde, und zweitens das Aufkommen eines alternativen Bezugsrahmens, der sich um das in sich instabile Konzept von Gender herum entsponnen hat.

Vor der Mitte des 20. Jahrhunderts fristete das Wort *»gender«* im Reich der Sprache ein recht zurückgezogenes Dasein als ein Grundwort, das eine Kategorie, Gattung oder Klasse bezeichnete. Man konnte damals zwar Erwähnungen des »weiblichen Geschlechts [*gender*]« als Synonym für die Frauenwelt finden; geläufiger war aber die Redeweise, dass *Wörter* ein Geschlecht [*gender*] besäßen, so wie sie es in vielen Sprachen tun, etwa im Französischen oder Russischen. Das Wort *»sex«* hingegen bezog sich spätestens seit dem 14. Jahrhundert ausschließlich auf die Unterschiede zwischen Männlichkeit und Weiblichkeit bei Lebewesen, ob Pflanzen oder Tieren, und nahm erst in jüngerer Zeit die zusätzliche Bedeutung einer Kurzformel für »Geschlechtsverkehr« an – eine Wendung, die die körperliche Natur von *»sex«* und ihre Verbindung zur Fortpflanzung anzeigt.

Die vorwiegende Verwendung des Wortes *»sex«* zur Bezeichnung des Mann- oder Frauseins verrät eine bestimmte Interpretation dieser Ausdrücke. Das biologische Geschlecht, das sich als Realität im

6. Soziales Geschlecht

Körper ausdrückt, wird als etwas Unveränderliches, Gegebenes betrachtet, als natürliche Tatsache, die bei der Geburt festgestellt wird und die Grundlage der persönlichen Identität eines Menschen ausmacht. Wie bereits erwähnt, repräsentiert diese Deutung das, was Gender-Theoretikerinnen und -Theoretiker als *essenzialistisches* Verständnis von geschlechtlicher Identität bezeichnen würden. Dieser Ansicht zufolge kommen Menschen in zwei distinkten Ausprägungen auf die Welt, nämlich als männlich und weiblich, und dieser geschlechtliche Unterschied manifestiert sich auf der Ebene des Seins selbst; er ist ontologisch, intrinsisch, Teil der *Essenz* der Person.

Am wichtigsten aber dürfte sein, dass diese intrinsische geschlechtliche Identität nicht bloß die äußere *Erscheinung* betrifft, sondern auch eng mit einer *Funktion* verbunden wird, nämlich mit der Fortpflanzungsfähigkeit, dem generativen Potential als männliches oder weibliches Wesen. Diese Auffassung des biologischen Geschlechts reicht bis an die Anfänge des westlichen Denkens zurück. Wir erkennen es zum Beispiel schon in Aristoteles' Schrift *Über die Zeugung der Geschöpfe*: Ein Männchen ist das Tier, das in einem anderen zeugt, und das Weibchen das, das in sich selbst zeugt. Wie im vorigen Kapitel dargelegt, heißt das allerdings nicht, dass ein Mann oder eine Frau, die sich nicht fortpflanzen können, kein echter Mann respektive keine echte Frau ist. In jener Diskussion weiter oben sind wir der Frage nachgegangen, wie die menschlichen Körper aufgebaut sind, um große oder kleine Geschlechtszellen zu produzieren. So verstanden, steht »sex« also für ein reproduktives Vermögen, das nicht auf Genitalien oder Chromosomen reduzierbar ist, sondern den Organismus als Ganzen charakterisiert.

Wie sind wir nun an diesem kulturellen Punkt angelangt, in dem das körperliche Geschlecht (*sex*) nicht mehr als integraler Bestandteil des personalen Status, sondern als schmückendes Beiwerk gilt, das sich einfach verändern lässt, eine Fiktion, die bei der Geburt »zugeschrieben« wird? Ich möchte hier die Ansicht vertreten, dass diese neue Auffassung von Geschlecht in weiten Teilen auf zwei miteinander zusammenhängende Neuerungen in der Mitte des 20. Jahrhunderts zurückgeführt werden kann: erstens auf die verbreitete Akzeptanz von Empfängnisverhütungsmitteln, die, zweitens, dann einen neuartigen, expansiven Begriff von »Gender« hat entstehen lassen.

Der Einfluss, den eine weitverbreitete Praxis der Schwangerschaftsverhütung auf unsere Kultur hat, lässt sich kaum unterschätzen, und zwar sowohl in geistiger als auch in praktischer Hinsicht. Die Debatte, in die ich mich hier einfädeln will, dreht sich um die Frage, wie die Verhütung unser gemeinsames kulturelles Verständnis von der Bedeutung des geschlechtsspezifischen Körpers verändert hat. In unserer Vorstellung ist die Fortpflanzung in den Hintergrund getreten. Unsere reproduktiven Fähigkeiten werden als dem Mann- oder Frausein akzidentelle Eigenschaften betrachtet statt als deren integrale Aspekte – ja sogar die definierenden Merkmale – jener Identitäten selbst. Unser Leben, unsere Bewegungen und unsere Schäferstündchen finden in einer kontrazeptiven Gesellschaft statt, in der die sichtbaren sexuellen Marker unserer Körper nicht mehr auf neues Leben hindeuten, sondern die Aussicht auf ein steriles Vergnügen signalisieren. Dies ist die Bedeutung des Körpers in unserer Zeit geworden, wie sie vom Werk Michel Foucaults exemplifiziert wird, der Pate für die Gender-Theorie der Gegenwart stand.

Foucaults vierbändiges Werk *Sexualität und Wahrheit* beginnt mit der Beschreibung, wie die Sexualität im viktorianischen Zeitalter zur Geisel der »Kleinfamilie« wird, die sie »ganz im Ernst der Fortpflanzung auf[gehen]« lässt.[1] Vordergründig betrachtet schreibt Foucault in einem deskriptiven Modus, indem er eine Begriffsgeschichte der Sexualität nachzeichnet, doch ist von der ersten Seite an klar, dass er dabei von der Annahme ausgeht, es drehe sich bei der menschlichen Sexualität nur in zweiter Linie oder sogar nur auf eine künstlich hergestellte Weise um Fortpflanzung. Foucault schrieb dieses große Werk in den 1970er- und 80er-Jahren, und zwar aus einem kulturellen Kontext heraus, in dem die Empfängnisverhütung normalisiert und darauf ausgerichtet war, ein neues Bild von der Sexualität zu entwickeln, die von der Fortpflanzung gänzlich abgekoppelt war. Die Theologin Angela Franks legt eine

6. Soziales Geschlecht

treffende Beschreibung dieser Foucault'schen Sicht auf die Sexualität vor, die mittlerweile in unserer Kultur vorherrschend ist. Sex drehe sich ihm zufolge demnach um »Körper und Vergnügen«. Spiele die Fertilität keine Rolle mehr, »dann ist es egal, ob die Körper männlich oder weiblich sind; sie sind alle bloß Rohmaterial für anonyme Verpaarungen«. Unser »Zeitalter der Verhütung« habe zu einer »entpersonalisierten Ansicht des Körpers« und einer »Welt, in der die weibliche Fruchtbarkeit einfach nicht hineinpasst«, geführt.[2]

Ich möchte Franks' Analyse an dieser Stelle noch erweitern, um eine weitere Konsequenz hervorzuheben, die bereits in den vorigen beiden Kapiteln erwähnt worden ist: Wenn »Mann« und »Frau« sich auf unsere Potenziale zur Fortpflanzung beziehen, dann ist es unmöglich, das biologische Geschlecht zu verändern, weil ein Mann die Rolle einer Frau in der Fortpflanzung physisch nicht übernehmen kann und umgekehrt. Doch da das körperliche Geschlecht mittlerweile vom Fortpflanzungspotenzial abgekoppelt und auf das Erscheinungsbild und das Lustmachen reduziert ist, scheint eine Geschlechtsumwandlung möglich zu sein. Ausgefeilte chirurgische und hormonelle Eingriffe können das Erscheinungsbild des Körpers verändern und Geschlechtsmerkmale nachahmen, und das genügt uns heutzutage, denn das ist es ja, was aus dem biologischen Geschlecht geworden ist. Ein Chirurg kann aus einer Wunde eine »Vagina« machen, weil die Vagina nicht mehr als das Tor zum Mutterleib betrachtet wird.

Mitte des 20. Jahrhunderts war »*sex*« als biologische Geschlechtlichkeit entthront, und zwar sowohl sprachlich als auch begrifflich. Das Wort »*sex*« diente nicht mehr als bloße Abkürzung für die eigene biologische Geschlechtsidentität, sondern erstreckte sich nun auch darauf, jede Art von erotischer genitaler Aktivität zu bezeichnen. »*Sexualität*« bezog sich nicht mehr auf die Männlichkeit oder Weiblichkeit eines Menschen, sondern auf die Geschmacksrichtung und die Ausdrucksweise seiner eigenen erotischen Wünsche. Diese Entthronung von »*sex*« erzeugte eine begriffliche Leerstelle, die bald schon von dem Terminus »*gender*« gefüllt wurde.

Der Siegeszug des sozialen Geschlechts

In den 1950er-Jahren tauchte erstmals der Ausdruck »Geschlechterrolle« [»*gender role*«] auf, dank der Prägung durch den Psychologen John Money.[3] Dieser, dessen Werk heutzutage als kontrovers gilt, um es vorsichtig auszudrücken, war einer der ersten prominenten Fürsprecher einer komplett neuen Sichtweise auf die menschliche Person. Das biologische Geschlecht stehe, wie er behauptete, in keiner intrinsischen Verbindung zu den sozialen Rollen und Verhaltensmustern von Männern und Frauen. Und er unterschied zwischen »*sex*«, einer rein biologischen Tatsache, und »*gender*« – einer sozialen Identität, die ein Produkt der Kultur und nicht der Natur ist.

John Moneys berühmtester Patient war David Reimer, der als Baby zu ihm gebracht wurde, nachdem sein Penis bei einer missglückten Beschneidung schwer verletzt worden war. Money, der glaubte, »*gender*« sei ein vollkommen gesellschaftliches Konstrukt, überzeugte Davids Eltern davon, ihn als Mädchen großzuziehen und ihm seiner medizinischen Beaufsichtigung zu unterstellen. David war ein eineiiger Zwilling, und Money sah die einmalige Möglichkeit gekommen, ein kontrolliertes Experiment durchzuführen, um seine Theorien zu überprüfen. Davids Eltern gaben leider ihre Einwilligung dazu, so dass David noch weiteren Operationen im Genitalbereich unterzogen wurde und fortan den Namen Brenda bekam.

Als Teil seines andauernden Experiments traf sich Money jedes Jahr mit den Zwillingen, solange sie noch Kinder waren. Seine Sitzungen mit ihnen waren verstörend und übergriffig und umfassten auch eindeutige Fälle von sexuellem Missbrauch. So überredete er die Geschwister dazu, diverse Sexstellungen einzunehmen und die Genitalien des jeweils anderen zu inspizieren.[4] Als Teenager wurde David selbstmordgefährdet, lehnte seine weibliche Identität ab und erfuhr letztlich von seinen Eltern die Wahrheit über sein Geschlecht. Beim Versuch, die ihm aufgezwungene geschlechtliche Neuzuordnung umzukehren, musste er sich weiteren Operationen

6. Soziales Geschlecht

unterziehen und nahm den Namen David an (sein Geburtsname war eigentlich Bruce). Als Erwachsener heiratete David und adoptierte drei Kinder. Eine Zeitlang sah es so aus, als habe er sich tatsächlich ein normales Leben erkämpft – bis zum 4. Mai 2004, als David sich mit 38 Jahren das Leben nahm, nur zwei Jahre nach dem Selbstmord seines Zwillingsbruders.

Moneys Versuch, die Richtigkeit seiner Theorien unter Beweis zu stellen, war also auf katastrophale Weise gescheitert; sie erwiesen sich nicht nur als fehlerhaft, sondern für seine beiden Forschungssubjekte sogar als *tödlich*. Unglücklicherweise zog sich diese Tragödie über Jahrzehnte hinweg, so dass Moneys dehnbare und körperlose Konzeption von Gender zwischenzeitlich ihren Siegeszug durch die akademische Welt antreten und sich tief in die feministische Theorie und die Sozialwissenschaften eingraben konnte.

Dank der von Money eingeführten Neuerungen wurde diese neue Idee eines sozialen im Gegensatz zu einem biologischen Geschlecht ein Schauplatz des Widerstands gegen den Essenzialismus, der entschieden negativ bewertet wurde. Als Ersatz für das frühere Paradigma, das sich zur Klassifikation von Männern und Frauen auf die holistische Kategorie des biologischen Geschlechts stützte, entstand nun ein neues, das zwischen dem biologischen Geschlecht als einer grundlegenden natürlichen Realität und Gender als einer Ansammlung von sozial konstruierten Normen und Idealen unterschied, die mit den biologischen Geschlechtern assoziiert und fälschlicherweise als natürlich gelesen werden. Dies ist das klassische Verständnis von biologischem und sozialem Geschlecht im Sinne des Second-Wave-Feminismus: »*sex*« ist eine Sache der Biologie, während »*gender*« sich auf die gesellschaftlichen Sinngehalte bezieht, die dem »*sex*« beigelegt werden.

Es ist nachvollziehbar, warum diese Unterscheidung für Feministinnen so attraktiv war. Sie ermöglichte nämlich einen wichtigen Schritt über jene reduktiven und oft frauenfeindlichen Definitionen dessen hinaus, was es bedeutet, eine Frau zu sein. In der Vergangenheit wurden Argumente, die sich auf »natürliche« Schwächen oder

Defizite von Frauen beriefen, als Rechtfertigung dafür verwendet, ihnen bestimmte Rechte und Möglichkeiten vorzuenthalten, zum Beispiel das Wahlrecht oder das Recht dazu, ein Medizinstudium zu absolvieren. Manchmal wurden die Unterschiede zwischen den Geschlechtern auch als Unterschiede des Werts verstanden und in starre, geschlechtsspezifische Rollen übersetzt, wodurch eine Hierarchie der Überlegenheit und der Unterlegenheit entstand, die zugunsten der Männer ausfiel. Ohne das Konzept von Gender im Unterschied zum biologischen Geschlecht werden solche Vorstellungen vom Frausein schnell als naturgegeben und unumgänglich betrachtet statt als kulturelle Deformationen. Sehen wir uns einige dieser Argumente einmal in einer ganz schlichten Form an.

Prämisse 1: Männer und Frauen sind essenziell oder ontologisch verschieden.
Prämisse 2: Jeder Unterschied stellt einen Wertunterschied dar.
Konklusion: Männer sind Frauen essenziell überlegen.

Prämisse 1: Männer und Frauen sind essenziell oder ontologisch verschieden.
Prämisse 2: Diese Unterschiede lassen sich problemlos in einer Liste von gegensätzlichen Eigenschaften zusammenfassen, die jedes Geschlecht charakterisieren (so sind Frauen etwa an sich emotionaler, während Männer an sich rationaler sind).
Konklusion: Die Unterschiede zwischen Männern und Frauen sind klar definiert und machen unterschiedliche, geschlechtsspezifische Rollen im Heim und in der Gesellschaft erforderlich.

Bei ihrem Versuch, diese Schlussfolgerungen über die weibliche Inferiorität und die notwendigen starren Geschlechterrollen zu widerlegen, lehnten die Feministinnen die jeweils erste Prämisse beider

6. Soziales Geschlecht

Argumente ab und brachten sich damit gegen den Essenzialismus in Stellung. Gender wurde dabei zum wichtigsten begrifflichen Instrument, um mit der Vorstellung aufzuräumen, dass Männer und Frauen zwei essenziell verschiedene Arten von Menschen sind.

Auf den ersten Blick scheint die Unterscheidung zwischen biologischem und sozialem Geschlecht in dieser ersten feministischen Ausformulierung ganz eindeutig zu sein: Das biologische Geschlecht ist eine grundlegende Tatsache, die sich auf die Biologie einer Person bezieht (also auf ihre Weiblichkeit oder Männlichkeit), und Gender bezieht sich auf die Gesamtheit jener kulturellen Sinngehalte, die mit jedem Geschlecht verbunden werden. Bei näherer Betrachtung wird es jedoch schwierig, zu verstehen, wo die Grenze zwischen beiden tatsächlich verläuft. Nehmen wir zum Beispiel die Vorstellung, dass Frauen fürsorglicher sind. Ist diese Idee ein Produkt der Biologie oder der Kultur?

Das dem zugrunde liegende Problem besteht natürlich darin, dass Menschen sowohl soziale als auch biologische Wesen sind; unsere neuroplastischen Gehirne reagieren auf unsere Umwelt, und unsere biologischen Fähigkeiten und Grenzen prägen kulturelle Normen. Wir werden durch ein kontinuierliches und am Ende rätselhaftes Zusammenspiel von Veranlagungen und Umweltfaktoren bestimmt. Einen sauberen Schnitt zwischen biologischem Geschlecht und Gender vornehmen zu wollen, vereinfacht die Komplexität des menschlichen Personenstatus daher viel zu sehr.

Man kann allerdings unschwer erkennen, warum Gender als ein hilfreiches Instrument im Kampf um Frauenrechte gewählt wurde. Es versah die uralte »Frauenfrage« nämlich mit einer dringend benötigten Nuancierung, welche den Feministinnen die These ermöglichte, dass einige geschlechtsspezifische Normen eher der Kultur als der Natur entspringen und demzufolge kulturelle Veränderungen notwendig sind, um Frauen eine stärkere gesellschaftliche Gleichstellung zu gewähren. (Es ist jedoch anzumerken, dass die First-Wave-Feministinnen Frauenrechte *ohne* die Hilfe von »Gender« durchgesetzt haben.)

Sind mit diesen vermeintlichen Vorteilen auch Kosten verbunden? Wie verändert die Einführung des sozialen Geschlechts als eine Linse, durch die wir hindurchsehen und uns selbst darin betrachten, fast unmerklich unsere Vorstellung von der menschlichen Person? Als das soziale Geschlecht die theoretische Bühne betrat, wurde es schnell zur beherrschenden Kraft. Das prekäre, schwankende Gleichgewicht, das die feministische Theorie zwischen biologischem Geschlecht und Gender aufrechtzuerhalten versuchte, ging letztlich verloren; in der postmodernen Wende des Third-Wave-Feminismus wuchs sich die Unterscheidung zwischen beiden zu einem regelrechten Schisma aus. Das biologische Geschlecht zog sich auf seine eigene Einflusssphäre zurück und wurde zu einer diskreten Reihe von Markierungen auf einem objektivierten Körper, der wenig oder gar keinen intrinsischen Sinngehalt aufweist.

Die Gender-Idee hat somit letztlich einen Keil zwischen *Körper* und *Identität* getrieben. Einst bezog sich das biologische Geschlecht auf eine körperliche Gegebenheit, eine natürliche Tatsache. In der Gender-Welt hingegen wird die identitätsstiftende Kraft des Körpers verringert. »Frau« bezeichnet nun nicht mehr einfach nur das Geschlecht einer Person, sondern vielmehr deren Gender, das zu einer amorphen kulturellen Konstruktion geworden ist, die nur noch eine schwache Verbindung mit dem körperlichen Geschlecht unterhält. Sobald diese Distanzierung von körperlichem Geschlecht und Identität via Gender einmal möglich war, dauerte es nicht lange – tatsächlich nur wenige Jahrzehnte –, bis sich die Bedeutung des Gender-Begriffs erneut veränderte und er völlig vom biologischen Geschlecht abgekoppelt wurde. Dies ebnete dann den Weg für ein noch stärker fragmentiertes und noch instabileres Verständnis von Persönlichkeit. Da Gender nun nicht mehr in der körperlichen Realität verankert ist, ist es zu einem postmodernen Götzen geworden – unmöglich zu fassen, unmöglich zu benennen. Im Gegensatz zum biologischen Geschlecht kann »Gender« ständig verändert und anders verwendet werden, so dass wir den Wildwuchs seiner Bedeutungen in Echtzeit miterleben können.

6. Soziales Geschlecht

Gender-Gaga

Populäre Narrative zum Gender tun häufig so, als sei dies etwas *Reales*, obwohl schon das Konzept an sich nicht den kleinsten Hauch von Realismus – oder Konsistenz – aufweist. *Gender ist ein Spektrum! Gender ist fluide! Gender ist angeboren! Gender ist im Gehirn! Gender ist ein Konstrukt!* Während die emphatische Rhetorik den Eindruck erweckt, dass die Wahrheit über das soziale Geschlecht endlich ans Licht kommt, wird es tatsächlich immer schwieriger, sich überhaupt auf eine Definition von Gender zu einigen, weil so viele und oft auch widersprüchliche Bestimmungen dieses Begriffs im Angebot sind. Begeben wir uns auf einen kurzen und nicht erschöpfenden Rundgang durch die Auslagen.

Zunächst einmal ist da die ausgesprochen »nichtwoke« Definition, die Gender einfach als Synonym für das biologische Geschlecht betrachtet. Dies ist die Sichtweise des ahnungslosen Mannes auf der Straße, der ohne irgendwie nachzudenken auf einem Formular das Kästchen »männlich« ankreuzt.

Dann gibt es die Definition des Second-Wave-Feminismus, die Gender als die soziale und kulturelle *Ausstaffierung* der beiden biologischen Geschlechter versteht. Diese einst maximal progressive Definition veraltet heute allmählich, auch wenn sie unter Feministinnen eines bestimmten Alters immer noch verbreitet ist.

Eine weitere Spielart ist die mittlerweile klassische Definition von Judith Butler, der Patin der Gender-Theorie. Wie schon erwähnt, vertritt Butler die Ansicht, dass Gender eine unbewusste und gesellschaftlich erzwungene Performanz ist, eine Reihe von Handlungen und Verhaltensweisen, die die Illusion einer essenziellen Identität von »Mann« und »Frau« erzeugen. Dieser Auffassung zufolge ist Gender *vollständig* sozial konstruiert – eine komplexe Fiktion, die wir ererben und dann immer und immer wieder zur Aufführung bringen.

Und es gibt *noch eine* Definition, die sich in einem gängigen Transgender-Narrativ findet. Darin wird Gender als das Geschlecht der Seele bestimmt, als angeborene Männlichkeit oder Weiblichkeit, die mit dem biologischen Geschlecht des Körpers »übereinstimmen« kann oder eben auch nicht. Dieser Deutung zufolge ist Gender dezidiert *nichts* bloß Konstruiertes, sondern eine präsoziale Realität; die innere Wahrheit, an der sich der Körper messen lassen muss.

Noch jüngeren Datums ist jenes drollige und völlig überkomplexe Gender-Konzept, das durch die Memes »Gender Unicorn« und »Genderbread Person« populär geworden ist (Letzteres hat in der kurzen Zeit seiner Existenz bereits vier verschiedene Überarbeitungen erfahren). In diesem Modell wird die persönliche Identität aus einem Menü von Attributen zusammengestellt, von denen jedes entlang eines Spektrums verläuft. Eine *Geschlechtsidentität* im Sinne der oben angeführten Trans-Definition ist im Geist angesiedelt; dabei geht es darum, »wie du, in deinem Kopf, dein Gender erlebst und definierst«. Der *Geschlechtsausdruck*, eine Abwandlung aus der Butler'schen Performativität, bezieht sich auf das äußere Erscheinungsbild und die Handlungen einer Person, meint also das, »wie du Gender präsentierst«. Das *biologische Geschlecht* hingegen, das bei der Geburt nicht festgestellt, sondern »zugeschrieben« wird, wird auf den Bereich zwischen den Beinen beschränkt. Abgerundet wird die Liste durch die *Anziehung*, die noch weiter in zwei Unterkategorien unterteilt wird: körperliche und emotionale Anziehung.[5]

Meine Studierenden und ich haben diese Definitionen einmal an der Tafel aufgezeichnet und sie für einen Vergleich nebeneinander platziert. Doch statt mit einer Reihe niedlicher kleiner Enten hatten wir es dabei plötzlich mit einem Heer von Fabelwesen zu tun, die sich überhaupt nicht ähnelten. Zahlreiche dieser Definitionen, die regelmäßig von Gender-Theoretikern und -Theoretikerinnen benutzt werden, sind widersprüchlich und schließen sogar einander aus. Wenn Gender etwa ein rein soziales Konstrukt ist, wie kann es dann angeboren und unveränderlich sein?

Darüber hinaus wird der Begriff »Gender«, wenn er von Aktivistinnen und Aktivisten verwendet wird, auf zirkuläre und selbstreferenzielle Weise definiert. Nehmen wir zum Beispiel die Einträge in einem »Trans-Glossar«, das auf der Website der Personalabteilung der University of Oregon steht. »Geschlechtsidentität« wird dort definiert als »das Gefühl einer Person für ihr eigenes Gender«.[6] Es gibt dort allerdings keinen Eintrag zu »Gender« selbst. Zudem enthält das Glossar Definitionen der Begriffe »Geschlechtsausdruck« und »Geschlechtsrolle«, die ebenfalls auf das Konzept des Gender verweisen, ohne es zu bestimmen.

In meiner jüngsten Personalschulung in Sachen Compliance – bei der man mich ohne Erfolg dazu bewegen wollte, den Begriff »schwangerer Mensch« zu verwenden – wurden ähnliche Verrenkungen unternommen. Zunächst hieß es dort, dass »die Begriffe ›sex‹ und ›gender‹ oft synonym verwendet werden« und wir uns daher genauer mit den beiden Ausdrücken beschäftigen müssten, um sie zu verstehen. Gut und schön. Doch schon im nächsten Absatz werden sie beide durch einen Schrägstrich buchstäblich in eins gesetzt, indem dort behauptet wird, dass das »zugewiesene *sex/gender*« mit der »*Geschlechtsidentität*« in Konflikt geraten könne. Das Wort »Gender« selbst wird auch in diesem Zusammenhang nirgendwo näher definiert.

Hier haben wir es also mit einem rhetorischen Taschenspielertrick zu tun: Die Leserin wird zunächst verunsichert, indem sie auf subtile Weise zu der Annahme verleitet wird, dass sie die Begriffe »sex« und »gender« nicht korrekt verwendet. Nachdem die Schulung diese Zweifel dann erst einmal erfolgreich gesät hat, verwendet sie aber genau diese Begriffe weiter, ohne sie klar zu definieren, und hält sie dadurch für verschiedene Sinngehalte und Ausdeutungen offen. Die Leserin nimmt dies bereitwillig hin, da sie glaubt, sämtliche Unklarheiten seien auf ihre eigene Ahnungslosigkeit zurückzuführen.

Es ist schwer zu sagen, ob es sich hierbei um eine explizite Strategie oder einfach um das Produkt eines unklaren und tagespolitisch motivierten und dementsprechend sprunghaften Denkens handelt. Ich bin mir nicht sicher, welche Option deprimierender ist: die Vorstellung, dass diese radikale Verkehrung von Identität ein außer Kontrolle geratener Zug ist, der die Gleise entlangrast, weil seine Steuerung durch grundlegende logische Zusammenhänge ausgefallen ist, oder dass es sich bei diesen sprachlichen und gedanklichen Affentänzen um strategische Schachzüge handelt. Meiner Vermutung nach ist beides der Fall.

In der immer häufiger anzutreffenden Klassifizierung von Frau als einer Person (*jeder* Person!), die sich als Frau identifiziert, kann man noch mehr zirkuläres Denken erblicken. Und diese zirkuläre Definition schickt mich direkt in ein Kaninchenloch und zu einem frustrierend sinnlosen Gespräch mit einer riesigen rauchenden Raupe, die mich von einem großen Pilz aus angrinst.

»Was zum Himmel bist *du* denn?«, fragt die Raupe.

»Ich bin eine Frau.«

»Ach, *bist* Du das?«

»Ja, oder wenigstens ...« – ich halte inne, plötzlich verunsichert, »... wenigstens nehme ich das an.«

»*Fühlst* du dich denn wie eine Frau?«

»Ich bin mir nicht sicher«, entgegne ich. »Was heißt es denn, sich wie eine Frau zu fühlen?«

»Sich wie eine Frau zu fühlen, heißt, eine Frau zu sein«, erklärt die Raupe und nimmt einen langen Zug von ihrer Wasserpfeife.

»Aber was ist eine Frau?«

»Jemand, der sich wie eine Frau fühlt.«

»Aber ... was bedeutet es, sich wie eine Frau zu fühlen, wenn eine Frau zu sein so definiert ist, dass man sich wie eine Frau fühlt?«

»Transphob«, stößt die Raupe mit ihrem Rauch hervor.

Das bin ich, eine verwirrte kleine Alice, der Rauchringe um den Kopf schwirren. Ganz und gar nicht phobisch, aber ach so neugierig und immer noch neugieriger. Was *ist* dieses Ding namens Gender nur? Wenn das Wort ein Ei ist und ich schlage es auf, was werde ich darin finden? Je mehr ich mich damit beschäftige, was Gender geworden ist, desto mehr fühlt es sich an wie ein leerer Signifikant, ein Wort, das nur Hülle ist und einfach nur darauf wartet, mit derjenigen Bedeutung angefüllt zu werden, die am nützlichsten ist.

6. Soziales Geschlecht

Und wie viele Möglichkeiten es doch gibt! Für jede Vorliebe, jede Stimmungslage, jede mögliche Ästhetik gibt es eine Gender-Kategorie. Sie sind sich nicht sicher, ob Sie sich als Mann oder Frau fühlen? Kein Problem! Es gibt unendlich viele Möglichkeiten. Hier ist eine kleine Auswahl aus der immer länger werdenden Liste:

- *Agender:* eine geschlechtslose Person.[7]
- *Bigender:* hat zwei Geschlechter; weist kulturelle Merkmale von männlichen und weiblichen Rollen auf.[8]
- *Trigender:* Dies ist ein Begriff für eine Geschlechtsidentität, der meist eines von zwei Dingen bedeutet. Erstens kann eine Trigender-Person das Gefühl haben, weder Mann noch Frau zu sein, aber auch nicht zwischen diesen beiden Bezeichnungen zu stehen. Daher definiert eine Trigender-Person ihre Geschlechtsidentität anhand einer dritten Kategorie, die nicht zwischen Mann und Frau angesiedelt ist. Zweitens kann Trigender auch eine Person bezeichnen, die sich als eine Mischung aus drei Geschlechtsidentitäten fühlt.[9]

Sollte Ihnen dieser *Eins-zwei-drei*-Ansatz nicht zusagen, können Sie auch mit Brüchen arbeiten:

- *Demigender:* Eine Person, die sich teilweise, aber nicht vollständig mit einer bestimmten Geschlechtsidentität verbunden fühlt.
- *Demifluid:* Eine Person, deren Geschlechtsidentität teilweise fließend ist, während der andere Teil beziehungsweise die anderen Teile konstant sind.
- *Demiflux:* Eine Person, deren Geschlechtsidentität teilweise fließend ist, während der/die andere(n) Teil(e) konstant ist/sind. Dieses Geschlecht unterscheidet sich vom demifluiden, da »flux« bedeutet, dass eines der Geschlechter nicht binär ist.[10]

Bei so vielen Möglichkeiten hat man leicht die Qual der Wahl. In diesem Fall können Sie nun Großes wagen, und ich meine wirklich sehr Großes – im Sinne von etwas, was über die Grenzen von Raum und Zeit hinausgeht:

- *Pangender:* bezeichnet eine Geschlechtsidentität, bei der sich eine Person mit einer Vielzahl, vielleicht sogar unendlichen (über die derzeitig bekannten Geschlechter hinausgehenden) Anzahl von Geschlechtern identifiziert, entweder gleichzeitig, in unterschiedlichem Maße oder über die Zeit hinweg.[11]

Dies alles sind keine Termini, die ich aus irgendwelchen Blogs und Diskussionsforen zusammengeklaubt habe. Sie entstammen vielmehr alle wortwörtlich den offiziellen Websites amerikanischer und britischer Universitäten. Daher mag es nun zwar naheliegend sein, mit den Augen zu rollen und mit einer wegwerfenden Handbewegung das abzutun, was »diese verrückten College-Kids« da nun wieder anstellen, doch ich möchte auf Folgendes hinweisen: Die offiziellen Internetseiten der Universitäten werden von den Hochschulverwaltungen betrieben und nicht von den Studierenden. Und was auf dem Campus passiert, findet schnell seinen Weg in die allgemeine Kultur, den Unternehmenssektor, die Öffentlichkeit und in das Bildungssystem insgesamt. Am Ende werden diese Studierenden ja schließlich Abschlüsse erwerben und in Beschäftigungsverhältnisse eintreten. Und aus jener Personalschulung, die ich gerade hinter mich gebracht habe, geht klar hervor, dass dieser Vorgang bereits im Gange ist.

Sich wie eine Frau fühlen

All diese Definitionen von Gender beruhen auf einem subjektiven Gefühl der Identifikation – darauf, wie man sich »fühlt«. Aber was

6. Soziales Geschlecht

bedeutet es, sich als Mann oder als Frau oder als keines von beidem zu »fühlen«? Nähern wir uns dieser Frage mittels einer Analogie und begeben wir uns auf ein Gebiet, auf dem die Grenzen zwischen den Kategorien noch nicht so verschwommen sind. Wenn ich sage, dass ich mich wie eine Katze »fühle« oder mich damit »identifiziere«, eine Katze zu sein, dann bringe ich damit zum Ausdruck, dass ich eine Affinität zu dem habe, wie ich mir vorstelle, wie es sein muss, eine Katze zu sein. Ich kann jedoch nicht unmittelbar und aus erster Hand wissen, wie es *wirklich* ist, eine Katze zu sein, denn ich bin ein Mensch und kein Stubentiger.

Um die Analogie noch stärker zu machen, sie also im Bereich derselben Spezies anzusiedeln, nehmen wir an, dass ich eine starke Zuneigung zu den Italienern verspüre. Ich bin zwar Amerikanerin, nämlich aufgrund der objektiven Tatsache, dass ich in Amerika geboren und aufgewachsen bin, aber vielleicht »fühle« ich mich trotzdem eher italienisch als amerikanisch. Ich esse liebend gerne Pasta, gestikuliere gerne mit meinen Händen und bin katholisch. Ich habe sogar einen italienischen Nachnamen, wenn auch durch Heirat.

Aber da ich nicht *wirklich* eine Italienerin bin, ist das, womit ich mich identifiziere, nur meine Fantasie, meine Vorstellung davon, wie es sein mag, Italienerin zu sein.

Lassen Sie uns die Analogie sogar noch pointierter und unangenehmer ausgestalten. Nehmen wir an, ich sage Ihnen, dass ich nicht wirklich weiß bin, auch wenn ich so aussehe. In Wahrheit bin ich eine Schwarze, gefangen im Körper einer Weißen. Mein Denken ist schwarz, auch wenn mein Körper weiß ist. Ich weiß das, weil ich es *fühle*. Ich hasse meine weiße Haut und mein glattes Haar. Ich fühle mich unter Schwarzen heimisch; ich liebe Hip Hop und Basketball und Toni Morrison. Ich mag die weiße Kultur nicht. In einem Raum voller weißer Menschen fühle ich mich fehl am Platz. Ich habe eine schwarze Seele.

Ich hoffe, dass jeder, der den obigen Absatz liest, instinktiv und sehr stark so darauf reagiert, dass er das, was ich dort sage, lächerlich findet. Ich hoffe, es liest sich auch lächerlich, wenn nicht gar beleidigend. Wenn ich diese Behauptungen nämlich ernsthaft aufstellen wollte, würde ich flugs an einen Pfahl gebunden und für die Sünde der kulturellen Aneignung angezündet werden – von denselben Leuten, die mich als mutige Heldin feiern würden, wenn ich mich als Mann outen würde. Die Grenzen zwischen »Rassen« und Kulturen werden schärfer bewacht als je zuvor, aber die Grenze zwischen den Geschlechtern ist komplett durchlässig geworden.

»Sich fühlen« ist nicht »sein«. Ein weißes Mädchen *kann nicht* wissen, wie es ist, ein schwarzes Mädchen zu sein. Sie kann nur wissen, wie ein weißes Mädchen es *sich vorstellt*, wie es sein muss, schwarz zu sein. Ein Mann *kann nicht* wissen, wie es ist, eine Frau zu sein. Er kann sich nur – aus der Perspektive eines Außenseiters – ausmalen, wie es sein mag. Wenn er behauptet, eine Frau zu sein, dann identifiziert er sich mit einer Fantasie. Und nur allzu häufig werden solche Fantasien aus dem schalen Repertoire gängiger Stereotype konstruiert.

Als ich Doktorandin der Gender Studies im ersten Jahr war, habe ich eine Fernsehsendung über Transgender-Kinder gesehen. Das muss um das Jahr 2007 herum gewesen sein. Ich lebte damals in Großbritannien. Selbst in meinem säkularen akademischen Kollegenkreis war der Feminismus noch nicht vollkommen mit dem Transgender-Narrativ verbündet. Die aktuelle Transgender-Welle, die besonders unter den Heranwachsenden tobt, war damals noch Jahre entfernt. Jene Fernsehsendung drehte sich um einen kleinen Jungen, der darauf bestand, ein Mädchen zu sein. Seine Eltern hatten folglich auch schon begonnen, ihn dementsprechend zu erziehen. Er war vielleicht sieben oder acht Jahre alt und hatte bereits einen neuen Namen und eine soziale Identität als Mädchen angenommen. Was mich damals verblüffte und mir bis heute präsent geblieben ist, waren die Anzeichen für das vermeintliche Mädchensein dieses Jungen: Er liebte die Farbe Pink, spielte bevorzugt mit Puppen und trug gerne Kleider. Sein Zimmer sah aus, als sei darin ein Zuckerwattestand explodiert, und selbst noch in dem, was die-

6. Soziales Geschlecht

ser kleine Junge darüber berichtete, wie es war, ein Mädchen zu sein, drehte sich alles nur um die schmückenden Accessoires einer völlig stereotypen Weiblichkeit. Die ganze Angelegenheit umwehte ein Hauch von Konsumismus – so als ob die Produkte, die wir wollen, definieren würden, was wir sind.

Mein feministisches Doktorandinnen-Ich war misstrauisch. Ich kannte diese Variante des Mädchenseins nicht, höchstens aus einem Werbespot für Barbie-Puppen. In meiner eigenen Kindheit gab es sie sicherlich nicht. Ich stand nie auf Pink. Mein Zimmer war blau gestrichen. Ich spielte zwar mit Puppen und Stofftieren, liebte es aber auch, Spielzeugschwerter aus Linealen und Alufolie und Star-Trek-Phaserwaffen aus Legosteinen zu basteln. Ich trug auch gerne Kleider, wenn wir Rollenspiele spielten und ich meinem Ort und meiner Zeit für eine Weile entfliehen konnte, um jemand anders zu sein. Ich wollte meistens Kleidung tragen, die mir das Laufen erlaubte, die mich meine strampelnden Beine spüren ließ, flink und kräftig.

Was die Stereotype angeht, so war ich eine bunte Mischung. Die Vorstellung, dass ein Junge in Wirklichkeit deshalb ein Mädchen ist, weil er Pink mag, schien mir damals wie heute eine regressive und entschieden unfeministische Vorstellung zu sein, ein Rückfall in eine karikaturistische Auffassung von Weiblichkeit und Männlichkeit.

Wenn Mädchenhaftigkeit und Jungenhaftigkeit nicht mehr im Körper begründet sind, gibt es für diese Konzepte keine andere Basis außer Stereotype. Erinnern Sie sich an die obige Definition von »Bigender« von der Johns Hopkins University? *Weist kulturelle Merkmale von männlichen und weiblichen Rollen auf.* Meine erste Reaktion darauf ist: Na ja, aber dann sagt doch mal, wer im Amerika des 21. Jahrhunderts nicht »bigender« ist? Bin ich bigender, nur weil ich die Ernährerin bin (eine stereotyp männliche Rolle) und eine Mutter, die oft Wäsche hat (eine stereotyp weibliche Rolle)? Ist mein Mann »bigender«, weil er ein Hausmann ist (weibliche Rolle) und unseren Rasen mäht (männliche Rolle)? Warum wird meine Identität als Frau bedroht oder herabgesetzt, nur weil ich, ein komplexes menschliches Wesen, zufällig eine ganze Reihe von Punkten auf der riesigen Sternkarte der mit dem Geschlecht assoziierten Aufgaben und Eigenschaften repräsentiere? Führen diese albernen Definitionen von Gender nicht dazu, dass sich diese regressiven Stereotypen verfestigen?

Hierin liegt eine tiefe Ironie. Mit Hilfe der feministischen Theorie hat der Begriff des Gender das Mannsein und Frausein vom körperlichen Geschlecht abgelöst. Nun wird Gender – als etwas völlig vom physischen Körper Abgekoppeltes – allerdings durch genau jene kulturellen Stereotype definiert, die der Feminismus aufzuheben angetreten war. Anders ausgedrückt: Wenn ein Mädchen erkennt, dass es nicht den Stereotypen des Mädchenseins entspricht, dann ist es nunmehr dazu aufgerufen, sein Geschlecht zu hinterfragen statt das Stereotyp.

Das Zeitalter des Pygmalion

Wenn das Gender weiterhin im biologischen Geschlecht verankert bleibt – wenn Frausein auf Weiblichkeit rekurriert und nicht auf die Verkörperung eines femininen Stereotyps –, dann wird es dadurch möglich, den Begriff »Frau« viel weiter zu fassen. Er kann dann nämlich ein ganzes Spektrum von Charaktereigenschaften, Rollen und Körpertypen repräsentieren. Die auf Stereotypen basierende Definition ist dagegen deutlich enger gefasst und reduziert das Frausein auf eine künstliche, grelle, übertriebene Karikatur, die die meisten weiblichen Menschen, mich eingeschlossen, ausschließen würde.

Wenn ich zur Messe in meiner Gemeinde gehe, wo sich eine vielfältige Menschengruppe versammelt, in der jedes Alter und jedes Format vertreten ist, dann sehe ich keine einzige Frau, die auch nur annähernd so aussieht wie Caitlyn Jenner auf der Titelseite der *Vanity Fair*. Ich sehe Mädchen in Jogginghosen und Sneakers sowie

6. Soziales Geschlecht

Mädchen in Spitzenschleiern und Stöckelschuhen; ich sehe große Frauen, kleine Frauen, dicke Frauen, breitschultrige Frauen, dünne Frauen, groß- und kleinbusige Frauen, Frauen mit langen Haaren, Frauen mit kurzgeschnittenen Haaren, Frauen in Röcken, Frauen in Männerflanellhemden, Frauen mit breiten Hüften, Frauen mit schmalen Hüften, Frauen mit Hautlappen, Frauen mit Falten, scharf geschnittenen Konturen und konkaven Brüsten. Dieses Ensemble des Gewöhnlichen – diese mitten aus dem Leben gegriffene Realität – hat nichts mit der Künstlichkeit zu tun, die wir auf den Titelseiten von Zeitschriften, auf Plakatwänden und den mit Filtern versehenen Bildern auf Instagram zu sehen bekommen.

Wir leben im Zeitalter von Pygmalion, jenem Meisterkünstler aus Ovids *Metamorphosen*, der eine Frau will, aber echte Frauen verachtet. Daher greift er zu Hammer und Meißel und erzeugt sein Ideal aus Stein. Er begehrt sie; sein Abbild einer Frau ist verführerischer als die Wirklichkeit. Im ursprünglichen Mythos will Pygmalion sie heiraten, um sie in sein Bett zu bekommen; in unserer Zeit will Pygmalion sie *sein*. Statt mit den Werkzeugen eines Bildhauers arbeitet er mit Skalpell und Spritze, und statt in Stein meißelt er seine Fantasie in sein eigenes Fleisch.

In Ovids Erzählung wird Pygmalions Schöpfung durch einen Wink des Himmels, genauer der Göttin Aphrodite, zum Leben erweckt. In unserer Zeit gibt es hingegen keine launischen Götter mehr, die die Fantasie real erscheinen lassen können. Es gibt nur noch die Macht der Sprache.

Die Richtlinie der University of Edinburgh zur Gleichstellung von Transsexuellen enthält folgende Richtlinien für den Umgang mit Transgender-Personen: »Betrachten Sie die Person als dasjenige Gender, als das sie von Ihnen angesehen werden möchte«, und: »Verwenden Sie den Namen und das Pronomen, um das die Person Sie bittet.«[12] Diese Richtlinien bringen unabsichtlich ein erstaunliches Eingeständnis zum Ausdruck: Man muss *sich selbst aktiv davon überzeugen*, dass die von der in Rede stehenden Person vorgebrachte Gender-Proklamation wahr ist. Zu akzeptieren, dass ein Mann in Wirklichkeit eine Frau ist und umgekehrt, verlangt Anstrengung, eine bewusste Ausübung der Geisteskräfte, weil dies der Biologie und dem gesunden Menschenverstand widerspricht. Da das Gender-Paradigma aber eben nicht auf der konkreten Realität beruht, erfordert die Aufrechterhaltung solcher Konstruktionen eine sorgsame sanktionsbewehrte Kontrolle sowohl der Gedanken als auch der Sprache.

Dies erklärt die intensive Beschäftigung der heutigen Aktivistinnen und Aktivisten mit Personalpronomen. Man *muss* die Pronomen des erklärten Gender verwenden. Tut man dies nicht, gilt das als ein böswilliger Angriff auf die Identität und Würde einer Person. Das »Misgendering« einer Person durch die Verwendung der falschen Pronomen ist mehr als nur ein Verstoß gegen die Regeln; es gilt als verletzend, als ein Akt der Gewalt.

Ich erinnere mich, dass ich in der High School gehänselt wurde, weil ich »Männerbeine« und einen Schnurrbart hatte. Das war natürlich sehr verletzend und hat an meine Unsicherheiten darüber gerührt, wie ich als junge Frau aussehe – darüber, dass ich einem Idealbild nicht genügte. Dies war allerdings keine Gefahr für den Kern meiner Identität als Frau, denn ich betrachtete dies als eine Tatsache, der ich ohnehin nicht entgehen konnte, ganz gleich, ob mir dies gefiel oder nicht. Das heutige Konzept der Geschlechtsidentität basiert jedoch nicht auf der materiellen Realität. Ein Mann, der behauptet, eine Frau zu sein, ist dies nur in der Sprache. Für die Postmodernisten reicht das allerdings auch, da für sie ohnehin die *gesamte* Realität, mithin alles, was wir für »wahr« halten, bloß sprachlich konstruiert ist.[13]

Das bedeutet, dass die Konstruktion der Geschlechtsidentität kontinuierlich durch die Sprache untermauert werden muss, um zutreffend zu erscheinen. Das setzt allerdings nicht nur eine Erklärung der eigenen Geschlechtszugehörigkeit voraus, sondern diese muss auch von allen anderen so akzeptiert werden. Wenn es Geschlechtsidentität aber nur in der Sprache gibt, dann muss unsere Sprache manipuliert werden, da die ganze Sache ansonsten zusammenbricht. Darum geht es in dem Streit um die Personalpronomen: um unser Verständnis der Wirklichkeit selbst.

Die sprachliche Umformung der Realität bahnt sich auch ihren Weg ins Recht. Der Equality Act etwa ist ein Gesetzesentwurf, der in den Vereinigten Staaten 2021 in Kraft treten soll; er wurde 2019 vom Repräsentantenhaus verabschiedet. Dieses Gesetz würde den Civil Rights Act von 1964 ergänzen und das Wort »*sex*« durch die dreiköpfige Hydra »*sex* (inklusive sexuelle Orientierung und Geschlechtsidentität)« ersetzen. Wie immer wird Geschlechtsidentität zirkulär definiert, nämlich als »geschlechtsbezogene/s Identität, Erscheinung, Gebaren oder andere geschlechtsbezogene Charakteristika einer Person, unabhängig von ihrem biologischen Geschlecht bei der Geburt«.[14] Das biologische Geschlecht juristisch so umzudeuten, dass es die Geschlechtsidentität mit umfasst, während man Geschlechtsidentität im gleichen Zuge als etwas nicht notwendigerweise mit dem biologischen Geschlecht Verknüpftes definiert, ist unsinnig. Diese sprachliche Verrenkung versucht, an zwei Dingen zugleich festzuhalten, die in direktem Widerspruch zueinander stehen: der Ansicht nämlich, dass das soziale auf dem biologischen Geschlecht basiert, und der Ansicht, dass das soziale Geschlecht *nicht* auf dem biologischen Geschlecht basiert. Hinzu kommt noch, dass diese Definition Geschlecht [*gender*] – Männlichkeit und Weiblichkeit – zu einer Frage des Erscheinungsbilds und von Stereotypen macht statt zu einer Sache der Biologie.

Ich möchte hier mit Nachdruck betonen, dass ich überhaupt keine Einwände dagegen habe, alle amerikanischen Bürgerinnen und Bürger juristisch gegen ungerechtfertigte Diskriminierung zu schützen. Problematisch wird dies erst, wenn auf dem biologischen Geschlecht basierende Rechte und Schutzmechanismen ausgehöhlt werden, um dem neuartigen und in sich wackeligen Konzept der Geschlechtsidentität Rechnung zu tragen. Dieser Gesetzesentwurf würde nach biologischen Geschlechtern getrennte Räume, Programme und Institutionen de facto illegal machen. Er würde dem Frauensport so, wie wir ihn kennen, ein Ende bereiten, weil biologische Männer unbestreitbar körperlich überlegen sind, ganz egal, wie sie sich selbst identifizieren. Räume wie Frauenumkleiden, Damentoiletten, Frauengefängnisse und Obdachloseneinrichtungen für Frauen wären nicht mehr länger weiblichen Wesen vorbehalten. Räume wie diese können jedoch nur bestehen bleiben, wenn man Grenzen aufrechterhält – Grenzen, die die materielle Realität respektieren, also die fundamentale Tatsache anerkennen, dass sich Frauen und Männer biologisch unterscheiden. Nach biologischen Geschlechtern getrennte Räume existieren für gewöhnlich nicht, um Männern zu nützen, außer wenn sie dafür da sind, die Schlimmsten von ihnen davor zu bewahren, ihren finstersten Impulsen nachzugeben. Diese Grenzen existieren vielmehr, um Frauen und Mädchen zu schützen, eine Bevölkerungsgruppe, die für sexuelle Ausbeutung und Gewalt anfälliger ist als andere.

Ich vertrete diese Position nicht einfach nur aus Furcht davor, dass das Ausradieren klarer Grenzen eine Gefahr für Frauen und Mädchen darstellen wird. Ich verweise auch auf die Schönheit: die stille Schönheit der Tatsache, ein weiblicher Körper in einem Raum nur mit anderen weiblichen Körpern zu sein.

2019 reiste ich nach Israel. Als wir an den Gestaden des Sees Genezareth übernachteten, gingen mein Mann und ich zusammen zum Strand, in der Hoffnung, in jenem Gewässer zu schwimmen, auf dem Jesus gefischt hat. Als wir zusammen am Ufer standen, kam ein junger Mann mit Kippa herüber und teilte uns höflich und sachlich mit, dass dieser Strand nur für Männer sei; ein ausschließlich Frauen vorbehaltener Strand befinde sich direkt hinter jener Anhöhe dort. Ich war überrascht und ein wenig peinlich berührt, dankte ihm aber und ging hinüber zum Frauenabschnitt, wo ich mich bis auf meinen Badeanzug entkleidete und ins Wasser ging. Nach einer Weile leisteten mir einige meiner Studentinnen Gesellschaft, ebenso wie ein paar israelische Frauen und Mädchen, und wir alle schwammen und planschten in kollektiver weiblicher Abgeschiedenheit herum. Einige meiner Studentinnen empörten sich über diese Geschlechtertrennung und hielten sie für sexistisch. Ich hingegen fand sie erfrischend. Wir *taten* gar nichts bewusst Weibliches, wie es nur allzu oft auf Frauen-Retreats und -Konferenzen geschieht, die ich eher zu meiden versuche. Dies war ein Raum, der nur für das Existieren als Frau vorgesehen war. Und als ich auf dem See Genezareth dahintrieb und spürte, wie die Fische unter mir waberten und herumflitzten, da erfuhr ich die Stille der Freiheit – den Segen, zumindest für einen Moment ungesehen zu sein.

Solche Frauen vorbehaltenen Orte haben etwas Heiliges an sich – sogar die miefige Frauenumkleide im örtlichen Schwimmbad. Denn dies ist vielleicht der einzige Ort, an dem Mädchen die unbesungene Schönheit einer weiblichen Nacktheit sehen können, die überhaupt nicht sexualisiert ist; hier können sie aus erster Hand die Vielfalt der weiblichen Gestalt beobachten, was ihnen ein konkretes Gegenbild zu den schädlichen Fiktionen an die Hand gibt, die überall sonst großflächig plakatiert werden. Hier sehen sie schlaffe Brüste, schlaffe Haut und Schamhaar, das herunterhängt; hier sehen sie eine alte Frau, die sich gedankenlos zwischen den Wölbungen ihres Körperfetts wäscht, sich ohne zu überlegen um den alternden Körper kümmert, dem sie gehört, der sie immer gewesen ist.

7. Künstlichkeit

Ich habe drei Geschichten zu erzählen: zwei Mythen und eine schwierige Wahrheit.

Der erste Mythos ist ein in Sanskrit verfasstes Jātaka aus dem 6. Jahrhundert, eine Fabel, die von einem früheren Leben des Buddha erzählt. In dieser Geschichte schneidet ein Bodhisattva namens Rūpyāvatī ihre eigenen Brüste ab, um mit ihnen eine hungernde Mutter zu speisen, die kurz davor ist, aus Verzweiflung ihr neugeborenes Kind zu essen. Rūpyāvatī wird für diesen radikalen Akt der Selbstaufopferung gepriesen, und um es ihr zu vergelten, werden ihre Brüste durch göttlichen Eingriff wiederhergestellt. Bis zu dieser Stelle ist die Erzählung intuitiv ansprechend und voller ausdrücklichem Lob für die Weiblichkeit: eine Frau, die eine andere Frau durch die Gabe ihres eigenen lebensspendenden Fleisches vor dem Hungertod rettet. Leben und Tod rücken hier nahe zusammen, ja verschmelzen fast ineinander – die frischgebackene Mutter ist dabei, das zu töten, dem sie gerade erst das Leben geschenkt hat –, bis Rūpyāvatī eingreift und das Schreckgespenst des Todes durch eine Geste einer sich selbst verschenkenden Liebe vertreibt.

Damit ist die Geschichte allerdings noch nicht zu Ende. Nachdem Rūpyāvatīs weiblicher Körper wieder ganz ist, richtet sie die Bitte »an den Herrn der Götter«, gänzlich von ihm befreit zu werden:

»›Oh Brahmane, durch diese meine Wahrheit
Lass mein Geschlecht sofort männlich werden,
Denn die Männlichkeit ist ein Hort der Tugendhaftigkeit
in dieser Welt.‹

Sobald sie diese Worte gesprochen hatte,
erlangte sie den Zustand eines Mannes [...].
Und als ihre beiden Brüste –
Angeschwollen wie die Stirnlappen eines Elefanten
   in der Brunft –
Die ersten paar Barthaare, dunkel wie Kollyriumpulver,
Auf dem mondähnlichen Gesicht auftauchen sahen,
Da verschwanden sie sofort in einer breiten Brust,
Als ob sie sich schämten.«[1]

Dies ist eine verblüffende Umkehrung. Warum wurden ihre Brüste überhaupt wiederhergestellt, wenn sie ein paar Seiten später schon wieder beseitigt werden? Eine Geschichte, die Wertschätzung für den weiblichen Körper auszudrücken scheint, dreht sich plötzlich um und verbreitet diese unmissverständliche Botschaft: Es ist zwar besser, einen geheilten weiblichen Körper zu haben statt einen verstümmelten, doch noch besser ist es, gleich ganz und gar männlich zu werden.

Eine ähnliche Leseerfahrung hatte ich bei der Geschichte von Kaineus/Kainis aus Ovids *Metamorphosen*. Kainis, »lieblich und anmutreich«, widersetzte sich der Heirat und wurde, »wandelnd am einsamen Strande«, vom Gott Neptun vergewaltigt. Dies war für ihn offenbar eine so genussreiche Erfahrung, dass er, wie ein sadistisches Genie, ihr zur Wiedergutmachung einen Wunsch zu erfüllen verspricht.

»Kainis versetzt: ›Mich lässt das Erlittene Großes begehren,
Dass ich für immer bewahrt davor. Gib,
   dass ich kein Weib sei:
Alles gewährst du mir dann.‹ Und siehe, mit tieferem Tone
Sprach sie den Schluss, und es könnt' als männliche gelten
die Stimme,
So wie sie war; denn gewährt schon hatte der Herrscher des
tiefen Meeres den Wunsch [...].«[2]

7. Künstlichkeit

Beide Frauen bitten, als sich die Gelegenheit bietet, darum, durch göttliche Intervention zu Männern gemacht zu werden – die eine, um eine erhabenere Stufe des Daseins zu erklimmen, und die andere, um sich gegen Vergewaltigung zu immunisieren.

In einem bestimmten Sinne werden diese Mythen in unserer Gegenwart wahr. In den letzten zwei Jahren gab es einen exponentiellen Anstieg der Zahl von Patienten, die in Gender-Kliniken vorstellig werden und eine geschlechtliche Transition wünschen, gepaart mit einer massiven Veränderung in der Demographie. Vor Beginn des Internetzeitalters waren diejenigen, die eine Transition anstrebten, typischerweise geborene Männer in ihren Vierzigern. Seit 2014 veränderte sich dies drastisch, und 2019 strebten dreimal mehr geborene weibliche Wesen die Transition an, die meisten davon im Teenageralter.

Geschlechtsdysphorie, der aktuell gültige klinische Fachausdruck, bezeichnet die extreme psychologische Not, die von dem Gefühl herrührt, sich nicht im Einklang mit dem eigenen biologischen Geschlecht zu befinden. Unter Kindern und Heranwachsenden war dieses Phänomen bisher außerordentlich selten anzutreffen und lag nur bei 0,1 Prozent der Kinder vor, fast ausschließlich geborene Jungen.[3] Für den Zeitraum vor 2012 gibt es für adoleszente Mädchen, die unter diesem Krankheitsbild leiden, überhaupt keine wissenschaftlichen Belege.[4] Was wir hier beobachten, ist ein neuartiges Phänomen.

Der britische Gender Identity Development Service (GIDS) liefert uns eine unzweideutige Datenquelle für diesen Trend. Die von ihm erhobenen Zahlen sind nämlich nur Momentaufnahmen eines Phänomens, das auch im ganzen übrigen Europa sowie in den USA und in Kanada zu beobachten ist. Schauen wir uns die Daten zu den Überweisungen von Kindern und Jugendlichen an, bei denen die Gesamtzahl der Transitionen nahezu explodiert: Im Jahr 2010 wurden 138 junge Patientinnen und Patienten zu einer geschlechtsverändernden Behandlung überwiesen. 2015 stieg diese Zahl sprunghaft auf 1409 an, und dieser Anstieg setzte sich kontinuierlich fort, so dass im letzten Jahr der Aufzeichnungen (2019/2020) 2748 Überweisungen zu verzeichnen waren. Das heißt, dass die Zahl der Fälle von geschlechtsspezifischen Behandlungen in weniger als einem Jahrzehnt um fast 2000 Prozent zugenommen hat.[5]

Während es bei den Jungen schon einen sprunghaften Anstieg der Überweisungen gab, übertraf der Zuwachs bei den Mädchen diesen noch um den Faktor drei. Diese Diskrepanz ist in der Altersgruppe zwischen elf und siebzehn Jahren am stärksten ausgeprägt. So waren beispielsweise von den fast 500 14-Jährigen, die in den Jahren 2019 und 2020 an den GIDS überwiesen wurden, über 400 Mädchen. Insgesamt betrafen 75 Prozent der Überweisungen von Jugendlichen in diesem Jahr geborene Mädchen.

Diese neue Welle der Trans-Identifizierung unter jungen Menschen unterscheidet sich von früheren »klassischen« Vorstellungen dessen, was einstmals als Transsexualität bezeichnet wurde. Ray Blanchard, ein bekannter Psychiater und Sexualwissenschaftler, schuf Ende der 1980er-Jahre eine grundlegende Typologie für transsexuelle Menschen und teilte sie dabei in zwei Hauptgruppen ein. Bei der ersten Gruppe, den »androphilen Transsexuellen«, handelt es sich um Jungen, die ihrem Verhalten und ihrem Erscheinungsbild nach eher stereotyp weiblich sind und später homosexuell werden. Die zweite Gruppe, die »autogynephilen Transsexuellen«, sind Männer, die durch den Gedanken, eine Frau zu sein, sexuell erregt werden; diese Männer sind oft heterosexuell und wechseln in der Regel erst später im Leben ihre Geschlechtszugehörigkeit.[6] Blanchards Arbeit ist mittlerweile recht umstritten, da sie Transgenderismus als klinisches Problem und nicht als politische Identität betrachtet. Seine Taxonomie ist zwar nach wie vor für diejenigen Männer relevant, die in diese klassischen Kategorien fallen, erklärt aber nicht die rasante Zunahme neuer Geschlechtsidentitäten bei jungen Menschen, vor allem unter jungen Frauen.

Dies ist ein komplexes Phänomen, das von diversen Faktoren beeinflusst wird, von denen ich einigen im Laufe dieses Kapitels nachgehen möchte. Der wichtigste Faktor ist allerdings die Entwicklung des Gender-Paradigmas selbst. Diese hat zu einem »Rückkoppelungseffekt« [»*looping effect*«] geführt, bei dem bestimmte menschliche Erfahrungen durch das Bezugssystem der Gender-Theorie kategorisiert und interpretiert werden, was wiederum diese Erfahrungen prägt und das Bezugssystem stärkt.[7] Ein Mann mit Autogynäphilie, eine Frau mit einer Missbrauchsgeschichte, die ihren Körper hasst, ein autistisches Kind, das sich anders fühlt als alle anderen in seinem Umfeld, ein einsamer Teenager, der sich verzweifelt nach Gemeinschaft und Identität sehnt – jeder dieser Menschen – oder sie alle – könnte/n im Gender-Paradigma eine Erklärung für seinen respektive ihren Schmerz finden (*du musst transsexuell sein*), ebenso wie eine scheinbar so einfache Lösung (*ändere dein Geschlecht, und du wirst endlich ankommen*).

Ich glaube nicht, dass die Erfahrung der sexuellen Inkongruenz auf magische Weise verschwinden wird, wenn man das ganze Konstrukt der Gender-Theorie dekonstruiert. Auch dann wird es immer noch Menschen geben, die diese Erfahrung machen, sei es aufgrund einer neurologischen Erkrankung oder eines Traumas oder einfach deshalb, weil sie eine Persönlichkeit haben, die nicht im Einklang mit den kulturellen Geschlechterstereotypen steht. Worum es mir hier und auch sonst in diesem Buch geht, ist aber der Wunsch, den von unserer Kultur geschaffenen Deutungsrahmen für Erfahrungen dieser Art zu hinterfragen – einen Rahmen, der übrigens nicht von Personen entwickelt worden ist, die sich selbst als Trans-Menschen identifizieren. Ich glaube, dass eher das Gegenteil wahr ist: *Die Entwicklung dieses Rahmens hat zur Transgender-Identifizierung geführt.* Es gibt Menschen, die durcheinander sind, und das Gender-Paradigma ist zur dominanten Weise geworden, dieses Durcheinander zu interpretieren. Und das ist nicht gut.

Die bittere Wahrheit ist, dass wir in einer Zeit leben, in der unsere jungen Frauen zunehmend beschließen, dass es ihnen als Männer besser gehen würde. Für Kainis und Rūpyāvatī ebenso wie für viele junge Frauen in unserer Zeit ist das Frausein also zu einer unerträglichen Last geworden, statt ein Geschenk zu sein.

Und das sollte uns alarmieren.

Hypersexualisierung

Was befeuert diese Flucht aus der Weiblichkeit? Ich beobachte diesen Trend schon seit einigen Jahren aus der Ferne und versuche, seine Ursprünge zu ergründen. Dabei muss ich oft an einen Text denken, den ich früher im Fach Gender-Theorie behandelt habe: »The Body and the Reproduction of Femininity«, ein Aufsatz der feministischen Theoretikerin Susan Bordo. Diese schreibt aus einer postmodernen feministischen Perspektive und beruft sich dabei auf Foucaults Überlegungen zum Einfluss gesellschaftlicher Kräfte auf den Körper. Ich lehne die Postmoderne als totalisierende Weltanschauung zwar ab, aber dennoch gibt es gewisse Einsichten, die wir der postmodernen Philosophie entnehmen können, beispielsweise in Bezug auf die Frage, wie Sprache und Gesellschaft unsere Wahrnehmung von Realität und Identität prägen. Bordos Analyse der in den 1970er- und 80er-Jahren weit verbreiteten Magersucht und Bulimie kann vielleicht etwas Licht auf diese neue Epidemie unserer Zeit werfen.

Bordo zufolge ist der Körper ein »Medium der Kultur«, eine »Oberfläche, in die die grundlegenden Regeln, Hierarchien und sogar die metaphysischen Überzeugungen einer Kultur eingeschrieben sind und somit durch die konkrete Sprache des Körpers bekräftigt werden«.[8] Bestimmte Pathologien entstehen ihr zufolge als Reaktion auf die geschlechtsspezifischen Ideale der jeweiligen Epoche. So sieht sie zum Beispiel einen Zusammenhang zwischen den viktorianischen Idealen einer zarten, passiven Weiblichkeit und der Zunahme der weiblichen Hysterie zu dieser Zeit und stellt eine ähnliche Parallele zwischen dem Hausfrauenideal der 1950er-Jahre und einer entsprechenden Zunahme der Agoraphobie in den da-

7. Künstlichkeit

rauffolgenden Jahrzehnten fest. In jedem dieser Beispiele finden wir, wie sie schreibt, »tief in den Körper der Erkrankten eine ideologische Konstruktion von Weiblichkeit eingetragen, die für die fraglichen Epochen typisch ist«. In ähnlicher Weise funktionieren Essstörungen Bordo zufolge auch als eine übertriebene Darstellung kultureller Ideale von Weiblichkeit, aber auch als eine Rebellion gegen diese Ideale, als »eine Art unbewusster feministischer Protest«. So zitiert sie im Rahmen ihrer Analyse aus den Memoiren von Aimee Liu über deren Magersucht die folgenden Zeilen:

> »In der Schule bemerkt sie, dass ihr stetig schwindender Körper bewundert wird – nicht so sehr als ästhetisches oder sexuelles Objekt, sondern wegen der Willensstärke und Selbstbeherrschung, die er ausstrahlt. [...] Als ihr Körper seine klassischen weiblichen Rundungen, seine Brüste, seine Hüften und seinen gewölbten Bauch verliert und sich mehr anfühlt und aussieht wie ein schmächtiger, schlaksiger Männerkörper, beginnt sie, sich unantastbar zu fühlen, unerreichbar für Verletzungen, ›unverwundbar, sauber und hart wie die Knochen, die in meine Silhouette geätzt sind‹, wie eine Frau es beschrieb. Sie verachtet vor allem all jene Teile ihres Körpers, die sie weiterhin als weiblich ausweisen. ›Wenn ich doch nur [meine Brüste] loswerden könnte‹, sagt Liu, ›wenn nötig, würde ich sie sogar abschneiden.‹«[9]

Die Parallelen zwischen dieser Beschreibung des Erlebens von Magersucht und der Geschlechtsdysphorie sind frappierend. Liu will ihren Körper nicht einfach nur vom Fett befreien; sie will ihre Weiblichkeit auslöschen, die Kurven, die sie als Frau kennzeichnen, schrumpfen und verschwinden lassen.

Ich bin nicht die Einzige, die diese Parallelen zwischen der Dysphorie des Körperbilds und des Geschlechts festgestellt hat. Lisa Littman, eine Wissenschaftlerin an der Brown University, die kürzlich eine Studie über »schnell einsetzende Geschlechtsdysphorie«

bei Mädchen im Teenageralter veröffentlicht hat, beschreibt, dass sie im Laufe ihrer Forschung »viele potenzielle Parallelen zwischen der Anorexia nervosa und der Geschlechtsdysphorie« gefunden hat.[10] Mit meinem Rekurs auf Bordos Analyse der Magersucht möchte ich nun aber keine totalisierende Theorie vorlegen, die alle Fälle von Geschlechtsdysphorie erklären könnte. Ich behaupte vielmehr, dass eine Dimension dieses umfassenderen kulturellen Phänomens eine Rebellion, ein Protest gegen die Hypersexualisierung des weiblichen Körpers ist.

Es ist schwierig und vielleicht sogar unmöglich, als Frau aufzuwachsen, ohne die schmerzhafte Vorstellung zu verinnerlichen, die dem Mythos von Kainis zugrunde liegt: Eine Frau zu sein bedeutet, verletzlich zu sein, besonders im Hinblick auf sexuelle Ausbeutung. Die Idee, dass Frauen hauptsächlich zum Vergnügen der Männer da sind, war noch nie so offenkundig und so allgegenwärtig wie in unserem angeblich feministischen Zeitalter. Sogar manche Feministinnen haben sich diesen Gedanken zu eigen gemacht und stimmen in das sex-positive Loblied auf die Pornografie und die Prostitution als etwas für die Frauen irgendwie Befreiendes ein. Und selbst diejenigen, die bereit sind, die allgegenwärtige Sexualisierung von Frauen und Mädchen zu benennen und zu kritisieren, sind nicht in gleichem Maße gewillt, anzuerkennen, in welcher Weise der Feminismus selbst zu dieser beigetragen hat. Mich macht es verrückt, zu sehen, wie bekennende Feministinnen die verrotteten Früchte der sexuellen Revolution beklagen, während sie gleichzeitig deren Wurzeln hegen und pflegen.

Diese Hypersexualisierung der Weiblichkeit wird für einige transidente Männer zu einer Art sexuellem Fetisch: eine gleichzeitige Fetischisierung des weiblichen Körpers wie auch ihres eigenen. Sie definieren Frau als Sexualobjekt und wünschen sich, dieses Sexualobjekt zu sein. So schreibt der transidente Mann Julia Serano in seinen Lebenserinnerungen mit dem Titel *Whipping Girl* ganz offen über seine Vergewaltigungsfantasien: »Ich habe zwar nie wirklich an das Klischee geglaubt, dass Frauen nur für eine Sache

7. Künstlichkeit

gut sind, aber dieses Gefühl schlich sich trotzdem immer wieder in meine Fantasien ein.« Diese Fantasien, die in der Pubertät einsetzten, bezeichnet er als »bastardisierte katholische Sakramente«; seine Schuldgefühle versuchte er abzuschütteln, »indem ich meinen Wunsch, weiblich zu sein, mit selbst auferlegter Buße und Bestrafung verband«.[11] Und ein anderer transidenter Mann, Andrea Long Chu, schreibt, dass Pornografie »die essentielle Definition von Weiblichkeit« ist.[12] Weiblich zu sein bedeutet für ihn, dominiert zu werden, dem Verlangen eines anderen unterworfen zu sein, »das zu werden, was ein anderer will«.[13] Chu kritisiert Blanchards Taxonomie daher auch, weil er glaubt, dass »Autogynephilie« keine Paraphilie ist, sondern vielmehr typisch für die menschliche Sexualität insgesamt. Jeder Mensch ist weiblich, sagt er, und jeder hasst es.

Mehrere katholische Autorinnen und Autoren haben darauf hingewiesen, dass Chus Werk dunkle Parallelen zum christlichen spirituellen Ideal der Hingabe an Gott aufweist, das seinen vollkommensten Ausdruck in Maria findet. Angela Franks formuliert dies so: »Chus Weltanschauung ist ein erotisiertes, fotografisches Negativ des Christentums, in dem die Empfänglichkeit für Gottes liebevolles Handeln in eine Unterwerfung unter das herrische Diktat des Begehrens verwandelt wird.«[14] In solchen nihilistischen Darstellungen wird die persönliche und körperliche Realität des Frauseins ausgelöscht und zu einem masochistischen Begehren abstrahiert, so als ob »weiblich« einfach eine platonische Form für die sexuelle Verdinglichung wäre.

Wenn ich solche Auffassungen von Weiblichkeit lese, dann möchte ich mich am liebsten verstecken; ich will, dass sich die sichtbaren weiblichen Merkmale meines Körpers auflösen und komplett verschwinden. Denn wenn es das ist, was es bedeutet, eine Frau zu sein – nämlich erniedrigt, beherrscht, entpersönlicht und auf ein Objekt reduziert zu werden, das von anderen benutzt wird –, dann will ich nichts damit zu tun haben. *Gib, dass ich kein Weib sei.* Ist es da ein Wunder, dass unsere Mädchen sich auflehnen?

Doch leider ist dieser Aufstand fehlgeleitet. Diese jungen Frauen rebellieren, verständlicherweise, gegen die Hypersexualisierung des weiblichen Körpers, wenden sich dabei aber gegen den Körper selbst. Um noch einmal Bordo zu zitieren: »Obwohl wir also sinnvollerweise von Protest sprechen können, möchte ich trotzdem die kontraproduktive, auf tragische Weise selbstschädigende (und tatsächlich sogar selbstzerstörerische) Natur dieses Protests unterstreichen.«[15] Zwar schreibt die Autorin hier über Magersucht, doch ich würde diese Aussage gerne auf die aktuelle Epidemie der Geschlechtstransition anwenden. Das Abstreifen der sichtbaren Merkmale des Weiblichen mag sich für den Transgender-Teenager zwar ebenso ermächtigend anfühlen wie für die Magersüchtige, doch diese Formen des Protests sind letztlich gewalttätig und selbstzerstörerisch. Die bessere – und anspruchsvollere – Rebellion würde hingegen darin bestehen, zu lernen, die eigene Schönheit und Würde als Frau inmitten einer Kultur anzuerkennen, die sie leugnet.

Der weibliche Körper steht in unserer kollektiven Vorstellungswelt nicht mehr für Schöpfung, Versorgung und eine elementare Empathie, sondern eher für die Aussicht auf sterile Lust. Unsere Körper sind Mittel zur Belohnung. So fühlte es sich auch für mich damals an, eine Frau zu werden – ich wurde nicht als vollständiger Mensch, sondern als ein Instrument der geschlechtlichen Befriedigung wahrgenommen.

Aus diesem Grund habe ich auch nie gerne Brüste gehabt. Sie kamen bei mir nämlich erstens viel zu früh zum Vorschein; in der sechsten Klasse war ich schon ein Monster, einen Kopf größer als alle anderen und schon mit Körbchengröße C ausgestattet, so dass sich die Jungen in meiner Klasse einen originellen Spruch über die Größe meiner Brüste ausdachten. Ich war daher auch sehr erleichtert, als in der siebten Klasse ein anderes unglückliches Mädchen Körbchengröße D bekam und ich nicht mehr die »Königin der Oberweite« war. Durch meine Brüste fühlte ich mich entblößt; die Veränderung meines Körpers erschien mir wie ein Verrat. Ich

7. Künstlichkeit

wollte mich in die Anonymität der Flachbrüstigkeit zurückziehen und bewunderte die Mädchen, die es zu genießen schienen, Brüste zu haben, die die Aufmerksamkeit auf sie lenken wollten, sich ausstopften und sie der Welt präsentierten wie frisch gebackene Brotlaibe. Ich hingegen wollte sie immer nur verstecken.

Wie zu erahnen war, erregte die Entwicklung eines weiblichen Körpers, während ich noch im Teenageralter war, die Aufmerksamkeit älterer Männer, und nur allzu früh wurde ich in die komplizierte Welt des Geschlechtslebens hineingezogen. Und es war schwer, nicht das Gefühl zu haben, dass mein Körper, vor allem diese Brüste, diese verfluchten *Ausstülpungen*, eine Mitschuld an dieser Art von Initiation trugen. Oft hätte ich in jenen turbulenten Jahren, in denen ich zur Frau wurde, gerne das Gebet von Rūpyāvatī gebetet, damit meine Brüste vor Scham zurückweichen und verschwinden.

Doch das war für mich keine wirkliche Option. Wäre es eine gewesen, hätte ich vielleicht darüber nachgedacht, sie zu ergreifen. Ich wurde 20 Jahre zu früh geboren. Verstehen Sie mich nicht falsch: Ich drücke hiermit kein Bedauern, sondern vielmehr Erleichterung aus. Ich bin erleichtert, dass ich, als ich auf dem College mit meiner Selbstfindung beschäftigt war, nur meinen Glauben und meine sexuelle Orientierung in Frage stellen musste, nicht aber meine Weiblichkeit selbst. Denn *die* war einfach eine Selbstverständlichkeit, und so habe ich gelernt, mit Brüsten zu leben statt sie wegzumachen. Dadurch erhielt ich das Geschenk, ihre wahre Bestimmung zu erleben, nämlich Quellen des Lebens und süßer Milch für meine Babys zu sein. Mein chronisches Unbehagen damit, Brüste zu haben, vor allem, wenn sie so voluminös und laktierend sind, wird in der wortlosen Vereinigung beim Stillen vorübergehend ausgeschaltet. Und selbst wenn ich nicht stille, ja selbst bei einer Frau, die nie stillt, verstehe ich heute, dass Brüste sichtbare Zeichen weiblicher Selbsthingabe sind, der Fähigkeit und der Berufung dazu, die Seelen und Körper – also die ganze Person – derer zu nähren, die in unsere Obhut kommen.

Trotz dieses Wissens muss ich aber zugeben, dass ich erleichtert bin, wenn die Zeit des Abstillens gekommen ist und meine Brüste wieder unscheinbar werden, dürr und diskret.

Online-Avatare

Während der Arbeit an diesem Buch habe ich Dutzende von Geschichten von transidenten Frauen und Mädchen gelesen und gehört, von denen viele »Detransitionerinnen« sind, also Frauen, die sich eine Zeit lang als Trans-Männer identifiziert und ihren Körper oft auch dauerhaft verändert haben, und die dann entschieden, sich wieder als Frauen zu verstehen. Der Transitionsprozess gleicht einer Reihe von Domino-Schritten, die in der Regel von einem zum nächsten führen. Zuerst ist da die sprachliche Veränderung, die Wahl neuer Personalpronomen und eines neuen Namens, und dann folgen medizinische Eingriffe wie beispielsweise Testosteronbehandlungen, die Amputation der Brüste oder kosmetische Eingriffe an den Genitalien. Mädchen, die eine sprachliche Transition durchlaufen und dann wieder zurückkehren, werden »*Desisters*« genannt, weil sie vom Transitionsprozess »Abstand nehmen« [»*desist*«], bevor er vollendet ist. Diejenigen, die sowohl die sprachliche als auch die medizinische Transition durchlaufen und dann wieder zurückkehren, werden »*Detransitioners*« oder einfach »*detrans*« genannt.

Solche Detrans-Geschichten sind immer häufiger zu vernehmen, und das trotz der Bemühungen von Trans-Aktivistinnen und -Aktivisten, diese Stimmen zu delegitimieren und zum Schweigen zu bringen. Während die Transition als eine Leistung authentischer Selbstverwirklichung gepriesen und gefeiert wird, werden *Detransitioners* als Verräter an der Sache verunglimpft. Sie werden von den Aktivistinnen und Aktivisten als verlogene Schwindlerinnen dargestellt, als »Cis-Frauen«, die eigentlich nie »echt trans« waren und deren Geschichten daher ignoriert werden können. Diese Geschichten von Detrans-Personen sind deshalb für manche so bedrohlich, weil

7. Künstlichkeit

sie ihnen einen Spiegel vorhalten, in dem sich eine für sie unangenehme Realität zeigt, die im Widerspruch zu der Fantasie von einer reibungslosen, schmerzfreien Selbstverwirklichung steht.

Es gibt nicht *den einen* Grund für die Entscheidung, eine Transition oder Detransition zu durchlaufen. Jede Geschichte, die ich gehört habe, ist so einzigartig, wie jeder Mensch einzigartig ist. Dennoch kristallisieren sich bestimmte Muster heraus, Gemeinsamkeiten zwischen den Geschichten, die darauf hindeuten, dass hier unterschiedliche kausale Kräfte am Werk sind. Eines dieser Muster ist das oben diskutierte Thema der Hypersexualisierung von Mädchen und Frauen. Immer wieder höre ich von Frauen, die die Transition vollzogen haben, dass es ihnen unangenehm war, in die Pubertät zu kommen und plötzlich unerwünschte sexuelle Beachtung seitens der Männer zu erhalten. Für viele dieser Mädchen schien das Frausein gleichbedeutend damit zu sein, sexuell verdinglicht zu werden. Kein Wunder also, dass sie sich in eine männliche Identität flüchten wollten. Ich kenne dieses Unwohlsein nur allzu gut; es ist Teil meiner eigenen Geschichte. Ich kenne das Gefühl, mich von einem sich rasant verändernden Körper lösen und mich in mein Inneres verkriechen zu wollen, wie eine Schildkröte, die sich in ihrem Panzer versteckt – einem Panzer, dem zu meinem Entsetzen Brüste wuchsen.

Zu dieser gängigen Erfahrung in der Jugend gesellt sich aber noch ein weiterer entscheidender Faktor hinzu, der mein Erwachsenwerden in den 1980er- und 1990er-Jahren von dem der heutigen Mädchen unterscheidet: die riesige Welt des Internets, das heute die meisten unserer sozialen Interaktionen vermittelt. Das Internet ist heute wie der biblische Wal, der den Propheten Jona verschlang – ein Monster, das uns mit Haut und Haar absorbiert hat. Und da hocken wir nun in seinem dunklen Bauch, unsere Gesichter nur von unseren Bildschirmen beschienen.

Als ich zwölf Jahre alt war, glich dieses Meeresungetüm eher noch einem verspielten Delphin, mit dem ich von Zeit zu Zeit Umgang pflegte. Dies waren die Tage der getakteten Einwahlverbindung: Erst musste man sich vergewissern, dass niemand am Festnetztelefon war, und dann fünf quälend lange Minuten warten, bis der klobige Computer endlich eine lahme Verbindung zum Internet hergestellt hatte. Sobald ich online war, bekam ich nicht sehr viele Bilder zu sehen, sondern lediglich in grellen Schriftfarben gehaltene Wörter vor weißem oder schwarzem Hintergrund, schlechte Fonts und Grafiken, und Videos gab es überhaupt nicht. Es gab keine Influencer auf Instagram oder YouTube und keine Smartphone-Kameras mit schmeichelhaften Filtern. Ich war schon Doktorandin, als ich Facebook beitrat, das damals noch für Hochschulangehörige reserviert war, und als ich mein erstes Smartphone bekam, war ich bereits Professorin und hatte meinen Doktortitel längst in der Tasche. Als ich noch ein schmerzzerfressener, sozial unfähiger und sich selbst verabscheuender Teenager war, gab es die sozialen Medien und ihre unendlichen Möglichkeiten zum Durchscrollen noch nicht. Gott sei Dank!

In *allen* Transitionsgeschichten, die ich gehört habe, spielte das Internet eine entscheidende Rolle. Selbst in der Geschichte von Laura Reynolds, einer Frau in meinem Alter, die ihre Transition lange vor der aktuell zu beobachtenden zugespitzten Lage und vor der Entstehung der sozialen Medien abgeschlossen hatte. Auch sie stieß zum ersten Mal in einem Internetforum auf die verlockende Aussicht, ihr Geschlecht zu wechseln.[16] *Detransitioners* aus jüngerer Zeit beschreiben, wie sie in die Online-Welt abgetaucht sind und pausenlos YouTube-Videos und Tumblr-Blogs konsumiert haben, wie sie obsessiv Trans-Influencern gefolgt sind, um Tipps zu erhalten, wie man an Hormone herankommt oder Brüste abbindet – und wie man ein überzeugendes Narrativ von einer lebenslangen Geschlechtsdysphorie erfindet, um Ärzte und Familienmitglieder zu besänftigen.

Die Pro-Trans-Sphäre hat große Ähnlichkeit mit der »Pro-Ana«- und »Pro-Mia-Sphäre«. Dies sind Websites und Online-Communitys, die Anorexie und Bulimie als Frage des Lebensstils propagieren und ihren Followern Tipps zum Abnehmen, zur Unterdrückung des Hungers und zum Verstecken von Anzeichen einer Essstörung geben. Diese Communitys vergöttern Essstörungen geradezu, indem sie sie als die Göttinnen Ana und Mia personifizieren und verehren. Sie betrachten ihre Einstellung zum Essen und zur körperlichen Betätigung nicht als pathologisch, sondern als ermächtigend, als Quelle von Selbstbeherrschung und Selbstkontrolle. Sowohl Pro-Ana- als auch Pro-Trans-Gruppen propagieren mithin selbstschädigendes Verhalten als Befreiung und bauen auf die Unterstützung und den sozialen Druck unter Gleichgesinnten, um ihre Anhängerschaft bei ihrem Streben nach dem idealen Körper zu motivieren.

Die Welt des Internets bietet sich aus mehreren Gründen für derartige Bewegungen an. Erstens bietet sie die Möglichkeit, sich mit Gleichgesinnten aus der ganzen Welt zu vernetzen und geschlossene Gemeinschaften zu bilden. In der Pro-Trans-Sphäre ermutigen erwachsene Aktivisten Jugendliche oft zur Transition und bombardieren sie mit Ermutigungen und Zuneigung – einer Zuneigung allerdings, die manchmal die Grenze zum sogenannten Grooming, also der (illegitimen) sexuellen Annäherung, überschreiten kann.[17] Viele der Detrans-Geschichten, die ich gehört habe, beschreiben dieses Umfeld als sektenähnlich, nämlich geprägt durch ein pathologisches Gruppendenken und einen ideologischen Konformismus, das zudem den Rückzug von Freunden und Familie verlangt, wenn dieses persönliche Umfeld Fragen oder Bedenken in Bezug auf ihre Transition äußert.

Die Pro-Trans- und Pro-Ana-Gruppen haben noch ein weiteres Merkmal gemeinsam: Beide legen ein konzertiertes Bemühen darum an den Tag, der materiellen Realität des Körpers mit Gewalt ein herbeifantasiertes Ideal aufzuzwingen. Ist man im Netz unterwegs, dann ist es leicht zu glauben, dass der Körper keine Rolle spielt. Körper sind im Internet nicht mehr »real«, sondern zu sorgfältig kuratierten zweidimensionalen Bildern verflacht. Der Selbsterfindung sind in dieser Sphäre keine Grenzen gesetzt; unsere Online-Ichs sind Avatare, die nicht durch die Bedingungen des

Körperlichen beschränkt sind, die in der Offline-Welt unweigerlich zum Tragen kommen. Im Internet ist das biologische Geschlecht lediglich ein Kästchen, das auf einer Liste angekreuzt werden muss, eine bloße Fassade. Das biologische Geschlecht wird zu Gender – eine kuratierte Ästhetik, die von der reproduktiven Potenzialität völlig losgelöst ist. Die Transition ist in gewisser Weise ein Versuch, den Filter eines idealisierten Körpers, der dem Selbst übergestülpt werden kann, für die reale Welt zu erzeugen. Zu *erscheinen* heißt zu *werden*.

Ein Glück, dass weder die medizinische Gemeinschaft noch die Gesellschaft generell Magersucht und Bulimie als etwas betrachten, das es zu feiern gilt. Denn dies dämmt die Infektionsrate ein und hält die Möglichkeit aufrecht, dass Menschen mit Essstörungen Heilung finden können. Anders verhält es sich mit den körperlichen Entstellungen, die zur Aufrechterhaltung einer Trans-Identität erforderlich sind. Die medizinische Transition gilt heute als Standardbehandlung für Menschen, die an Geschlechtsdysphorie leiden, obwohl es keine fundierten Belege gibt, die diesen Ansatz unterstützen. Im Jahr 2016 führte die Obama-Regierung eine umfassende Prüfung aller vorhandenen begutachteten Forschungsbefunde zur operativen Behandlung von Geschlechtsdysphorie durch, um zu entscheiden, ob die Kosten für diese Verfahren von der öffentlichen Gesundheitsversorgung übernommen werden sollten. Nach Prüfung der Studienlage entschied sie sich dagegen, da die klinischen Belege für die Wirksamkeit dieser Therapien nach wie vor nicht eindeutig waren.[18]

In jüngerer Zeit, genauer im Jahr 2020, veröffentlichte das *American Journal of Psychiatry* die Berichtigung einer Studie aus dem Vorjahr, die ursprünglich den Eindruck erweckt hatte, dass sich die medizinische Transition positiv auf die psychische Gesundheit auswirke. In der Originalstudie wurden jedoch nicht die Resultate zwischen dysphorischen Personen, die operiert wurden, und denen, die nicht operiert wurden, verglichen. Als die Forscherinnen und Forscher ihre ursprünglichen Befunde dann mit denen aus dieser Kontrollgruppe verglichen, verflüchtigte sich der vermeintliche Nutzen jener chirurgischen Eingriffe: »Die Ergebnisse zeigten keinen Vorteil der Operation in Bezug auf spätere stimmungsschwankungs- oder angststörungsbedingte Arztbesuche, Medikamentenverordnungen oder Krankenhausaufenthalte nach Suizidversuchen«, wie es dort hieß. Dieses aktualisierte Ergebnis ist verblüffend: Jene von der Gesundheitsindustrie propagierten invasiven, teuren und irreversiblen medizinischen Eingriffe *zeigten keinerlei positiven Einfluss auf die seelische Gesundheit.* (Die Auswirkungen auf die körperliche Gesundheit wurden im Rahmen dieser Studie nicht einmal untersucht.)[19]

Im Gegensatz zu den ursprünglichen Ergebnissen der Studie fand diese Berichtigung kaum mediale Beachtung, weshalb sowohl ärztliche Verbände als auch die medizinischen Praktiker weiterhin das Modell der Gender-Bestätigung (*gender affirmation model*), sprich die geschlechtsangleichende Operation befürworten. Statt im Rahmen einer Psychotherapie die Frage zu erkunden, warum eine Person ihren Körper hasst, lautet die Empfehlung also vielmehr, diesen Selbsthass als eine angeborene Identität zu essenzialisieren und den Körper dauerhaft zu modifizieren.

Die Medikalisierung des Körpers

An dieser Stelle möchte ich kurz innehalten und darauf hinweisen, dass nicht alle Menschen, die sich als trans identifizieren, das Modell der genderbestätigenden Behandlung unterstützen. Viele erkennen die biologischen Gegebenheiten ihres Geburtsgeschlechts ohne Weiteres an und würden eigentlich lieber außerhalb des grellen Schlaglichts jener Kulturkämpfe existieren. Einige wenden sich sogar aktiv gegen die extremen Formen des Trans-Aktivismus, vor allem dann, wenn es um die Medikalisierung von Kindern geht.

Einer dieser Menschen ist Scott Newgent. Scott ist zwar ein Trans-Aktivist, aber keiner von der Art, die die Transition als Allheilmittel für Teenager und Kinder in psychischen Notlagen propagiert. Vielmehr setzt er sich für das Wohlergehen von Kindern ein und kämpft gegen die Extreme des Gender-Paradigmas an. Im Rahmen dieses Engagements hat Scott in aller drastischen Anschaulichkeit über den zermürbenden (und in seinem Fall fast tödlichen) Prozess der medizinischen Transition geschrieben:

> »Während meiner eigenen Transition musste ich sieben Operationen über mich ergehen lassen. Ich hatte zudem eine massive Lungenembolie, musste aufgrund von akuter Lebensgefahr mit dem Hubschrauber ins Krankenhaus geflogen werden, erlitt einen stressbedingten Herzinfarkt, eine Sepsis, eine über siebzehn Monate hinweg immer wiederkehrende Infektion aufgrund der Verwendung falscher Haut im Rahmen einer (gescheiterten) Phalloplastie, musste sechzehnmal Antibiotika nehmen, drei Wochen tägliche Antibiotika-Infusionen über mich ergehen lassen, verlor all meine Haare, hatte eine (nur teilweise gelungene) Armrekonstruktion, trug bleibende Lungen- und Herzschäden davon, hatte eine aufgeschnittene Blase, halluzinierte aufgrund von Schlaflosigkeit – ach ja, und ich verlor auch des Öfteren mal das Bewusstsein, weil die Haare an der Innenseite meiner Harnröhre mir solche Schmerzen bereiteten. All dies führte zu einer Form von posttraumatischer Belastungsstörung, die mich ein Jahr lang in meiner Wohnung eingesperrt hielt. Die Behandlungskosten, die zwischen mir und meiner Versicherung im Raum stehen, beliefen sich auf mehr als 900 000 Dollar.«[20]

Scott erzählt diese Geschichte, um dem Narrativ des »sanften Regenbogens« etwas entgegenzusetzen, das die Transition als sicher, einfach und schmerzlos anpreist – als eine Art Zauberbehandlung, die eine Person auf wundersame Weise in einen Angehörigen des jeweils anderen Geschlechts verwandelt. In Wirklichkeit aber, so betont Scott, kann man zwar sein Erscheinungsbild ändern, nicht

7. Künstlichkeit

aber sein biologisches Geschlecht, und selbst diese kosmetische Veränderung kann nur unter Aufbringung großer gesundheitlicher Opfer erreicht werden.

Mit seinem unermüdlichen Aktivismus setzt sich Scott für den Schutz junger Menschen ein, die in zunehmendem Maße von einer gefährlichen Ideologie beeinflusst werden, die zudem mittlerweile eine milliardenschwere Industrie befeuert. Wenn allein seine eigene chirurgische Transition schon fast eine Million Dollar gekostet hat, dann kann man sich ungefähr ausmalen, wie viel Geld man damit verdienen kann, Tausende Menschen, darunter auch Kinder und Jugendliche, auf den Weg zu einer lebenslangen Medikalisierung zu bringen. Denn die medizinische Transition ist keine einmalige Sache. Körperliche Eingriffe, etwa die Einnahme von Geschlechtshormonen, müssen dauerhaft erfolgen, um zu verhindern, dass sich die Realität des eigenen biologischen Geschlechts wieder manifestiert. Eine schnelle Suche nach »*Top operations*« [»Oben-Operationen«] – dem derzeit üblichen Euphemismus für Brustamputationen – auf der Crowd-Sourcing-Website GoFundMe.com bringt über 37 000 Ergebnisse. Da »*Top operations*« nun zwischen 5000 und 10 000 Dollar kosten, beläuft sich der allein von den GoFundMe-Nutzern aufgebrachte Betrag (der vermutlich nur für einen Bruchteil aller tatsächlich stattfindenden Operationen aufgewendet wird) auf fast 300 Millionen Dollar. Doppelte Mastektomien, also Amputationen beider Brüste, werden derzeit schon an 13-jährigen Mädchen durchgeführt.[21]

Eine von Aktivisten forcierte und von Medizinern zunehmend befürwortete Maßnahme ist der Off-Label-Einsatz von Leuprorelin, einem Wirkstoff, der den natürlichen Prozess der Pubertät bei Kindern aufhalten kann. Leuprorelin ist ein Hormonpräparat, das eigentlich nur für Männer mit Prostatakrebs und Frauen mit Gebärmutterentzündung (Endometriose) zugelassen ist. Die Verschreibung für Kinder wurde weder eingehend untersucht noch von der FDA genehmigt. Wir machen also unsere eigenen Kinder zu Versuchskaninchen.

Im Jahr 2017 veröffentlichte die Endocrine Society, die führende internationale Fachorganisation auf dem Gebiet der Endokrinologie, neue Leitlinien für die Behandlung von Heranwachsenden mit Geschlechtsdysphorie. Diese überarbeiteten Richtlinien besagen, dass die Aufgabe der Hormonmediziner nun darin besteht, dysphorische Minderjährige »medizinisch zu bestätigen«, indem sie pubertätsunterdrückende Medikamente und gegengeschlechtliche Hormone verabreichen. Dr. Will Malone, ein Endokrinologe, war auf dem nationalen Treffen der Gesellschaft zugegen, bei dem diese neuen Leitlinien bekanntgegeben wurden. Er zeigte sich verwirrt über diesen plötzlichen Umschwung, vor allem deshalb, weil diese Leitlinien neben anderen unumkehrbaren Auswirkungen auch die fast sichere Sterilisierung der Patienten zur Folge hätten. Als er zum ersten Mal davon hörte, nahm er an, dass er irgendeine »bahnbrechende Studie« verpasst haben müsse, irgendeine »überwältigende Erkenntnis«, die »die Landschaft so radikal verändern« konnte, dass eine Richtlinie gerechtfertigt wäre, nach der nun galt, dass »psychologische Unterstützung und Psychotherapie out und Gender-Bestätigung in« war.[22]

Dementsprechend schockiert war er dann auch, als er entdeckte, dass es solche Evidenzen nicht gab. Dieser monumentale Umschwung in der klinischen Praxis wurde nur durch eine einzige winzige und unkontrollierte Studie gestützt, die mit wissenschaftlichen Belegen von minderer Qualität in den Niederlanden durchgeführt worden war. Nach Ansicht von Dr. Malone ist »die Qualität der Belege so gering«, dass diese Protokolle als experimentelle Therapien betrachtet werden müssten, die nur im Rahmen kontrollierter Studien für die Öffentlichkeit verfügbar sein sollten. Derzeit gibt es jedoch keine derartigen Studien. Dr. Malone hebt deshalb nachdrücklich hervor, dass Endokrinologen, die diese Richtlinien befolgen, »experimentelle Medizin betreiben«, was »zur Folge hat, dass Menschen geschädigt werden. Und genau das beobachten wir gerade.«

Die als Beleg für das Bestätigungsmodell ins Feld geführte Studie, die auch als »Dutch Protocol« bekannt ist, basierte auf der

7. Künstlichkeit

Untersuchung von nur 55 Probanden.[23] Dabei handelte es sich ausschließlich um junge Menschen, die seit ihrer Kindheit mit Geschlechtsdysphorie zu kämpfen hatten und nun mit Pubertätsblockern und gegengeschlechtlichen Hormonen behandelt wurden, gefolgt von der chirurgischen Entfernung der Brüste, der Gebärmutter und der Eierstöcke bei den Mädchen und der Entfernung der Hoden und der Anfertigung einer künstlichen Vagina bei den Jungen. Die Studie umfasste keine Kontrollgruppe – also zum Beispiel eine, die mit nichtinvasiven Methoden behandelt wurde – und bewertete die Auswirkungen auf die körperliche Gesundheit überhaupt nicht. Außerdem zeigten die Ergebnisse, dass sich die Geschlechtsdysphorie und ein negatives Körperbild während der Pubertätsunterdrückung sogar *verschlimmerten*. Am verstörendsten aber war, dass die angelegte Neovagina bei einem der 22 heranwachsenden Jungen sogar zum Tod führte. Dieser verstarb nach der Operation an einer nekrotisierenden Fasziitis. Mehr als ein Dutzend weitere Probanden mussten wegen gesundheitlicher Komplikationen aufgrund der Hormongaben ihre Teilnahme abbrechen. Insgesamt schlossen nur 40 der ursprünglich 55 Probanden die Studie ab. Die abschließende Nachuntersuchung, die eine gewisse Linderung der Geschlechtsdysphorie und ein subjektives Glücksempfinden auf dem gleichen Niveau wie bei Altersgenosse ergab, erfolgte erst ein Jahr nach der Operation. Eine langfristige Untersuchung der Wirksamkeit der chirurgischen Geschlechtsangleichung fand zudem nicht statt.

Trotz der dürftigen Qualität dieser Beweislage und einer Sterblichkeitsrate von viereinhalb Prozent bei den Jungen folgt die aktuelle medizinische Praxis nicht nur den Empfehlungen dieser unkontrollierten Studie, sondern *übertrifft diese sogar noch*. Sie drängt nämlich auf eine frühere soziale Transition, von der das »Dutch Protocol« abrät, und wendet die Ergebnisse auf Jugendliche mit einer erst spät einsetzenden Geschlechtsdysphorie an – eine sich erst seit Kurzem herausbildende Population, die in der ursprünglichen Studie gar nicht berücksichtigt wurde. Thomas Steensma, einer der leitenden Forscher hinter dem »Dutch Protocol«, äußerte unlängst Zweifel daran, ob die Ergebnisse seiner Studie aus dem Jahr 2014 für die Behandlung der aktuellen Kohorte junger Menschen verwendet werden sollten. »Wir wissen nicht, ob Studien, die wir in der Vergangenheit durchgeführt haben, noch auf die heutige Zeit anwendbar sind«, sagte er. »Es werden viel mehr Kinder registriert, die zudem ein anderer Typus sind.«[24] Leider erhören die Kliniker in den USA und anderswo diese dringenden Forderungen nach einer verbesserten Forschung nicht, weil die Kraft hinter diesen seismischen Verwerfungen in den Behandlungsrichtlinien eine Ideologie und nicht die Faktenlage ist.

Aktivisten und mit ihnen verbündete Kliniker verniedlichen die Pubertätsunterdrückung als »Pausenschalter«, der ohne Weiteres wieder umgelegt werden könne und ohne Langzeitwirkungen sei. Diese unbelegte These von der vollständigen Reversibilität war sogar auf der Website des britischen National Health Service (NHS) zu finden – bis deren Wortlaut im Mai 2020 in aller Stille geändert wurde und nun lautet:

> »Über die langfristigen Nebenwirkungen von Hormon- oder Pubertätsblockern bei Kindern mit Geschlechtsdysphorie ist wenig bekannt. Obwohl der Gender Identity Development Service (GIDS) darauf hinweist, dass es sich um eine körperlich reversible Behandlung handelt, wenn sie abgebrochen wird, sind die psychologischen Folgen nicht bekannt. Ebenso unbekannt ist, ob Hormonblocker sich auf die Entwicklung des jugendlichen Gehirns oder der kindlichen Knochen auswirken.«[25]

Diese Abkehr von der Empfehlung des GIDS erfolgte vor dem Hintergrund des Rechtsstreits Bell v Tavistock, der im Oktober 2019 eröffnet und im Dezember 2020 abgeschlossen wurde. Keira Bell, eine 23-jährige Frau, reichte Klage gegen den Gender Identity Development Service des NHS ein, weil dieser sie im Alter

7. Künstlichkeit

von 16 Jahren auf Pubertätsblocker setzte und damit einen Medikalisierungsprozess anstieß, der eine doppelte Brustamputation und eine jahrelange Hormonbehandlung zur Folge hatte. Durch die Einnahme dieser Medikamente ist Bell heute wahrscheinlich unfruchtbar und hat durch die Testosteronbehandlung außerdem bleibende männliche sekundäre Geschlechtsmerkmale wie eine tiefere Stimme, einen Adamsapfel und Bartwuchs ausgebildet.

Im Dezember 2020 gewann Bell ihre Klage gegen die Tavistock-Klinik. Der High Court stellte in seinem Urteil fest, dass Kinder unter 16 Jahren nicht in der Lage sind, rechtlich in die Verwendung von Pubertätsblockern einzuwilligen. Nach sorgfältiger Prüfung aller vorliegenden Beweismittel erklärte das Gericht, dass es sich bei pubertätshemmenden Medikamenten und gegengeschlechtlichen Hormongaben tatsächlich um experimentelle Therapien mit irreversiblen Auswirkungen handelt, die noch nicht durch strenge wissenschaftliche Studien erhärtet worden sind. Die Entscheidung des Gerichts machte zudem deutlich, dass der GIDS die Ergebnisse seiner Behandlungsmethoden gar nicht genau nachverfolgt hatte; die Ergebnisse seines »Experiments« wurden nämlich nicht einmal durch sorgfältige Kontrollmaßnahmen ausgewertet. Dieses richtungsweisende Urteil machte somit deutlich, dass diese sogenannten Behandlungen nicht auf wissenschaftlichen Erkenntnissen beruhen, sondern auf ideologischen Annahmen über das biologische und das soziale Geschlecht sowie auf der Höhergewichtung des äußeren Erscheinungsbilds gegenüber der körperlichen Gesundheit und Leistungsfähigkeit.[26]

Kinder, denen Pubertätsblocker und anschließend gegengeschlechtliche Hormone verabreicht werden, *durchlaufen nie die Pubertät*. Dieser natürliche Prozess wird vollständig gestoppt. Und das führt nicht nur zu dauerhafter Sterilität, sondern unterbricht auch die wichtige Entwicklung von Gehirn und Knochen, die während der Pubertät stattfindet. Die langfristigen Auswirkungen dieser künstlichen Unterbrechung sind noch nicht bekannt; erwiesen ist jedoch, dass die pädiatrische Anwendung von Leuprorelin zu chronischen Schmerzen durch spröde Knochen und Gelenkverschleiß sowie zum Abbrechen und Ausfallen der Zähne führen kann.[27] Anders als es die Rhetorik der Aktivistinnen und Aktivisten besagt, ist die Unterbrechung der Pubertät im Übrigen nicht einfach nur das Umlegen eines Pausenschalters, der den Betroffenen mehr Zeit für die Entscheidung über eine Transition verschafft. Nahezu 100 Prozent der Kinder, die mit Pubertätsblockern behandelt werden, nehmen anschließend nämlich Geschlechtshormone ein, die irreversible Nebenwirkungen haben.[28] Leuprorelin ist also kein Pausenschalter, sondern ein Türöffner.

Jene Kinder und Jugendlichen, die diese Behandlungen in Anspruch nehmen, sind in großer psychischer Not, und als Mutter weiß ich, dass ihre Eltern verzweifelt darum bemüht sein werden, diese Not zu lindern. Der Weg in diese Hölle einer lebenslangen Medikalisierung ist zweifelsohne mit guten Absichten gepflastert. Das ist aber dennoch keine Entschuldigung dafür, dass man einen unkontrollierten Großversuch an jungen Menschen durchführt. Die Erwachsenen sollten es besser wissen, vor allem die Mediziner. Ich vermute – und hoffe –, dass der Fall Bell v Tavistock nur die erste kleine Welle in einem anstehenden Tsunami von Gerichtsverfahren ist.

Frauen und Mädchen, die eine medizinische Transition beginnen und es sich dann anders überlegen, müssen mit irreversiblen Folgen rechnen, die von unangenehm bis verheerend reichen können – und zudem nicht immer schon im Vorfeld bekanntgegeben werden. Der erste medizinische Schritt ist normalerweise die Gabe von Testosteron. Den Trans-Influencern in den sozialen Medien zufolge ist das »T« so etwas wie eine Wunderdroge; es kann einem ein Gefühl von Euphorie und Energie geben und die Fettschichten auflösen, die sich bei Frauen auf natürliche Weise um die Brüste und Hüften herum ansammeln. Die Verschiebung des natürlichen Gleichgewichts der weiblichen Hormone weg vom Östrogen führt zu eher maskulinen Merkmalen wie verstärkter Gesichtsbehaarung, einer männlichen Glatzenbildung und einer tieferen Stimme. Für

7. Künstlichkeit

jemanden, der männlich wirken möchte, klingt das alles aber ziemlich harmlos, ja eigentlich sogar ganz reizvoll.

Was im Körper passiert, ist jedoch eine andere Geschichte. Ohne Östrogen beginnen die weiblichen Fortpflanzungsorgane, zu verkümmern, auszutrocknen, zu verhärten, zu verwachsen, sich zu entzünden und anfällig für Infektionen zu werden.[29] Diese zunehmende Atrophie in Gebärmutter und Vagina kann extrem schmerzhaft sein und selbst so einfache Dinge wie Gehen zu einer schwierigen Herausforderung machen. Nach mehreren Jahren der Testosteroneinnahme verschlimmert sich die Atrophie in der Regel so sehr, dass eine Gebärmutterentfernung (Hysterektomie) angeraten wird. Kurz gesagt: Testosteron tötet die weiblichen Fortpflanzungsorgane langsam ab, bis sie operativ entnommen werden müssen.

Obwohl die Abgabe von Testosteron gesetzlich reglementiert ist, ist es leicht zu beschaffen. Die Pharmaindustrie hat für die Verabreichung derartiger Medikamente ein Modell der »informierten Einwilligung« eingeführt, was aber einfach nur bedeutet, dass jemand in eine Klinik gehen, eine Einverständniserklärung unterschreiben und mit lebensverändernden Medikamenten wieder nach Hause gehen kann. Es ist keine Diagnose erforderlich, und jene »Informiertheit« ist nicht immer umfassend. In den USA ist die Organisation Planned Parenthood zu einem der wichtigsten Distributoren sogenannter »feminisierender und maskulinisierender Medikamente« geworden.[30] Planned Parenthood rühmt sich seines »niedrigschwelligen Modells der ›informierten Einwilligung‹«, für das es keine Überweisung durch einen medizinischen Dienstleister braucht. Auf der Internetseite der Organisation werden die möglichen Auswirkungen der Verabreichung von Testosteron aufgelistet, wobei der Schwerpunkt auf den äußerlichen Veränderungen (Zunahme der Muskelmasse, Bartwuchs) liegt. Als unangenehmste Nebenwirkungen werden eine mögliche Akne und Haarausfall genannt. Gewebeschwund und Unfruchtbarkeit werden hingegen überhaupt nicht erwähnt.[31]

Das Modell der genderbestätigenden Behandlung hat im Grunde ein neues Produkt geschaffen, das die Marktnachfrage ankurbelt. Im Jahr 2010 gab es in den USA sechs Gender-Kliniken, die Überweisungen zur Behandlung von Geschlechtsdysphorie unter anderem mit gegengeschlechtlichen Hormongaben entgegennahmen. Heute sind es bereits 65.[32] Das ist ein Anstieg von 1200 Prozent innerhalb eines Jahrzehnts. In dieser Zahl der offiziellen Gender-Kliniken ist allerdings die weitaus größere Zahl kommunaler Krankenhäuser, in denen Organisationen wie Planned Parenthood ihre Dienste anbieten und gegengeschlechtliche Hormone auf der Basis einer informierten Einwilligung ausgeben, noch gar nicht berücksichtigt.

Mackenzie, eine junge US-amerikanische Detrans-Frau, wandte sich an Planned Parenthood, um sich Testosteron geben zu lassen. Wie versprochen, war das ganze Verfahren tatsächlich niedrigschwellig. Sie wusste, dass ihre Stimme tiefer werden würde, aber eine Sache hatte die Organisation ihr verschwiegen: Testosteron zeitigt diesen Effekt, indem es die Stimmbänder länger und dicker werden lässt. Mackenzie, eine schlanke Frau, hatte aber keinen Hals, der für dicke Stimmbänder gemacht war, so dass ihre Stimme mittlerweile schnell ermüdet und ihr Hals schmerzt, wenn sie zu lange spricht. Vor ihrer Transition hat sie gerne gesungen. Jetzt fällt ihr das Singen schwer, und ihr Stimmumfang ist stark eingeschränkt. Während ihres Transitionsprozesses erlebte Mackenzie zudem eine tiefgreifende Dissoziation von ihrem eigenen Körper. Ein Teil ihres Wegs zurück besteht daher auch darin, sich durch Meditation, Sport und künstlerische Betätigung wieder mit ihm zu verbinden. Sie betrachtet ihren Körper mittlerweile als einen Freund und nicht mehr als einen Gegenstand, der ständig kritisch beäugt werden muss. Und sie versucht, wieder singen zu lernen.[33]

Kurz nachdem ich von Mackenzies Geschichte gehört hatte, stieß ich auf andere *Detransitioners*, die von der gleichen Stimmbandverletzung berichteten. Eine Frau stellte ein Video von sich ins Netz, in dem sie »I Dreamed a Dream« singt und ihre Zuseher auf-

7. Künstlichkeit

forderte, ihre Transitionspläne noch einmal zu überdenken, wenn sie ihre Singstimme behalten wollten. Nichts, was durch die Transition gewonnen werden könne, sei diesen Verlust wert, erklärte sie.

Als ich ihrem Gesang lauschte, war ich ganz hin und weg: zunächst von der Schönheit ihrer Stimme, die tief und voll ist und mit einem wunderbaren Vibrato aufwartet, so dass ich mir anfangs gar nicht sicher war, was sie eigentlich gemeint hatte, als sie sagte, ihre Stimme sei zerstört. Dann aber fing sie an zu stocken, brach in den hohen Tönen und schwankte wie die eines pubertierenden Jungen, als sie in die tieferen Lagen rutschte. Ich sah, wie sie bei einigen Noten mit der Hand an ihren Hals pressen musste, so als ob ihr die Anstrengung, sie zu treffen, Schmerzen bereitete.

Und trotzdem: Zwischen all diesen Aussetzern und den gelegentlich schiefen Tönen war mir bewusst, dass ich gerade zur Augen- und Ohrenzeugin einer tieferen Schönheit wurde – der Schönheit einer Frau nämlich, die sie selbst war, bar jeder Künstlichkeit: Da war ihr kurzes Haar, das sie zur Seite gekämmt hatte, ein Hauch von Oberlippenbart, Tattoos, die aus dem Kragen ihres T-Shirts hervorlugten – das Bild einer Frau, die aufgehört hatte, vor ihren Unvollkommenheiten davonzulaufen, und stattdessen lernte, mit ihnen Musik zu machen.

8. Ganzheit

Ich habe viermal entbunden. Fünfmal sogar, wenn man den winzigen, nicht mehr lebenden Körper mitzählt, der mit nur zehn Wochen aus meinem Schoß entwichen war. Die anderen vier Schwangerschaften reiften hingegen zu voller Blüte heran; mein Körper wurde durch eine schwerfällige Metamorphose gestreckt und gedehnt, in der ich als der Kokon fungierte. Nach der Geburt des Babys, wenn sich die Verpuppung öffnet, um das Gesicht eines neuen Menschen zu offenbaren, fühlte ich mich wie eine Schiffbrüchige, die in ihrer Erschöpfung ans Ufer geschleudert worden war – nicht vom Meer allerdings, sondern von meinen eigenen fürchterlichen Aufwallungen. So beginnt die lange Phase der Nachwehen von den Nachwehen; eine aufreibende Zeit, über die niemand wirklich spricht, die nie im Fernsehen gezeigt wird und nur selten irgendwo aufgeschrieben ist.

Nach jeder meiner Geburten gibt es einen Moment, in dem ich es schaffe, wieder alleine zur Toilette zu humpeln, wobei ich mir ein dickes Kissen zwischen die Beine klemme, um den Schwall von Blut aufzufangen, der kommt, wenn ich mich aufrichte. Um dorthin zu gelangen, muss ich an einem Spiegel vorbeischlurfen, und ich kann es nicht lassen, die Fremde, die ich da sehe, anzustarren, als wäre sie eine monströse Gorgone und ich von ihrem Blick gefangen. Ich sehe einen Körper, der nicht aussieht wie ich, der niemals dem entspricht, wie ich mich im Traum oder in meinem eigenen inneren Selbstbild sehe. Diese Frau da blickt benommen und halb verrückt drein, so als wäre sie gerade der Unterwelt entstiegen; ihre Brüste hängen herab und fangen bereits an, sich durch die einschießende Milch zu verhärten; ihre Gebärmutter ragt heraus, zwar mittlerweile entleert, aber dennoch geschwollen, so wie sie es noch monatelang sein wird. Sie erfüllt mich mit Ekel, diese postpartale Medusa. Sie ist grotesk und exzessiv, blutend und triefend und mit Fleisch bespannt. Ich versuche, sie zu vergessen, aber sie taucht in jedem Spiegel auf und starrt mich an, wenn ich doch eigentlich erwarte, darin mich selbst zu sehen.

Mit ihr kommt auch ein stummer Schrecken, der langsam in meinen Geist einsickert, wie das Wasser in der Badewanne, das ansteigt, bis ich schließlich ganz untergetaucht bin. Jedes plötzliche Geräusch wird zur Gefahr. Vor allem das Weinen – wenn das Baby schreit, spüre ich elektrische Funken in meinem Hirn; Panikschübe, die manchmal so schlimm werden, dass ich mir Schmerzen zufügen muss, um die Anspannung loszuwerden, indem ich mit einer Nadel in die Haut meines Arms steche oder mir so lange einen Schlüssel in den Oberschenkel ramme, bis ich blaue Flecken bekomme. Dann lässt meine Panik nach und weicht einer alles durchdringenden Scham, die mein ganzes Wesen wie Magma erfüllt. Es gibt Momente der Ruhe und sogar der Glückseligkeit, ja – aber wie schnell können diese zerbrechen, wie plötzlich kann ich in Selbstverachtung und Angst versinken, und wie vollkommen kann sich diese schwarze Flagge entfalten und das Licht aussperren!

In diesem Zustand wird mein Geist zu einem Raubtier. Gedanken bohren sich in meinen Schädel wie ein Korkenzieher und drehen sich tiefer und tiefer hinein, bis ich sie nicht mehr herausziehen kann. Sie tauchen in Momenten der Stille auf, während der Messe zum Beispiel, und statt Christus in der erhobenen Hostie sehe ich einen Revolvermann vom hinteren Teil der Kirche hereinstürmen, und alle kauern unter den Kirchenbänken, und ich versuche, mein Baby zu verstecken, aber es ist an mir festgeschnallt und weint, und der Revolvermann kann es hören, und es gibt keinen Ausweg; mein Fleisch kann die Kugel nicht stoppen, die uns beide durchbohren wird.

So sieht sie aus für mich, die Zeit nach der Geburt. Selbst jetzt, während ich dies schreibe, fast neun Monate nach der Entbindung,

8. Ganzheit

kann ich mich immer noch nicht im Spiegel betrachten, ohne Ekel und den Wunsch zu verspüren, meinen Körper zu bestrafen, ihn in die Unterwerfung zu hungern. Wenn ich aus der Badewanne steige, stelle ich mich an die Seite und verstecke mich vor meinem eigenen Spiegelbild. Bis vor Kurzem hätte ich nie daran gedacht, meine postpartale Körperdysmorphie mit der Geschlechtsdysphorie zu vergleichen. Zwar werde ich nicht von dem Verlangen gequält, ein Mann zu sein, das ist wahr; doch je eindeutiger weiblich mein Körper wird, desto mehr Unbehagen empfinde ich. Nach einer Schwangerschaft sehne ich mich danach, eine von der Femininität losgelöste Fantasie des Frauseins zu verkörpern, eine Frau mit festem Körper, ohne Hüften und ohne Brüste, deren Gebärmutter nicht wahrnehmbar, nicht penetrant ist. Und auch wenn ich die hautnahe Vertrautheit des Stillens genieße, fühlen sich meine Brüste wie Fremdkörper an, wie künstliche Anhängsel.

Die Eindringlichkeit der Dualität, die ich empfinde, das zerrüttete Gefühl des eigenen Ichs, ähnelt jenen Schilderungen, die ich von Frauen gehört habe, die sich zu einem bestimmten Zeitpunkt als transsexuell identifiziert haben. Ich behaupte nicht, dass meine Erfahrung mir einen vollständigen Einblick in die Transgender-Erfahrung gibt – das tut sie nicht –, aber wenn ich Frauen über Geschlechtsdysphorie sprechen höre, dann resoniert da etwas in mir, und eine innere Stimme flüstert mir zu: *Ich weiß, wie sich das anfühlt.* Im Gegensatz zur Dysphorie vieler dieser Frauen ist meine jedoch ein akutes nachgeburtliches Phänomen und verschwindet – zumindest bis jetzt – in der Regel auch wieder, wenn ich aufhöre zu stillen und mein Körper wieder erschlafft wie ein sich leerender Luftballon. Wenn ich die Wahrheit und das Gute meiner Weiblichkeit akzeptiere, dann lösen sich die Episoden der körperlichen Dysphorie dadurch zwar nicht sofort auf, aber es hält mich zumindest meistens davon ab, mich selbst zu verletzen.

Es brauchte Jahre und mehrere Niederkünfte, bis ich akzeptieren konnte, dass meine strafenden Gedanken und mein Selbsthass pathologisch waren, ein klares Zeichen für postnatale Zustände von Angst und Depression. Mein erster Instinkt war, mich gegen die Etikettierung zu wehren, mich aus eigener Kraft und mit zusammengebissenen Zähnen durchzusetzen. Ich verkroch mich in einer Nische der Verdrängung und schirmte mich vor der Realität ab – der Realität meines maternalen Körpers und der Wirklichkeit meiner psychischen Krankheit.

Selbstbeschädigung als Selbstfürsorge

Laut Laura Reynolds, einer ehemaligen transidenten Frau, hat das Gender-Paradigma »Selbstbeschädigung zur Selbstfürsorge umgedichtet«.[1] Dies ist eine weitere Entstellung der Sprache mit verheerenden Folgen. Wie im vorigen Kapitel erörtert, haben sich die klinischen Leitlinien für die Behandlung von Geschlechtsdysphorie in den letzten Jahren in Richtung des Bestätigungsmodells verschoben, in dessen Rahmen die Interpretation der Patientin oder des Patienten ihres oder seines eigenen Zustands unhinterfragt bestätigt wird. Dies ist offenbar der einzige Bereich der Psychologie, in dem die typische Herangehensweise an psychische Probleme auf den Kopf gestellt wird, indem die Behandler dazu aufgefordert werden, die Selbsteinschätzung des Patienten für bare Münze zu nehmen, statt sie mit der Realität abzugleichen.

Wie würde es wohl aussehen, frage ich mich, wenn ich einen sogenannten »bestätigenden« Ansatz mit Blick auf meine eigene psychische Krankheit verfolgen würde? Wie würde es sich anhören, wenn meine Therapeutin meine eigene Wahrnehmung der Wirklichkeit bestätigen würde? »Aber selbstverständlich sollten Sie jederzeit in Alarmstimmung sein! Besonders während der Messe, nur für den Fall, dass ein Bewaffneter auftaucht. Sie schweben ständig in Gefahr. Ihr Baby könnte jeden Moment sterben. Und ja, Ihre Brüste sind nicht *wirklich* ein Teil von Ihnen, da Sie sie als so fremd empfinden. Sie könnten auch einmal darüber nachdenken, sie amputieren zu lassen, damit Ihr Spiegelbild Sie nicht mehr stört.

8. Ganzheit

Und ja, wenn Sie das Gefühl haben, eine furchtbare Mutter zu sein, dann bin ich mir sicher, dass das absolut zutreffend ist.«

An dieser Stelle werden Sie mir vielleicht vorwerfen, dies nur so dahinzusagen, weil diese Antworten derart absurd erscheinen und ganz offensichtlich alles andere als »therapeutisch« sind. Doch wenn ich mir anhöre, was die *Detransitioners* zu berichten haben, dann beschreiben sie ihre Erfahrungen mit dem bestätigenden Betreuungsansatz häufig genau so: Die nach diesem Modell verfahrenden Ärzte und Therapeuten gehen anderen möglichen Ursachen oder potenziellen Lösungen gar nicht erst nach, sondern verweisen ihre Patientinnen und Patienten geradewegs auf den Pfad der medizinischen Transition.

Eine junge Frau, Grace, entschied sich dafür, ihrem nach dem Bestätigungsmodell praktizierenden Arzt mitzuteilen, dass sie sich für eine Detransition entschieden hatte – ein mutiger Schritt, den die meisten ihrer Leidensgenossen aus nachvollziehbaren Gründen nicht machen.[2] Grace erklärte ihrem Arzt, dass sie ihre »Top-Operation« und die jahrelange Einnahme von gegengeschlechtlichen Hormonen bereue und diese sogenannten Behandlungen ihr »Schmerzen, Bedauern und Kummer« eingebracht hätten. Der Arzt gab zwar zu, dass es vorteilhaft für sie gewesen wäre, wenn man ihr eine andere Lösung als die Transition angeboten hätte – nur um dann irritierenderweise nachzusetzen: »Ich betrachte das nicht als meine Aufgabe.« Was um alles in der Welt sah der Arzt denn aber dann als seine Aufgabe an? Absolute Bestätigung, und zwar ausschließlich. Wenn ihm eine Patientin berichtet, sie leide unter Geschlechtsdysphorie, dann sollte man genau das ihm zufolge als offizielle Diagnose stellen und Geschlechtshormone verabreichen. Grace' Arzt wälzte die Verantwortung für die Diagnose also vollständig auf sie selbst ab – und auch die Schuld dafür, wenn die Dinge nicht so funktionieren, wie sie es sollen. Grace habe sich vorschnell einer Mastektomie unterzogen, sagte ihr Arzt; einem Eingriff, für den er eine offizielle Empfehlung ausgesprochen hatte.

Grace' Erfahrungen mit einer gender-bestätigend arbeitenden Therapeutin war auch nicht besser. Als sie ihr mitteilte, dass sie Zweifel an ihrer Geschlechtszugehörigkeit hegte, empfahl ihr diese, ihre Brüste abzubinden – eine Praxis, die »Binding« genannt wird und zu Schmerzen dort und im Rücken sowie zu Atembeschwerden und Hautverletzungen führen kann. »Das war der denkbar schlechteste Rat, den sie mir geben konnte«, so Grace. Das Binding bereitete ihr körperliche Schmerzen und verschlimmerte die Dissoziation von ihrem Körper noch mehr. »Nach ein paar Monaten des Abbindens wollte ich unbedingt eine Top-Operation, damit ich damit aufhören konnte«, wie sie zu Protokoll gibt.

Als Grace wegen einer möglichen Aufmerksamkeitsdefizitstörung einen Arzt konsultierte, wurde ihr vor der Erstellung einer Diagnose erst einmal eine »robuste Reihe von Untersuchungen« auferlegt. Medikamente bekam sie erst, als ihre Essstörung einigermaßen unter Kontrolle war. In Bezug auf ihre Geschlechtsdysphorie wurden ihr hingegen keine solch robusten Vorabuntersuchungen angeboten. Vor der Diagnose und der Verschreibung lebensverändernder Präparate und Operationen wurde sie nicht einmal auf Begleiterkrankungen hin untersucht. Grace hatte zwar eine medizinische Vorgeschichte, in der Depressionen, Isolation, sexuelle Traumata und Essstörungen eine Rolle spielten, doch nichts davon wurde jedoch von ihrem Arzt oder ihrer Therapeutin näher untersucht, um auf diesem Wege möglicherweise die Ursache ihres Leidens besser verstehen zu können.

Eine Erzählung nach der anderen bekam ich zu hören, in denen es um die Beschreibung komplexer psychischer Probleme ging, die allesamt auf eine einzige Ursache, nämlich die Geschlechtsidentität, zurückgeführt und mit der wissenschaftlich unbelegten Breitbandlösung einer medizinischen Transition »behandelt« wurden. Es überrascht mich nicht, dass Menschen die Transition als das Allheilmittel für alle ihre Probleme ansehen; das Konzept einer unkomplizierten und endgültigen Lösung für einen ganzen Strauß an psychischen Problemen wäre für jeden verlockend. Was mich

8. Ganzheit

hingegen sehr wohl überrascht, sind die Kliniker, die unbedarft wie die Lemminge einer nach dem anderen den Weg des Bestätigungsverfahrens hinabtrotten, gänzlich frei von Bedenken über den Mangel an qualitativ hochwertigen wissenschaftlichen Belegen, die eine solche Medikalisierung rechtfertigen würden. Das Modell der Gender-Bestätigung weicht dabei von bewährten therapeutischen Ansätzen wie der kognitiven Verhaltenstherapie ab, bei der die Wahrnehmungen eines Patienten den objektiven Fakten gegenübergestellt und kognitive Verzerrungen ausgewertet werden.

Geschlechtsdysphorie muss als eine psychische Erkrankung anerkannt und behandelt werden. Ich verstehe den Widerstand gegen die Rede von »Störungen« und »Pathologien«, der von der Befürchtung herrührt, dass eine solche Sprache stigmatisierend wirken könnte. Ich kann das nachvollziehen, bin aber anderer Meinung. *Gestörte* zu *ungestörten* medizinischen Zuständen umzudeuten steht der Möglichkeit der Heilung im Weg. Ich denke dabei an meine eigenen Kämpfe mit Angstzuständen, Depressionen und selbstverletzendem Verhalten. Ich will nicht, dass mir jemand erzählt, diese Dinge seien gut und normal. Ich möchte geheilt werden. Ich denke an Jesus in den Evangelien, der Menschen von allen möglichen Krankheiten kuriert. Sie rufen ihn an und recken ihre Hände nach ihm aus, wohlwissend, dass sie Heilung brauchen. Wir sollten uns der Rede vom Pathologischen an dieser Stelle nicht widersetzen. Was wir bekämpfen müssen, ist vielmehr das Stigma, die Ausgrenzung derjenigen, die mit psychischen Krankheiten zu kämpfen haben. Die *Erfahrung* dieses Kampfes sollten wir normalisieren, aber nicht die Krankheit selbst. Und wenn ich von denen rede, die kämpfen, dann zähle ich mich selbst zu ihnen dazu.

Helena Kerschner, eine Frau, die sich mehrere Jahre lang als trans identifiziert hat, hat sehr eindringlich von jenem »untergründigen Irrenhaus« der Transgender-Gesundheitsbehandlung geschrieben, das eher von Ideologie als von fundierten Erkenntnissen geprägt ist.[3] Helena ging in eine Klinik, die nach dem Modell der informierten Einwilligung praktizierte, als sie mit ihrer Hormonbehandlung anfangen wollte. Obwohl sie bei der Aufnahmeuntersuchung angab, unter schweren Depressionen zu leiden und erst drei Tage zuvor noch Suizidgedanken gehabt zu haben, wurde ihr sofort und ohne psychologische Untersuchung künstliches Testosteron verabreicht – eine stark wirkende Substanz, die zu Stimmungsabfällen führen kann.[4] Über die schwerwiegenden Nebenwirkungen wie die spätere Scheidenatrophie, die sie erlitt, wurde sie nicht informiert. Heute setzt sich Helena für eine »authentisch mitfühlende und evidenzbasierte Gesundheitsversorgung« ein, die den ganzen Mensch in den Blick nimmt. »Eine wahrhaft empathische, lebensrettende Versorgung besteht«, wie sie schreibt, »darin, bei jeder Patientin und bei jedem Patienten einen individuellen Ansatz zu verfolgen und sich umfassend und so unideologisch wie möglich dem mentalen, emotionalen und körperlichen Wohlbefinden des gesamten Menschen zu widmen«.[5]

Das Bestätigungsmodell ist zwar oft durchaus von guten Absichten motiviert, letztlich aber unethisch, da es auf einem reduktionistischen und dualistischen Bild des menschlichen Daseins beruht. Das Gute, die Ganzheit und das schlichte Sosein des Körpers werden abgetan. Der Körper wird lediglich als ein passiver Gegenstand betrachtet, auf den ein idealisiertes Selbstgefühl projiziert wird. Dieser Ansatz stellt jedoch die eigentliche Definition von Gesundheit auf den Kopf, indem er eine »Behandlung« anstrebt, die einen gesunden Körper krank macht und das empfindliche Gleichgewicht des hormonellen Systems auf eine Weise stört, die einander verstärkende schädliche Auswirkungen hat. Invasive Operationen an gesunden Genitalien sind oft irreversibel und auf kurze Sicht mit Schmerzen und auf lange Sicht mit Komplikationen verbunden. Der Bestätigungsansatz stiftet dazu an, dem gesunden Körper Gewalt anzutun, statt die Ursachen für die psychische Belastung genau zu ergründen und nach Möglichkeiten zu suchen, sie zu bewältigen, ohne dem Körper zu schaden. Nach diesem Modell ist der Körper der Sündenbock, der als einzige Quelle des persönlichen Leids identifiziert und auf dem Altar des privaten Willens geopfert wird.

8. Ganzheit

Wie würde es aussehen, wenn man sich einer Person in ihrer ganzen Komplexität nähern würde? In der Fülle ihrer Würde? Eine solche Herangehensweise würde sich zunächst zu verstehen bemühen, ob die betreffende Person tatsächlich unter Geschlechtsdysphorie leidet oder ob etwas anderes dahintersteckt. Klassischerweise manifestiert sich die Geschlechtsdysphorie in der frühen Kindheit und löst sich in den allermeisten Fällen durch den Prozess der Pubertät auf.[6] In Fällen, in denen sie erst spät oder plötzlich auftritt, ist es unwahrscheinlich, dass eine neurologische Erkrankung zugrunde liegt. Ich habe Geschichten von Frauen gehört, die in der Kindheit Geschlechtsdysphorie erlebt und nie eine Transition durchlaufen sind, und ich habe Geschichten von Mädchen gehört, die sie durchgemacht haben, ohne dass sie eine echte Dysphorie erlebten. An all diesen Erzählungen zeichnen sich zwar Muster und Gemeinsamkeiten ab, doch keine ist genau wie die andere. Jede Person muss in ihrer einzigartigen Situation betrachtet werden.

Wie würde es aussehen, die konkrete Realität und vor allem den gesunden Körper ernst zu nehmen? Den Körper als integralen Bestandteil des Selbst zu betrachten? Wie würde es aussehen, die Annahmen eines Menschen an dieser Realität zu »überprüfen«, ihn also zu einer nüchternen Betrachtung der materiellen Existenz zu bewegen, statt so zu tun, als sei die Materie nicht relevant? Was wäre, wenn wir uns dies als Leitprinzip zu eigen machen würden: *Einem gesunden Körper darf man nicht schaden*?

Wie würde es aussehen, wenn wir die geschlechterstereotypen Annahmen einer Patientin oder eines Patienten behutsam in Frage stellen, statt sie zu bekräftigen? Wie, ein gesundes Erkunden der eigenen Persönlichkeit zu fördern – einem Mädchen die Freiheit zu geben, seine Mädchenhaftigkeit auszuleben, und einem Jungen die Freiheit zu seiner Jungenhaftigkeit, auf eine einzigartige und unwiederholbare Weise? Auch dies ist Teil von Gottes schöpferischer Vision: Wenn die geschlechtliche Identität im Körper gründet und sich nicht auf stereotype Nachahmung beschränkt, dann sind wir freier, die Menschen zu sein, die wir sind.

Mittlerweile sollte ich deutlich gemacht haben, dass ich mit der Transgender-Anthropologie nicht einverstanden bin, ganz besonders nicht mit ihrer Leugnung des sakramentalen Prinzips, dass *der Körper die Person offenbart*. Dennoch kann in jedem Wunsch ein Wunsch nach etwas Gutem gefunden werden, selbst wenn dieser gute Wunsch verzerrt wird oder auf das Falsche abzielt. Transgeschlechtliche Identitäten signalisieren eine Sehnsucht nach *Ganzheit*, nach einem integrierten Selbstverständnis, in dem der Leib endlich wirklich die Person offenbart. Und dieser Wunsch ist grundsätzlich gut; er spiegelt die Wahrheit des menschlichen Wesens als Einheit von Leib und Seele wider. Der Irrtum kommt zustande, wenn wir glauben, diese Integration müsse durch Künstlichkeit, durch Gewalt gegen den Körper, erreicht werden, statt anzuerkennen, dass wir schon aufgrund unserer eigenen Natur integrierte Wesen sind. Die Lüge – *ich muss meinen Körper zwingen, mein wahres Selbst zu offenbaren* – tritt an die Stelle der Wahrheit, dass *der Leib, der ich bin, meine Persönlichkeit immer schon offenbart*.

Dieses fortwährende Verlangen nach Integration und Ganzheit kann meiner Meinung nach als Brücke von einer dualistischen hin zu einer ganzheitlichen Anthropologie genutzt werden – eine Brücke von der Selbstablehnung hin zur Selbstakzeptanz. Aus vielen Erzählungen von Transitionserfahrungen höre ich den grundlegenden Wunsch heraus, dem eigenen Selbst zu entkommen. Der Reiz der Transition hat nichts mit dem Selbstausdruck, sondern mit der Selbstzerstörung der Persona und der Erschaffung einer völlig neuen zu tun. Ich kann mir gut vorstellen, wie berauschend das sein muss, gerade für Heranwachsende. Wie gerne hätte ich zu den Hochzeiten meiner Pubertät die Chance ergriffen, ein anderer Mensch zu sein als ich! Und bei meinen gelegentlichen Suizidgedanken als Teenager ging es nicht so sehr um den Wunsch, tot zu sein, sondern um den, nicht mehr ich selbst zu sein – mich selbst in Brand zu setzen und wie Phönix aus der Asche wiederaufzuerstehen.

Das Modell der Gender-Bestätigung kann keine echte Selbstakzeptanz bieten, wenn der Körper nicht mehr als Teil des Ich be-

8. Ganzheit

trachtet wird. Sich für eine lebenslange Medikalisierung zu entscheiden, um die Illusion einer gemischtgeschlechtlichen Identität aufrechtzuerhalten, ist nicht »sein, wer man wirklich ist«. Das Bestätigungsmodell ist Selbstverleugnung im Gewand der Selbstakzeptanz. Weil *unser Leib wir selbst* sind, ist das, was »bestätigt« wird, nämlich am Ende nur der Selbsthass des betreffenden Patienten.

Einige der am deutlichsten vernehmbaren Kritikerinnen und Kritiker der medizinischen Transition, die ich kenne, sind Schwule und Lesben, die befürchten, dass das Transgender-Phänomen eine gesellschaftlich gefeierte Form der Konversionstherapie ist, also ein Versuch, das Problem des gleichgeschlechtlichen Begehrens zu »korrigieren«, indem man das biologische Geschlecht einer Person verändert. Scott Newgent, jener sich als trans identifizierende Aktivist, den ich im vorigen Kapitel erwähnt habe, hat seine Transition ursprünglich deshalb angestrebt, um die fromme katholische Familie ihrer Freundin zu besänftigen. In einem Essay für *Newsweek* schrieb Newgent: »Ich brauchte 48 Jahre, um zu begreifen, dass ich mein Geschlecht gewechselt habe, weil ich es nie ganz akzeptiert habe, lesbisch zu sein.«[7] Und während einige Menschen zwar ein eher fluides geschlechtsbezogenes Verlangen haben, gibt es sicherlich Menschen, für die die sexuelle Attraktivität fest an das eigene Geschlecht gebunden ist. Ob sie sich nun als homosexuell identifizieren oder nicht – wahre Selbstakzeptanz muss diesen Teil ihrer Persönlichkeit einschließen. Um die Gemeinschaft mit Gott – oder mit überhaupt jemandem – zu haben, müssen wir unser ganzes Selbst in die Waagschale werfen.

Manche Christinnen und Christen könnten eventuell Bedenken hegen, dass ich mit dieser Argumentation für die Notwendigkeit der Akzeptanz des gleichgeschlechtlichen Begehrens die Lehre der Kirche zur Sexualmoral zurückweise. Dies wäre allerdings eine Fehlinterpretation. Ich glaube, dass das Christentum die Wahrheit über die menschliche Sexualität enthält, und ich habe mein Leben nach dieser Wahrheit ausgerichtet. Im Moment heißt das, dass ich mich für lange Zeit in Enthaltsamkeit üben werde, um kein weiteres

Kind zu bekommen, bevor mein Zyklus so beständig ist, dass ich ihn wieder nachverfolgen kann. Ich weiß, dass es meine psychische Gesundheit gefährden würde, wenn ich zum jetzigen Zeitpunkt ein weiteres Baby bekäme, und ich muss für meine Familie stabil und präsent sein. Daher richte ich mein Sexualleben mit Rücksicht auf den inneren Zusammenhang zwischen Geschlechtsverkehr und menschlichem Dasein ein und versuche, in Harmonie mit dieser Verbindung zu leben, statt sie zu leugnen. Dies ist kein Weg der reinen Ablehnung, des Neins, denn das wäre nicht nachhaltig. Meine Abstinenz ist vielmehr ein Ausdruck der Liebe – zu meinem Mann, zu meinen Kindern und zu mir selbst, aber auch der Liebe zur göttlichen Schöpfungsordnung.

Eines der schönsten Elemente des Christentums ist seine Akzeptanz des Begehrens als etwas *Gutes*, im Gegensatz etwa zum Buddhismus, der es grundsätzlich als eine Quelle des Leids betrachtet. Jedes Verlangen hat eine heilige Seite; es geht nur darum, dass man lernt, sie zu finden, wie man also sein Verlangen auf ein höheres Gut als nur auf die geschlechtliche Gratifikation lenkt. Das erotische Hingezogensein zum gleichen Geschlecht muss aus christlich-katholischer Sicht keine Quelle des Leids und der Selbstverleugnung sein. Durch die Alchemie der Gnade kann sie sogar ein Geschenk sein, so wie all jene wunderbaren Widersprüche, die im Verbund miteinander jede Persönlichkeit ausmachen. Ein Teil der Bekehrungsarbeit besteht darin, zu lernen, das zu lieben, was du bist, weil du für die Liebe und *von* der Liebe geschaffen wurdest – einer Liebe, die dich erträumt hat und die in diesem und in jedem anderen Augenblick das Lied deines Daseins singt.

Die Wahrheit in der Liebe

Ich erinnere mich an ein Gespräch, das ich 2014 mit einer Freundin von der Graduiertenschule geführt habe, die damals an der Ostküste ein Doktorandenprogramm abschloss. Josephine ist Fran-

8. Ganzheit

zösin, queer, klug und eine der wenigen Menschen, die ich kenne, deren Augen tatsächlich lächeln. Ich befürchtete, dass sie mir Vorhaltungen machen könnte, weil ich erst kürzlich zum Katholizismus übergetreten war, doch sie schien das gar nicht zu stören. Wie immer behandelte sie mich mit Wärme und Großzügigkeit. Ich erinnere mich, wie sie mir die LGBT+-Szene in New York City beschrieb und den Umstand, wie schnell das Transgender-Phänomen vor allem unter jungen Leuten um sich griff. »Man sieht keine *butchen* Lesben mehr«, sagte sie, »nicht unter 40.« Ich erinnere mich, dass mich das traurig stimmte und ich darüber beunruhigt war, dass eine bestimmte Variante des Frauseins ganz im Stillen einfach ausgelöscht wurde.

Während ich an diesem Buch schrieb, nahm Josephine plötzlich wie aus heiterem Himmel Kontakt zu mir auf, und wir verabredeten uns zu einem Plausch per Zoom. Der erste Teil unseres Gesprächs bestand aus wechselseitigen Geständnissen. Josephine, eine Atheistin, arbeitete an einem Buch, in dem immer wieder der Gedanke der Menschwerdung auftauchte, was in ihrem europäischen akademischen Milieu ein riesiger Fauxpas war. »Es gehört sich einfach nicht, den Katholizismus auch nur im Entferntesten positiv zu erwähnen«, sagte sie lachend. Daraufhin erläuterte ich ihr mein eigenes Buchprojekt, das sich gegen das Gender-Paradigma wendet.

Dies war zunächst gar kein sonderlich bemerkenswertes Geständnis. Josephine räumte ein, dass auch sie die Gefahr sah, dass gender-variante Kinder »in ein Schema gepresst werden«, das sie unnötigerweise auf den Pfad der Medikalisierung führt. »Aber einige Kinder sind ja *wirklich* transgender«, sagte sie. »Das ist einfach ein Fakt.« Ich spürte, wie sich eine Kluft zwischen uns auftat, und war sofort versucht, sie zu ignorieren, so zu tun, als wäre sie nicht da. Und ich fing an, den Moment zu fürchten, in dem meine Gesprächspartnerin bemerken würde, dass wir nicht auf der gleichen Seite des Abgrunds standen. Dazu kam es dann auch, als ich mich zu meiner Überzeugung bekannte, dass eine medizinische Transition niemals eine gute Sache sei. »Auch nicht für Erwachsene?«, fragte sie. Ich nickte, und schon waren wir aus der sicheren Zone heraus. Ich konnte spüren, wie ihr langsam die Einsicht dämmerte, dass meine Ansichten in die Kategorie dessen fielen, was sie als transphob bezeichnete.

Dieser Teil des Gesprächs hob mit einer Diskussion von *Menschwerdung* und unserer beider Erkenntnis an, dass dieser Begriff die Vorstellung von Leib und Geist in ihrer Vereinigung ausdrückt, als »immer zusammen«, um Josephines Worte zu verwenden. »Steht nun eine Transgender-Anthropologie nicht aber im Widerspruch zu dieser Idee?«, wagte ich zu fragen. »Wie können Leib und Geist eins sein, wenn diese Einheit dem Leib aufgezwungen werden muss?« – »Aufgezwungen« – das war das Wort, das ich benutzte, und sie reagierte heftig darauf.

»Wie kann eine Geschlechtsumwandlung eher eine Strafe für den Körper sein als die Strafe, Geschlechtsverkehr mit einem Körper ausüben zu müssen, der nicht der richtige ist?«, fragte sie. »Wäre das nicht noch traumatisierender?« Für manche Menschen sei die Transition eben der Weg zur Selbstakzeptanz. »Die Geschlechtsumwandlung kann ein Geschenk für die eigene Menschwerdung sein.«

Ich wünschte, ich hätte in diesem Moment die gedankliche Klarheit und den Mut gehabt, ihr zu antworten und zu sagen, dass geschlechtliche Befriedigung kein Selbstzweck ist, dass die Menschwerdung nicht etwas ist, das wir erschaffen, sondern etwas, was wir empfangen. In dem Moment war ich mir nicht sicher, was ich sagen sollte. Das teilte ich ihr auch mit, und unser Gespräch verwandelte sich in ein unangenehmes Schweigen. Josephine gab der einen Seite dieser komplizierten Geschichte Ausdruck, die ich ignorieren wollte: der Tatsache nämlich, dass viele Transgender-Personen mit ihrer Transition offenbar zufrieden sind. Ja, die Beweise dafür sind oft anekdotisch, weil es kaum Langzeitstudien über die Ergebnisse operativer Geschlechtsumwandlungen gibt. (Die einzig existierende Langzeitstudie belegt einen Anstieg der Suizidgefahr *nach* der Transition um das 20-Fache).[8] Es gibt gut angepasste Transgender-Personen auf der Welt, die durch die Transition eine gewisse

8. Ganzheit

Erleichterung erfahren. Das ist wahr, und Josephine hat zu Recht darauf hingewiesen.

Nach unserer Gesprächspause beschloss ich, Josephines Auffassung aus ihr herauszukitzeln. »Wie definierst du ›Frau‹?«, fragte ich sie.

»Frau!«, antwortete sie. »Ah, die Frau ist *magisch*.« Darüber lachten wir gemeinsam; ihre Überschwänglichkeit war herzerwärmend und lockte mich aus meinem Schneckenhaus hervor, in das ich mich verkrochen hatte. Sie fuhr fort: »Es ist irgendwie schwierig, von vornherein festzulegen, was ›Frau‹ ist. Jede Kategorie ist eine Vereinfachung von Vielfalt. Jede Person, die eine Frau ist, geht anders damit um.«

»Betrachtest du ›Frau‹ also als eine Art Archetyp, oder ...?«

Sie dachte einen Moment lang nach. »Nein, nicht als Archetyp – die Frau ist eine *Kunstform*.«

Dieser Gedanke ließ mich lächeln. »Okay, aber unterscheidet sich nun die Kunstform ›Frau‹ von der Kunstform ›Mann‹?«

»Der Mann ist keine Kunstform!«, rief sie und lachte, und ich musste auch darüber lachen, obwohl ich anderer Auffassung war und dabei an Michelangelos *David* dachte – mehr noch aber an die prachtvollen Leiber meiner Söhne und meines Mannes. Der Mann ist eine grandiose Kunstform.

»Ich denke das Gleiche über ›Frau‹ wie über ›Lesbe‹«, fuhr Josephine in einem ernsteren Ton fort. Daraufhin gab sie die nominalistische Standardposition zum Besten, die viele Feministinnen vertreten – die Vorstellung also, dass Kategorien wie »Frau« und »Lesbe« zwar Konstrukte sind, aber nötig für den Aktivismus. »Man braucht die Kategorien für den politischen Kampf«, wie sie sagte, »und muss dabei im Kopf behalten, dass sie Fiktion sind.«

»Ich glaube, da bin ich anderer Meinung«, erwiderte ich. »Ich denke nicht, dass ›Frau‹ eine Fiktion ist; ich bin der Meinung, dass wir eine Definition von ›Frau‹ haben müssen, die im Körper gründet. Denn wenn sie in der körperlichen Potenzialität der Weiblichkeit gründet, dann muss sich das Frausein nicht mehr darum drehen, irgendwelchen Geschlechterstereotypen zu genügen. Und darin liegt etwas Befreiendes.«

Josephine zögerte. »Ja, ich möchte gerne glauben, dass ›Frau‹ in irgendeiner Weise körperlich gegründet ist«, gab sie zu. »Ich bin mit meinen eigenen Antworten nicht richtig zufrieden!«

In diesem Moment bemerkte ich, dass wir die gleiche Spannung empfanden, allerdings von unterschiedlichen Standpunkten her. Ich war nicht bereit, meine Überzeugung aufzugeben, dass der geschlechtsspezifische Körper bedeutsam und ein wesentlicher Bestandteil des Selbst ist. Aber ich verspürte zugleich den Drang, eine bestätigende politische Haltung einzunehmen, um eine weitere von mir gehegte Überzeugung begreiflich zu machen – dass nämlich transidente Menschen geliebt und nach dem Bild Gottes geschaffen sind. Josephine hingegen war nicht bereit, ihre politischen Überzeugungen zu verraten, obgleich ihr eine körperlich grundierte Auffassung des Frauseins attraktiv erschien. Wir steckten also in einer Sackgasse.

Als katholische Christin bin ich einer doppelten Wahrheit verpflichtet: der Würde jedes menschlichen Wesens und der Würde des mit einem biologischen Geschlecht ausgestatteten menschlichen Körpers. Diese Wahrheiten sind untrennbar miteinander verbunden. Eine Transgender-Anthropologie hingegen besagt – implizit oder explizit –, dass ich die erste Wahrheit nur bejahen kann, wenn ich die zweite ablehne. Ich kann die Würde einer Trans-Person demnach nur dann proklamieren, wenn ich akzeptiere, dass ihr Körper eine Lüge ist. Damit befinde ich mich in einer Zwickmühle, einem No-Win-Szenario. Denn wenn ich sage, dass das biologische Geschlecht eine Rolle spielt, bin ich auf dem besten Weg dazu, in eine vermeintliche Transphobie zu geraten. Wenn ich aber sage, dass das biologische Geschlecht keine Rolle spielt, dann verrate ich die Wahrheit meiner eigenen Körperlichkeit und die der Selbstoffenbarung Gottes. Ich muss mich also damit abfinden, missverstanden zu werden, denn beide Aspekte jener doppelten Wahrheit müssen ausgesprochen werden – mit viel Einfühlungsvermögen zwar, aber trotzdem eben ausgesprochen.

8. Ganzheit

Die Diskussionen über Gender und Sexualität tendieren vor allem in christlichen Kreisen dazu, sich in zwei entgegengesetzte Lager aufzuspalten, von denen sich das eine die Liebe und das andere die Wahrheit auf die Fahnen schreibt. Ich spüre diese scheinbare Spannung dann am deutlichsten, wenn es um den Sprachgebrauch geht. Um die Würde und die Persönlichkeit transidenter Menschen zu unterstreichen, wird von uns erwartet, dass wir Personalpronomen verwenden, die mit dem gewählten sozialen Geschlecht in Einklang stehen und nicht mit dem gegebenen biologischen Geschlecht. Jemanden zu »missgendern« wird als ein gewalttätiger Akt, eine Auslöschung seiner Existenz angesehen. Ich verstehe diese Auffassung. Eine Transgender-Identität wurzelt nämlich nicht primär in der materiellen Realität, sondern in der Sprache. Deshalb ist auch so viel Leidenschaft in Bezug auf die Sprache im Spiel – ein konzertiertes Bemühen darum, sie so zu benutzen, dass sie die Transgender-Anthropologie zum Ausdruck bringt. Wenn ich das Wort »er« verwende, um mich auf eine männliche Person zu beziehen, die sich als Trans-Frau identifiziert, dann spreche ich ihm seine Existenz *als Frau* ab. Und gleichzeitig *bekräftige* ich damit natürlich auch seine Existenz als Mann und als menschliches Wesen.

Die Verwendung von auf dem biologischen statt dem sozialen Geschlecht basierenden Personalpronomen ist zweifellos für die meisten transidenten Menschen unangenehm und wahrscheinlich auch verletzend. Ein solches Tun könnte daher den Aufbau einer Beziehung zu dieser Person von vornherein unmöglich machen. Wenn ich jedoch Pronomen verwende, die im Widerspruch zum tatsächlichen Geschlecht stehen, dann billige ich damit eine Unwahrheit. Oder vielmehr tue ich sogar noch mehr als das; durch meine eigenen Worte beteilige ich mich sogar *aktiv* an einer Lüge.

Lasst uns aber wahrhaftig sein in der Liebe. Das ist ein Satz, den ich oft höre und den ich mir immer wieder selbst sage, wenn ich mich in diese entgegengesetzten Richtungen, zu diesen widersprüchlichen Bestätigungen genötigt fühle. Dieser Satz wird nur allzu leicht zu einer Plattitüde, simpel und abgedroschen, ein Bibelwort, das bequem dazu verwendet werden kann, eine bestimmte Parteilinie vorzugeben. Es stammt aus dem Brief des Paulus an die Epheser, Kapitel vier – ein Abschnitt, in dem es, wie sich zeigt, allerdings nicht um Parteilichkeit und Spaltung geht, sondern vielmehr um Ganzheit.

Das Kapitel beginnt mit einer Litanei der Einheit: *ein* Leib, *ein* Geist, *eine* Hoffnung, *ein* Herr, *ein* Glaube, *eine* Taufe, *ein* Gott, »der da ist über allen und durch alle und in allen«. In diesem Abschnitt geht es um die Ekklesiologie, das Wesen der Kirche – darum, wie die christliche Gemeinschaft alle Arten von Menschen mit ihren unterschiedlichen Begabungen zu einem einheitlichen Ganzen zusammenführt. Dieses Ganze wird hier *Leib* genannt – das ist die Metapher, die Paulus hier verwendet, indem er sich auf die ganzheitliche Realität des Körpers stützt, um seine Vision der Kirche zu illustrieren. Die personale Ganzheit von Leib und Seele ist also nicht nur ein Grundgedanke der christlichen Anthropologie, sondern auch die Basis der christlichen Ekklesiologie. Indem wir »wahrhaftig sind in der Liebe«, sollen wir, so Paulus, »wachsen in allen Stücken zu dem hin, der das Haupt ist, Christus. Von ihm aus wird der ganze Leib zusammengefügt und zusammengehalten durch jede Verbindung, die den Leib nährt mit der Kraft, die einem jeden Teil zugemessen ist.«[9] Wahrheit und Liebe sind eins. Denn sie entspringen derselben Quelle, nämlich Christus, dem fleischgewordenen Wort.

Gottes Wahrheit ist Liebe, und Gottes Liebe ist Wahrheit. Sollten wir uns jemals in einer Situation befinden, in der wir das eine für das andere opfern müssen, sind wir bereits auf Abwege geraten. In seinem ersten Brief an die Korinther gibt uns Paulus ein Bild davon, wie Pseudo-Wahrheit ohne Liebe klingt: wie eine klingende Schelle, ein kakophonisches Durcheinander. Das Gegenbild – Pseudo-Liebe ohne Wahrheit – wäre vielleicht ein Werbejingle, simpel und rund. Eine von der Wahrheit geschiedene Liebe verkommt zur bloßen Schmeichelei. Es ist nicht liebevoll, eine Lüge zu bestätigen, und es ist auch keine Liebe, an der Selbsttäuschung

8. Ganzheit

eines Menschen mitzuwirken. Um zu lernen, wie wir jemanden am besten lieben können, müssen wir bereit sein, die Wahrheit der menschlichen Person zu sehen, die sich nicht nur in unseren selbstgeschriebenen Geschichten findet, sondern auch in der übergeordneten Geschichte des Ganzen.

Wenn es um Männer und Frauen geht, müssen wir eine *realitätsbasierte Sprache* verwenden. Innerhalb des Gender-Paradigmas werden Worte hingegen dazu benutzt, um ein Schema durchzusetzen, das die Realität und das Gute des Leibs entstellt, vor allem seine geschlechtliche Dualität. Und diese Verdrehung setzt sich fort, indem sie die Sprache in Beschlag nimmt. Ich spüre die Versuchung, dem nachzugeben, das Bestätigende zu sagen, das Nichtkränkende. Ich bin mir auch darüber im Klaren, dass ich mich dadurch als Teil der Eingeweihten, der Nicht-Hater, der Erleuchteten auf der richtigen Seite der Geschichte positioniere und absichere. Abgesehen von diesen egoistischen Motiven möchte ich aber auch meine Überzeugung zum Ausdruck bringen, dass eine transsexuelle Person einen unendlichen Wert hat und wie alle Menschen für eine Liebesgemeinschaft geschaffen ist. Deshalb drängen mich meine Zuneigung und meine Gefühle stark in die Richtung der Bestätigung einer selbstgewählten geschlechtlichen Identität.

Wann immer es möglich ist, vermeide ich die Verwendung von Personalpronomen, wenn ich direkt mit transidenten Menschen spreche oder über sie schreibe, um zu vermeiden, dass ich jemanden, den ich zu lieben aufgerufen bin, ohne Not verprelle. Aber weiter kann ich nicht gehen; immer wenn ich überlege, ob ich ein komplettes sprachliches Zugeständnis machen soll, hält mich irgendetwas zurück. Ich stoße an eine harte Grenze, eine Linie, die mein eigenes Gewissen nicht in den Sand gezeichnet, sondern in Stein gemeißelt hat. Ein männliches Wesen mit »sie« zu titulieren, ist eine Lüge, eine Verkehrung der Wirklichkeit, die dieses Wort benennt – einer Realität, der ich nun einmal (auch) angehöre und die nicht ich gewählt habe, sondern die mich gewählt hat. Ich lehne die ganze Idee der präferierten Pronomen ab, denn Personalpronomen bezeichnen keine Präferenzen. »Sie« benennt schlicht das, was ich bin – mein weibliches Geburtsrecht, mit all seinen Vor- und Nachteilen. Dieses Wort aufzugeben wäre eine Art Verrat: an mir selbst, an meinem Geschlecht und an jenen leiblichen Banden, die durch die Natur und die Gnade geknüpft werden, die uns mit Christus und mit der Welt und der Reichhaltigkeit ihres prallen Lebens verbinden.

Die Liebe in der Wahrheit

Wir werden mit einer unendlichen Liebe geliebt, die uns eine unendliche Würde verleiht. Die grenzenlose Liebe Gottes erhöht jeden Menschen. Durch das allgegenwärtige Wunder der Menschwerdung ist jeder von uns in das Leben Gottes selbst aufgenommen worden. Diese Worte sind meine Interpretation des Pontifex; ich spiele hier nämlich mit Formulierungen von größter Schönheit, die aus Papst Franziskus' Schreiben *Evangelii gaudium* stammen. Darin beschreibt der Heilige Vater das, was er *die Kunst der Begleitung* nennt, eine Kunst, die damit anfängt, dass sie uns lehrt, »vor dem heiligen Boden des anderen sich die Sandalen von den Füßen zu streifen«.[10]

Kürzlich brachte mich ein gemeinsamer Freund mit Adelynn in Kontakt, einer quirligen jungen Person, die sich als Trans-Frau identifiziert. Addy, eine gläubige Christin, wollte unbedingt mit mir sprechen, nachdem sie ein Podcast-Interview gehört hatte, das ich über Gender-Theorie und christliche Theologie gegeben hatte. Und ich war ebenso erpicht darauf, mit Addy zu sprechen. Im Laufe der Arbeit an diesem Buch habe ich nämlich mit einer Reihe von Trans-Personen gesprochen, die zwar eine ganze Bandbreite an politischen und religiösen Überzeugungen hegen, von denen aber keine eine in theologischer Hinsicht traditionelle christliche Position vertritt. Denn entweder sind sie gar keine Christen, oder sie sind in die Heterodoxie abgerutscht oder haben den Glauben sogar

8. Ganzheit

ganz abgelegt. Addy ist also eine Art Einhorn – ein junger Mensch, der sich sowohl zum orthodoxen Christentum als auch zu seiner Transidentität bekennt.

Dies erzähle ich Addy, als wir unser erstes Gespräch über Zoom beginnen. »Ich habe versucht, jemanden zu finden, einen Denker, der eine christliche Anthropologie mit einer Trans-Anthropologie in Einklang bringen kann, aber ...«

»Da gibt es niemanden!«, unterbricht mich Addy und nimmt mir die Worte aus dem Mund. »Niemanden!«

Addy selbst arbeitet jedoch daran, und zwar, indem sie drei theologische Argumentationslinien zusammenführt, um die Transition als etwas aus christlicher Sicht Positives darzustellen. Die erste davon ist eine Interpretation des Sündenfalls, die Trans-Menschen als lebende Paradoxa betrachtet, als Menschen, die eine Entkopplung von Geist und Körper verspüren, die eine Folge des Lebens in einer Welt ist, die ihre ursprüngliche Harmonie verloren hat. Auf dieses Thema kommt Addy während unseres Gesprächs immer wieder zurück und verweist auf die Verheißung der Auferstehung, nämlich die Wiederherstellung der gesamten Schöpfung. »Gott wird alles in Ordnung bringen, was er in Ordnung bringen muss, ob das nun mein Kopf oder mein Leib ist«, sagte sie. Nach dieser Lesart des Sündenfalls könnte jene Versöhnung von Leib und Geist in diesem Leben auch durchaus nicht möglich sein; die psychosomatische Einheit, die bei jedem Menschen vorliegen sollte, ist bei manchen einfach nicht da. Daher stellt sich also die Frage, wie man angesichts dieser Diskrepanz dennoch leben und überleben kann.

Hier kommt nun der zweite zentrale Argumentationsstrang ins Spiel: Was würde die Erhaltung des Ganzen fördern? In Addys bisheriger Erfahrung wurde diese Erhaltung durch die Transition sichergestellt – konkret also dadurch, dass sie fast sechs Jahre lang gegengeschlechtliche Hormone einnahm, nachdem sie im College die soziale und rechtliche Identität einer Frau angenommen hatte. Dies ist ein Beispiel für das, was man als klassischen Fall von Geschlechtsdysphorie bezeichnen könnte – im Gegensatz zu der Welle jener plötzlich über uns hereinbrechenden Geschlechtsdysphorie, die heute unter den Teenagern grassiert. Addy hatte das Gefühl einer geschlechtlichen Inkongruenz erstmals als Kind, und dieses Gefühl hielt bis ins junge Erwachsenenalter an, als es sich in lähmenden körperlichen Symptomen wie etwa täglichem Erbrechen und massivem Untergewicht niederschlug. Heute haben sich diese Symptome verflüchtigt; Addy ist mittlerweile viel funktionaler und bereut die Transition deshalb auch nicht.

Trotzdem sind die ungelösten theologischen Spannungen zuweilen ein Quell der Unruhe für sie, die, anders als ich früher, die schwierigen Fragen nicht einfach verdrängt, um eine leichte, maßgeschneiderte Theologie zu konstruieren, die immer nur bestätigt und nie herausfordert. Addy ist eine Person, die sich aktiv mit der Wahrheit auseinandersetzt – so wie Jakob, der mitten in der Nacht mit jenem geheimnisvollen göttlichen Wesen ringt, bis der Tag anbricht, und sich aufzugeben weigert, bevor er nicht gesegnet wird.

Als Addy ihre Transition begann, nahm diese Weigerung bei ihr die Gestalt eines dezidierten Bekenntnisses an: »Ich werde mich nicht von der Kirche abkoppeln.« Die wenigen Stunden, die sie sonntags in der Kirche verbrachte, waren beglückend für sie, »ein Stück vom Himmel«, wie eine momentane Entrückung aus der Welt mit all ihren schmerzhaften Paradoxien. »Ich wollte nach dem Segen gar nicht mehr gehen«, berichtet Addy, und dieser Trost entfachte in ihr den Wunsch, regelmäßiger in der Kirche zu sein. »Aber wenn man jeden Tag in die Kirche gehen will, ist die einzige Möglichkeit eine katholische Messe.« Also ging sie dorthin – an den Werktagen zur Messe und an den Sonntagen in eine lebendige multiethnische reformierte Kirche.

Dieses leidenschaftliche Eintreten für die Kirche ist nicht immer erwidert worden. Die meiste Zeit unseres Gesprächs über ist Addy fröhlich, lächelt und spricht Worte, die ihre tiefe Liebe zu Christus und seinem Volk erkennen lassen. Aber es gibt auch Anzeichen von Schmerz, Einblicke in nicht verheilte Wunden – Wunden des Verlassenwerdens und der Ablehnung. In Bezug auf ihre

8. Ganzheit

Wurzeln ist Addy eine Exilantin; ihre Transition im College führte dazu, dass sie von der kirchlichen Gemeinschaft öffentlich ausgegrenzt wurde, ohne dass es eine Warnung oder einen Versuch der Versöhnung gab. Diese Ausgrenzung wurde bald auch von Addys eigener Familie vollzogen, und der daraus resultierende Bruch hält nun schon seit sechs Jahren an. Dies bringt uns zu ihrem dritten Argumentationsstrang, nämlich der wiederkehrenden Präsenz des Ausgestoßenen in der Heiligen Schrift und in der christlichen Geschichte: des Eunuchen, des Aussätzigen – jener Person also, die nicht ins Kollektiv passt und die nur allzu oft vertrieben wird.

Dieser Aspekt von Addys Erfahrung ist ein Beispiel für eine Herangehensweise, die Christinnen und Christen in Bezug auf jene verfolgen können, die sich innerhalb des Gender-Paradigmas befinden – es ist der Weg der Ausgrenzung, der Trennung, eines heiligen »Wir« im Gegensatz zu einem verdrängten »sie«. Ich würde jedoch behaupten, dass dies ein Ansatz ist, der die Wahrheit über die Liebe stellt und somit eine verfälschte Wahrheit ist. Selbst Kirchen, die Menschen wie Addy nicht ausdrücklich ablehnen oder meiden, haben wenig zu bieten, was eine positive Vision davon angeht, wie man die schwierigeren Lehren des christlichen Lebens umsetzen sollte. Oder wie Addy es ausdrückt: »Die Kirche wendet sich zumeist nicht dir zu und sagt: Auf diese oder jene Weise werden wir dir helfen, das durchzustehen.«

Ich erblicke in dieser Geschichte noch eine weitere Möglichkeit, wie wir Christen in einer konfusen und polarisierenden Kultur vorgehen können. Nach ihrem College-Abschluss hatte Addy irgendwann eine katholische Mitbewohnerin. Doch nach so viel Ablehnung vonseiten christlicher Menschen war sie nicht sicher, wie diese Mitbewohnerin auf sie reagieren würde. Sie tat allerdings etwas sehr Bemerkenswertes: Statt misstrauisch und argwöhnisch zu sein, war sie nämlich warmherzig und freundlich zu ihr. Statt Addy vorzuschreiben, was sie zu denken und zu glauben hatte, *fragte* sie sie nach ihrer Sicht der Dinge und danach, wie man die christliche Theologie mit der Entscheidung für eine Transition würde unter einen Hut bringen können. Diese Fragen und der Geist, in dem sie gestellt wurden, führten zu ausführlichen und langen theologischen Gesprächen zwischen den beiden Mitbewohnerinnen. Addys Zimmergenossin entschied sich also dafür, eine Beziehung zu ihr aufzubauen, echte Fragen zu stellen und sie letztendlich zur eucharistischen Anbetung einzuladen, ohne dabei in die Extremposition der Verurteilung auf der einen Seite oder der schwärmerischen Bestätigung auf der anderen Seite zu verfallen.

An dieser Stelle der Geschichte, bei dieser ersten Berührung mit der Hostienanbetung, erstrahlt Addys Gesicht: »Ich *liebe* es!« Und wieder einmal bin ich beeindruckt von der Schönheit von Addys Herz – einem Herz wie dem der Braut im Hohelied, die ihrem Geliebten zuruft: »Zieh mich dir nach«.[11] Das ist es, was Jesus Christus tut: Geduldig und liebevoll zieht er Addy an sich heran.

Die Christen in Addys Heimatort legen genau eine mögliche Reaktion auf diejenigen an den Tag, die sich als LGBT+ identifizieren. Ihre Zimmergenossin aber zeigt uns einen anderen, christlicheren Weg auf – den Weg der Begleitung und nicht der Ablehnung; den Weg der Liebe statt den der Angst.

Begleitung ist eine Art und Weise, mit einem Menschen tiefer in das Herz Christi vorzudringen. Entgegen dem Klischee ist die Bekehrung kein einmaliges Erweckungserlebnis; der Heilige Geist ist keine Märchenfee, die einen im Handumdrehen für den Ball zurechtmacht. Die Bekehrung ist vielmehr eine kontinuierliche Pilgerschaft, ein langer Marsch in das Herz Gottes. Auf dem Weg gibt es immer wieder Abweichungen und Wendungen; keiner von uns wandert geradeaus, und keiner von uns kann es allein schaffen. Eine Begleitung im obigen Sinne ruft mit der Zeit dieses Gefühl des Bekehrtseins hervor, ebenso wie das Bedürfnis nach Gemeinschaft auf dem Weg. Papst Franziskus unterscheidet zwischen einer Begleitung als Pilgerschaft mit einer Person und »einer Art Therapie […], die diese Verschlossenheit der Personen in sich selbst fördert«.[12] Wahre Begleitung hat also ein Telos, ein Ziel; sie ist auf die höchste Liebe hin ausgerichtet. Sie sollte zwar mit der Bestätigung

8. Ganzheit

des Wertes einer Person beginnen, kann aber nicht dabei stehen bleiben. Wir müssen uns auf den Weg zu den Ursprüngen dieses Werts machen, in denen unser Frieden liegt.

Als ich im Alter von 30 Jahren eine abrupte Hinwendung zum Katholizismus unternahm, stimmte ich mit vielen der kirchlichen Lehren *nicht* überein. Ich war keine typische, ehrbare Protestantin, die sich von den makabren Auswüchsen des Katholizismus, ihren weinenden Statuen und Heiligengebeinen oder ihren schauerlichen Kruzifixen abgestoßen fühlte. Ich wollte ein Kreuz, an dem ein Leichnam hängen sollte; ich sehnte mich danach, meine Lippen zu öffnen und das Blut Christi zu schmecken, und am liebsten hätte ich das welke Haupt der heiligen Katharina von Siena mit meinen bloßen, zitternden Händen berührt. Aber weder verstand noch begrüßte ich den Widerstand der Kirche gegen die Empfängnisverhütung, gegen weibliche Priester oder die gleichgeschlechtliche Ehe, und ich wurde katholisch, bevor diese Fragen geklärt waren. Meine anfängliche Bekehrung fühlte sich an, als würde ich blind eine kurvenreiche Rutsche hinuntersausen und kopfüber und atemlos wieder unten herauskommen, mit nun geöffneten Augen in einer sich ständig verändernden, auf den Kopf gestellten Welt. Ich habe nicht sofort jede katholische Lehre in mein eigenes Leben integriert. Den Passus *»für uns Männer«* im Bekenntnis von Nicäa habe ich übersprungen, und ich war meist allein auf dem Weg, ohne katholische Familienmitglieder oder enge Freunde, die mich hätten anleiten können. »Begleitet« wurde ich lediglich von Stephen, einem meiner ehemaligen Studenten, der ins Priesterseminar gewechselt war und dem ich all meine Einwände und ungelösten Fragen vortrug. Ich quälte ihn mit Fragen zur Schwangerschaftsverhütung, zum Priestertum und zur Sexualität. Meistens haben mich seine Antworten genervt, und ich habe sie weder akzeptiert noch verworfen. Stattdessen ließ ich sie wie Flipperkugeln in meinem Kopf hin und her rollen, bis jede einzelne von ihnen im Laufe einiger Monate in mir zur Ruhe gekommen war und ihren Ort gefunden hatte.

Wäre Stephen gleich mit der vollen Härte auf mich losgegangen, hätte mich über mein Liebesleben ausgefragt und mich beschimpft, weil ich Worte im Glaubensbekenntnis übersprang, und mir darüber hinaus auch noch vom Besuch der Messe abgeraten, bis ich meine Sünden im Griff hätte, dann wäre ich vielleicht überhaupt nicht in die Kirche eingetreten. Oder ich wäre eine unschlüssige Katholikin geblieben, abwehrend und misstrauisch, und hätte mich davon ferngehalten, im vollen Einklang mit der Wahrheit zu leben. Doch das tat er nicht. Er war vielmehr aufgeschlossen und geduldig, hörte mir zu, nahm meine Sorgen ernst und wartete, bis ich mit meinen Fragen zu ihm kam, anstatt mich in die Enge zu treiben und ein Gespräch zu erzwingen. Wenn ich mich dann an ihn wandte, dann waren seine Antworten ehrlich. Er beschönigte nichts und redete auch nicht um den heißen Brei herum, sondern sprach die schwierigen Wahrheiten aus, ohne zu verurteilen. Und dafür werde ich ihm immer dankbar sein.

Auch wenn wir ein ehrliches Gespräch über die schädlichen Wirkungen des Gender-Paradigmas führen, müssen wir uns darüber im Klaren sein, dass es echte Menschen, echte Leben sind, die in seinem Getriebe aufgerieben werden. Diese Menschen müssen wir in unseren Kirchengemeinden, in unseren Familien und in unseren Gemeinschaften willkommen heißen. Es ist zwar möglich, darüber zu urteilen, ob eine Ideologie wahr oder falsch ist – aber wir können nicht über Menschen urteilen; uns ist kein Zugang zu den inneren Kammern des menschlichen Herzens gewährt worden. Der Status eines jeden Menschen vor Gott ist ein Geheimnis, das nicht von außen erkannt werden kann. Wir müssen dieses System zur gegebenen Zeit und am gegebenen Ort kritisieren und gleichzeitig diejenigen annehmen, die darin gefangen sind, ganz gleich, wie sie aussehen oder sich äußern.

Wir müssen akzeptieren, dass Männer und Frauen vielleicht nicht so aussehen, wie wir es von ihnen erwarten. Wenn man zufällig jemandem begegnet, der möglicherweise transgender ist, dann weiß man immer noch nicht, ob diese Person sich mitten in einer

8. Ganzheit

Transition oder vielleicht eben auch einer Detransition befindet. Da einige Aspekte der medizinischen Transition irreversibel sind, kann folglich selbst eine Frau, die ihr biologisches Geschlecht akzeptiert hat, immer noch transgender aussehen. Zum Beispiel könnte sie immer noch maskuline Züge haben. Das macht sie jedoch nicht weniger zu einer Frau. Eine chirurgische Umkehrung der Geschlechtsumwandlung ist nämlich, selbst wenn sie gewünscht wird, nicht immer möglich oder könnte ernsthafte gesundheitliche Risiken mit sich bringen.

Lee, eine Frau, die in ihrer Kindheit furchtbaren sexuellen Missbrauch erlitten hat, hat sich spät in ihrem Leben einer medizinischen Transition unterzogen. Heute bedauert sie diesen Schritt, hat aber beschlossen, sich keiner chirurgischen Umkehr ihrer Geschlechtsumwandlung zu unterziehen. »Mein Körper hält das nicht aus. Ich bin mir nicht sicher, ob ich die ganzen Operationen überleben würde«, sagt sie. »Ich muss meinen Körper so akzeptieren, wie er jetzt ist. Nach außen hin sehen die Leute einen kleinen Typen. Innerlich aber bin ich ein traumatisiertes kleines Mädchen. Doch zum ersten Mal in meinem Leben akzeptiere ich mich selbst mehr. Ich wünschte nur, man hätte mir früher geholfen, mich zu akzeptieren.« Für Menschen wie Lee bedeutet Selbstakzeptanz also, ihren Körper so anzunehmen, wie er gerade ist.[13]

Natürlich könnte die geschlechtsatypische Frau, die man in seiner örtlichen Kirchengemeinde sieht, gar nicht transident sein. Vielleicht ist sie einfach nur eine Frau, die kurze Haare hat und gerne Männerhemden trägt. Engstirnige Traditionalisten wie postmoderne Gender-Anhänger erliegen dem gleichen Fehler: Sie definieren Mann- und Frausein mit Hilfe stereotyper Karikaturen und wachen eifersüchtig über diese Stereotypen, damit sie auch weiterhin beurteilen können, inwieweit der Einzelne diesem herbeifantasierten Ideal entspricht oder eben nicht entspricht. Um dem Gender-Paradigma entgegenzuwirken, muss daher unter anderem eine größere Offenheit für die Vielfalt der Erscheinungsformen *innerhalb* der Kategorien von Mann und Frau erreicht werden. Man denke an die heilige Jeanne d'Arc, die Kriegerin, den heiligen Dominikus, einen Bettler, an die Sanftmut des heiligen Franz von Sales oder die Tapferkeit der heiligen Katharina von Siena – schon ein kurzer Streifzug durch die Hallen der Gemeinschaft der Heiligen zeigt die kunterbunten Erscheinungsformen weiblicher oder männlicher Genialität, die sich einer eindeutigen Zuordnung entziehen.

Auf meiner eigenen Reise zur Wahrheit erhielt ich viel Spielraum für Irrungen und Wirrungen, und der kurvenreiche Weg, den ich letztlich einschlug, entfaltete sich größtenteils *im* Schoß der kirchlichen Gemeinschaft und nicht draußen vor einem hohen, verschlossenen Tor. Die Kirche ist nicht für perfekte Heilige da. Die Kirche ist da für Sünder, Zweifler und halbgare Christen, für Bekehrungen in der Mache und für angetrunkene Ex-Säufer, die scheitern und wieder weitermachen. Unsere Kirchengemeinden müssen Orte sein, an denen die Wahrheit gepredigt wird, ja – und genauso Orte, an denen die Menschen den Weg zu ihr tastend erkunden dürfen und dabei erst nach und nach erneuert werden.

9. Geschenk

Daisy Chadra war ein ernstes Kind – kreativ und leidenschaftlich, vom Temperament her eher für das windgepeitschte englische Moor geeignet als für die amerikanische Vorstadt im Mittleren Westen. Aber niemand von uns sucht sich den Zeitpunkt oder den Ort aus, an dem wir in die Welt purzeln und in den Strom der Menschheitsgeschichte eintreten, und Daisy bildet keine Ausnahme. Wäre sie ein Jahrhundert früher geboren worden, wäre sie vielleicht eine weitere Charlotte Brontë oder George Eliot geworden; Frauen, die ihre Romane unter männlichen Pseudonymen verfassten und als Schriftstellerinnen und Denkerinnen ernst genommen werden wollten. Als Kind war Daisy auch eine Schriftstellerin und schrieb Geschichten, die sich immer um Männer als Helden zu drehen schienen. Sie versuchte auch, überzeugende Heldinnenfiguren zu erfinden, doch diese nahmen nie Gestalt an, so dass sie den Versuch aufgab.

Schon in jungen Jahren bekundete Daisy ganz offen ihren Wunsch, ein Junge zu sein, und wie oft ihre Eltern ihr auch versicherten, dass sie ihr Frausein auf ihre ganz eigene Art und Weise ausleben könne, ließ sie sich nicht umstimmen. Wenn Daisy sich selbst auf den imaginären Horizont der Zukunft hin entwarf, dann erblickte sie dort weder eine androgyne noch eine maskuline Frau – sie sah einfach gar keine. Das Einzige, was sie sich vorstellen konnte, war, ins Mannsein hineinzuwachsen.

»Ich hatte dieses Bild von mir, das mir im Nachhinein ziemlich frauenfeindlich erscheint«, erzählte sie mir, »nämlich diese intellektuelle, stoische Art von Person zu sein. Ich hatte diese archetypische Vorstellung von mir selbst, die mir inhärent männlich vorkam.«

Daisy hat eine ziemlich ernste Ausstrahlung; sie spricht mit Bedacht und sucht nach den besten Worten, um einen komplexen Gedanken auszudrücken. Allerdings gibt es auch etwas Warmes und Helles an ihr, eine Energie, die im Laufe unseres Gesprächs in ihrer Stimme immer deutlicher wird. Wenn ich einen Begriff wählen müsste, um sie zu beschreiben, dann wäre es nicht so sehr »stoisch«, sondern eher »ernsthaft«. Von sich und ihrem Leben spricht sie von der Warte einer grundlegenden Aufrichtigkeit her.[1]

Als wir miteinander sprachen, sagte ich zu Daisy, dass sie mich an Simone Weil erinnerte – jene Mystikerin aus dem frühen 20. Jahrhundert, die den christlichen Glauben ebenso intensiv liebte, wie sie sich von seinen Institutionen fernhielt –, eine gläubige, aber sich selbst ausschließende Tochter der Kirche. Weil war eine verkopfte Intellektuelle, ja, aber auch eine Mystikerin mit offenem Herzen, die darauf wartete, von Gott ergriffen zu werden. Sie war von ihrer Zeit geprägt und zugleich aus ihr herausgefallen. Was immer sie tat, tat sie mit großer Intensität. Daisy ist nun aber nicht wie sie in den Wirren der Zwischenkriegszeit und auch nicht – wie Brontë und Eliot – im einengenden viktorianischen Zeitalter aufgewachsen, sondern wurde um die Jahrtausendwende herum geboren. Ihre Erfahrung mit sich selbst und ihrer Identität wurde mithin weder durch einen strengen Moralismus noch durch eine marxistische Revolution vermittelt, sondern durch die neue Welle der Pop-Gender-Theorie – so dass ihre Ich-Entwicklung nach dem Muster eines Mitmach-Abenteuers ablief. Dieses Konzept, das unser kulturelles Vorstellungsvermögen in Beschlag genommen hat, unterteilt die Persönlichkeit in beliebig miteinander kombinierbare Kategorien wie geschlechtliche Identität, Geschlechtsausdruck, sexuelle Orientierung und biologisches Geschlecht (um nur einige zu nennen). Statt sich nun aber vom Mädchen- zum Frausein fortzuentwickeln, legte Daisy im Alter von 17 Jahren, als sie in der 11. Klasse war, eine komplette Kehrtwende hin und verkündete ihrer Familie und ihren Freunden, dass sie fortan nicht mehr Daisy, sondern Ollie sei – also nicht mehr eine Frau, sondern ein Mann.

9. Geschenk

Das war im Jahr 2015, als die Zahl der Transitionen unter Heranwachsenden zum ersten Mal in die Höhe schnellte. Wie die meisten Teenager war auch Daisy tief in die Online-Welt eingetaucht und nutzte sie als therapeutische Fluchtmöglichkeit vor dem realen Leben und den Wirren der Pubertät. Hier stieß sie zum ersten Mal auf Trans-Influencer in den sozialen Medien, in deren Geschichten sie etwas von sich selbst wiedererkannte. »Ich wünschte mir, dass deren Geschichte auch meine Geschichte ist«, sagt sie. »Sie hatten ihr wahres Ich gefunden, sie waren glücklich, sie waren attraktiv, sie waren erfolgreich im Leben, und das waren Dinge, die ich auch unbedingt wollte.« Und so begann sie sich zu fragen, ob das fehlende Puzzleteil für ihren eigenen Erfolg und ihr Wohlergehen vielleicht auf eine einzige, grundlegende Ursache zurückzuführen sein könnte: ihr Geschlecht. »Die Überlegung, dass ich mein Leben bisher schlicht mit dem falschen Geschlecht verbracht hatte und ich vorankommen würde, wenn ich das korrigiere, wirkte sehr anziehend auf mich«, wie sie sagte.

Daisy fing also an, sich die Sprache und den begrifflichen Bezugsrahmen der Pop-Gender-Theorie zu eigen zu machen und ihre Erfahrungen im Sinne ihrer Kategorien zu interpretieren. Und obwohl sie Atheistin war, gebrauchte sie fortan die übliche spirituelle Terminologie der Transgender-Anthropologie. »Ich habe eine männliche Seele und einen weiblichen Körper«, sagte sie, um zu beschreiben, wie sie damals dachte. »Sie widersprechen sich, und ich kann meine Seele nicht ändern, also muss ich meinen Körper ändern.«

Anfangs war Daisy noch unsicher, was die medizinische Transition anging. Ihre Dysphorie hatte sich nie akut auf körperlicher Ebene bemerkbar gemacht. Sie verabscheute ihren weiblichen Körper daher auch nicht, sondern wollte vielmehr als Mann wahrgenommen werden, um in der Gesellschaft nahtlos in eine männliche Rolle schlüpfen zu können. Sich öffentlich als Trans-Mann zu outen, entpuppte sich jedoch als der erste Schritt hin zur Medikalisierung. Daisy wollte ernst genommen werden, und deshalb stürzte sie sich nun mit Haut und Haaren in den Prozess der medizinischen Transition. »Ich bin mit voller Kraft in den Prozess hineingegangen«, sagt sie, »mit der Aussicht auf irgendein nicht näher definiertes Glück in meiner Zukunft.«

Sobald sie 18 Jahre alt war, ging Daisy in eine Klinik, die nach dem Modell der informierten Einwilligung arbeitete, um mit der Einnahme geschlechtsübergreifender Hormone zu beginnen. Sie nahm an, dass zuvor irgendeine psychologische Begutachtung stattfinden würde, aber ein solches »Gatekeeping« gab es nicht; innerhalb von ein oder zwei Stunden nach ihrer Ankunft in der Klinik erhielt sie ihre erste Testosteronspritze. Zwei Jahre später unterzog sie sich, wiederum ohne psychologische Untersuchung, einer doppelten Mastektomie. Da war sie gerade 20 Jahre alt.

Bis zu diesem Zeitpunkt hatte Daisy kaum Zweifel an ihrer Transition gehegt. »Ich war richtig aus dem Häuschen, als ich mit dem Testosteron anfing«, lachte sie. Jede wahrnehmbare Veränderung – die tiefere Stimme, das sprießende Barthaar – brachte sie der vollständigen Selbsttransformation einen Schritt näher. Ihre Transition hatte also einen teleologischen Charakter – sie steuerte auf ein Endziel zu, und jede Veränderung auf dem Pfad dorthin war ein Vorgeschmack auf diese finale Erfüllung. Wenn ich Daisy zuhöre, wie sie ihre Erfahrung beschreibt, dann kann ich nachvollziehen, wie überwältigend sich das angefühlt haben muss: eine spürbare Metamorphose in Echtzeit zu erleben, zu beobachten, wie aus dem Material des eigenen Körpers eine neue Form entsteht, Bildhauer und Skulptur gleichzeitig zu sein.

Die Zweifel kamen, als sie den letzten Schritt vollzogen hatte: eine offizielle Namensänderung. Sie nahm gegengeschlechtliche Hormone ein, die ihren Körper vermännlichten, hatte eine rechtliche und soziale Identität als Mann angenommen und die einzigen Operationen durchführen lassen, die sie durchführen lassen wollte. Der Prozess, den sie begonnen hatte, war nun an sein Ende gelangt. »Ich wartete auf diesen letzten Seufzer der Erleichterung«, sagte sie.

Doch der kam nicht. Und in seiner Abwesenheit – der Abwesenheit der von ihr erwarteten Erfüllung – begannen sich die

9. Geschenk

Zweifel zu verdichten. Die Vision von der Zukunft, die sie angetrieben hatte, war nun ihre Gegenwart, und sie sah sich, wie sie es ausdrückte, »in einen Abgrund starren, der eigentlich eine Zukunft sein sollte«. Daisy war verzweifelt, hatte ein flaues Gefühl in der Magengegend und wurde von der Vorstellung geplagt, dass sie niemals ganz sein würde. Sie sah sich nun mit zwei Optionen konfrontiert, die ihr beide unlebbar vorkamen: Entweder musste sie sich mit ihrer Transition abfinden oder versuchen, sie rückgängig zu machen.

Sie entschied sich zunächst für die erste Option, hielt ihre Zweifel streng unter Verschluss und vertraute sich niemandem an. Während dieser Zeit hatte sie mit schweren Problemen in Bezug auf ihr Körperbild zu kämpfen und war sich bewusst, dass ihre veränderte Physiognomie noch nicht wie die eines Mannes aussah. Jetzt verspürte sie eine umgekehrte geschlechtliche Inkongruenz. Vor der Transition gab es die zwischen ihrer vermeintlich »männlichen Seele« und ihrem weiblichen Körper; jetzt empfand sie eine unüberbrückbare Kluft zwischen ihrem weiblichen Körper und der ganzen männlichen Persona, die sie erschaffen hatte. Im Gegensatz zur ursprünglichen Dysphorie war diese neue Inkongruenz eindeutig körperlicher Natur und viel belastender als sie.

Die Transition wird oft als ein Szenario dargestellt, in dem es um Leben oder Tod geht. Menschen, die unter Geschlechtsdysphorie leiden, wird gesagt, dass sie sich wahrscheinlich umbringen werden, wenn sie die Transition nicht vollziehen, ebenso wie sie sich wahrscheinlich umbringen werden, wenn sie sie bereuen. Dieses Narrativ kann sich jedoch zu einer sich selbst erfüllenden Prophezeiung entwickeln. »Wäre dieses Narrativ nicht gewesen«, so räumte Daisy denn auch ein, »dann hätte ich es geschafft, die Dysphorie zu überwinden und mich als eigene Person zu entwickeln; ich hätte gelernt, auf eine echtere und bedeutsamere Weise ich selbst zu sein.« In der Hölle der Selbstzweifel aber spielte die Platte dieser düsteren Prophezeiung immer wieder in ihrem Kopf, so dass sie am Ende selbstmordgefährdet war.

Ich möchte hier kurz innehalten und auf etwas hinweisen. Daisy betont ausdrücklich, dass ihre Erfahrung besonders ist und nicht repräsentativ für alle transidenten Menschen, geschweige denn alle *Detransitioners*. Und das möchte auch ich unterstreichen. Ich schildere ihre Geschichte nicht, um eine nicht zu falsifizierende Anekdote zu erzählen, sondern um deutlich zu machen, wie unsere leitenden Vorstellungen unseren Erfahrungen ihre Gestalt geben und die Art und Weise beeinflussen, wie wir auf sie reagieren. Das ist ein Punkt, den die Postmoderne richtig versteht: Die Sprache, die wir verwenden, die erklärenden Narrative, in die wir eingebettet sind – dies prägt, wie wir die Welt interpretieren und wie wir uns in ihr zu handeln entscheiden.

Die Hamartie der Postmoderne besteht in ihrer Annahme, dass es *nur* Erzählungen gibt, *nur* verschiedene interpretatorische Linsen, und dass keine Erzählung wahrer sein kann als eine andere, weil es keinen eigentlichen Boden für Bedeutung gibt. Wenn es einen solchen Boden aber doch gibt, dann heißt das, dass wir unsere erklärenden Geschichten gemäß ihrer Übereinstimmung mit der Wahrheit bewerten müssen. Unsere Linsen können ebenso erhellen, wie sie verzerren können. Unsere Narrative können *das, was ist*, ebenso gut offenbaren, wie sie es verdecken können. Unsere Sprache prägt zwar unsere Wahrnehmung der Realität, aber die Realität hält dagegen.

Es gibt zudem noch einen weiteren Aspekt von Daisys Geschichte, der hier zur Sprache kommen soll, eine weitere Transformation, die sich gleichzeitig vollzog: eine innerliche statt äußerliche Metamorphose.

Als sie um die 20 Jahre alt war und ihre Transition schon halb vollbracht hatte, fing Daisy an, über Gott nachzudenken. Dies war für sie kein neuer Gedanke, sondern ein seit Langem in ihr schlummerndes Interesse, das seine Wurzeln in ihrer Kindheit hatte und im Zuge einer atheistischen skeptischen Phase in ihrer Jugend verstummt war. Mittlerweile war sie auf dem College und belegte neben ihrem Hauptfach Kommunikation auch Veranstaltungen in

9. Geschenk

Religion und Philosophie. Am Anfang war dieser Gottesgedanke eine rein intellektuelle Angelegenheit; sie war zwar gewillt, an die Existenz Gottes zu glauben, aber dabei handelte es sich nicht unbedingt um eine personale Gottheit, die Fürsorge walten lässt und gezielt die menschlichen Geschicke lenkt.

Dann wurde der Gottesgedanke zu einem Christusgedanken. Sie war irgendwann fasziniert von der Person Christi. »In der Erzählung von Jesus steckt ein Gefühl von Vollendung und Ganzheit«, wie sie erklärte. Daisy fing an, Kirchen zu besuchen – nicht als Gläubige allerdings, sondern als Suchende. Sie gab sich als Ollie aus und verbarg sorgfältig ihre Identität als Trans-Person, da sie nicht wusste, ob sie von den Christinnen und Christen um sie herum akzeptiert oder abgelehnt werden würde.

Daisys zunehmendes Interesse am Christentum ging mit ihren wachsenden Zweifeln an ihrer Transition Hand in Hand. Doch sie blieb unverbindlich und wich dem Bekenntnis zum Glauben aus. Wenn ich Daisy beim Erzählen ihrer Geschichte zuhöre, dann stelle ich mir zwei diagonal verlaufende Straßen vor, die in großer Entfernung voneinander beginnen und dann über das Land führen, bis sie sich schließlich an einem gemeinsamen Punkt treffen. Und dieses Zusammentreffen ihrer beiden Suchen – der spirituellen Suche und der Suche nach ihrer Identität – ereignete sich im Frühjahr 2020, inmitten der ersten Welle von Corona-Lockdowns.

Nachdem sie mehrere Monate lang versucht hatte, sich wieder ihrer Transition zu widmen, fing Daisy an, ihre Zweifel zu offenbaren – allerdings nur völlig Fremden gegenüber, die sie auf Dates traf, da sie immer noch zu viel Angst hatte, ihre Verzweiflung gegenüber irgendeinem Menschen in ihrem Leben einzugestehen. Jetzt, da sie die letzte Hürde der Transition genommen hatte, musste sie die Folgen einer langfristigen Testosteronbehandlung in ihre Überlegungen mit einbeziehen. Sie nahm das Hormon bereits seit drei Jahren, und es wurde ihr immer bewusster, dass ihre Fortpflanzungsorgane nach fünf Jahren wahrscheinlich so stark verkümmert sein würden, dass eine Gebärmutterentfernung nötig werden könnte. Die Tür zu einer biologischen Mutterschaft hatte sich bereits geschlossen. Doch Daisys immer stärker werdender Wunsch, eines Tages ein Kind zu bekommen, überwog schließlich die Angst vor der Detransition. »Zu diesem Zeitpunkt quälten mich die Zweifel an der Transition Tag und Nacht«, wie sie mir gegenüber berichtete. »Und so hörte ich auf, T zu nehmen. Ich dachte, ›jetzt ist es wohl so weit. Ich mache eine Detransition‹.«

Etwa zur selben Zeit beschloss Daisy, sich mit dem Christentum in der Praxis auseinanderzusetzen, anstatt es nur aus sicherer Entfernung zu betrachten. Sie fragte sich: »Was will ich mit meinem Interesse am Christentum erreichen? Was ist das Ziel?« Verzweifelt suchte sie nach einer Sinngrundlage und begann, die Bibel zu lesen, und betete: »Gott, zeige dich mir.« Und das tat er. »Zum ersten Mal wusste ich, was ich glaubte, und ich wusste, wer ich wirklich war. Ich war ein Kind Gottes«, sagte Daisy. »Ich gehöre zu Gott.«

Es mag verlockend sein, dieses Zusammentreffen von Bekehrung und Detransition auf eine simplifizierende, moralisierende Weise zu deuten, ungefähr nach dem Motto: Trans-Person liest Bibel, wird gerettet, fühlt sich schuldig und hört auf, trans zu sein. Das ist aber »nicht einmal im Entferntesten das, was wirklich passiert ist«, so Daisy. »Was ich in Bezug auf mein Trans-Sein empfand, war keine *Schuld* im Sinne von ›Ich sündige, ich bin schlecht, ich bin ein sündiger, schrecklicher Mensch‹. Es war vielmehr so etwas wie: Das ist nicht richtig für dich. Das ist nicht das, was du tun solltest.« Die christliche Welt, in die Daisy allmählich eintauchte, war keine strafende, legalistische Welt, keine Welt herzloser Gesetzestafeln, auf denen Verdammnis eingemeißelt war – *du bist nichts, deine Wünsche zählen nicht, du bist von Natur aus verdorben* –, sondern die Erkenntnis eines tieferen Bedürfnisses. »Vielleicht gibt es in jedem Menschen einen angeborenen Teil, der tatsächlich mit Gott leben will«, sagte sie. »Und vielleicht habe ich diesen Teil in mir gefunden und muss ihn in mir nähren.« Ihr Unwille, sich selbst zu akzeptieren, war zu einer »Blockade« zwischen ihr und Gott geworden, und als sie sich zur Detransition entschloss, »wurde eine Art

9. Geschenk

Schleier gelüftet, und ich hatte das Gefühl, mich voll und ganz auf meinen Glauben einlassen zu können.« Dies war keine Negation des Selbst, sondern seine Wiederentdeckung; keine Ablehnung der eigenen Identität, sondern ihre Freilegung.

Ganzheit

Was in meinen Augen bei diesem Zusammentreffen von Daisys Metamorphosen vor sich geht, hat nichts mit dem Übertreten von Regeln und daraufolgenden Vorwürfen zu tun, sondern vielmehr mit einer neuen *Sichtweise*. Die erste und bedeutendste Veränderung findet statt, als Daisy beginnt, sich selbst als eine Schöpfung Gottes zu sehen. Sich selbst als ein *geschaffenes* Wesen zu betrachten, bringt die Diskussion über die Identität auf eine neue Ebene und setzt den Rahmen für eine transzendentale Ordnung – eine Ordnung jenseits des Natürlichen, die seine Existenz gewährleistet und seinen Sinn verbürgt. Ein Geschöpf zu sein und nicht nur ein zufälliges Ereignis, macht die menschliche Person zu einem auf das Göttliche bezogenen Wesen. Wir sind nicht allein im Universum; ob wir es anerkennen oder nicht, ob wir uns dessen bewusst sind oder nicht, wir leben und bewegen uns in Gott und haben unser Sein in ihm.

Wenn wir die Welt als einen geschaffenen Kosmos sehen, von dem wir ein Teil sind, dann verändert das alles: Menschwerdung, Sexualität, Leiden, Freiheit, Sehnsucht – all das verbindet sich zu einem allumfassenden Mysterium, einem ständigen Wechselspiel zwischen dem Menschlichen und dem Göttlichen. *Alles, was ist*, erhält dadurch eine neue Bedeutung. Im Lichte ihrer Geschöpflichkeit wandelte sich Daisys Auffassung ihres biologischen Geschlechts denn auch von etwas ihr willkürlich Zugewiesenem zu »etwas, das einen Sinn in sich trägt«. Sie betrachtete sich nicht mehr als ihre eigene Schöpferin, der die Arbeit der Selbsthervorbringung oblag. Denn sobald man sein Selbst, einschließlich seines Geschlechts, als etwas *Geschaffenes* begreift, wird es zu einem Geschenk, das man annehmen kann, anstatt etwas zu sein, das man konstruieren muss. Und das führt zu einer veränderten Haltung der gesamten Realität gegenüber, auch gegenüber dem eigenen Körper – zu einem Umschwung vom *Kontrollwahn* hin zu der *Bereitschaft, die Dinge anzunehmen*.

Damit schließt sich nun der Kreis, und wir kehren noch einmal an den Anfang zurück, zu unserer früheren Diskussion der Genesis und der ihr immanenten Verbindung von Identität und Bestimmung. Das Christentum ist – so wie eigentlich das gesamte antike Denken – durch und durch *teleologisch*. Das »Wassein« einer Sache, ihre wesenhafte Identität, ist mit ihrer Bestimmung verbunden. Im aristotelischen Sprachgebrauch wird dies als vierte oder Zweckursache bezeichnet, mithin als das letzte Ziel, auf das etwas ausgerichtet ist. Die Zweckursache ist bei gewöhnlichen Gegenständen leicht zu erkennen: Das Telos eines Stuhls etwa besteht darin, eine Person in einer sitzenden Position zu stabilisieren. Ein Stuhl ist so konzipiert, dass er genau diesen einen Zweck erfüllt. Wie steht es aber mit dem Menschen? Wofür sind wir geschaffen?

Die Antwort im babylonischen *Enuma Elisch* lautet: für die Knechtschaft; dafür, Sklaven der Götter zu sein. Das Telos der Menschheit in diesem Mythos spiegelt dabei seine Auffassung von der Göttlichkeit wider: Marduk ist ein brutaler Krieger, ein Eroberer; seine schöpferische Kraft ist gegenüber seiner zerstörerischen Macht zweitrangig. Er ist ein beherrschender Gott, und er erschafft Wesen, die dazu gemacht sind, beherrscht zu werden.

Auch die Genesis berichtet von einer Korrespondenz der menschlichen und der göttlichen Natur. Diese Entsprechung wird in der Rede von der Gottesebenbildlichkeit (*Imago Dei*) des Menschen im ersten Kapitel deutlich gemacht. Der Gott der Genesis ist jedoch nicht gewalttätig. Sein schöpferisches Wirken ist eher ein *Zusammenfügen* als ein *Auseinanderreißen*, selbst wenn er das eine Ding vom anderen scheidet. Er ist ein Gott, der liebt, und er schafft Wesen, die dazu geschaffen sind, zu lieben und geliebt zu werden.

9. Geschenk

Das ist unser Telos, unser höchstes Ziel: die Gemeinschaft mit Gott und miteinander.

Die Genesis-Erzählung folgt einer entropischen Entwicklung von der Harmonie zur Zersplitterung: Die ursprüngliche Ganzheit des Garten Eden löst sich Schicht für Schicht in Konflikt und Spaltung auf. Genau darin besteht letztlich die Sünde: in der Zerstörung der Ganzheit, in der Zerrüttung. Unsere Herkunftsgeschichte endete im Exil: Adam und Eva wurden aus dem Paradies vertrieben und mussten fortan auf der Erde umherirren.

Könnte dies vielleicht eine Vision von Freiheit sein? Der Mensch, der nicht mehr in Gottes Garten eingesperrt und durch seine Regeln gebunden ist, der nun frei ist, seinen eigenen Sinn zu finden und nach seinem eigenen Weg zu suchen? Das ist es, was Freiheit für uns in unserer historischen Gegenwart geworden ist. Losgelöst von der Teleologie ist sie auf Freizügigkeit reduziert, auf das Überwinden von Einschränkungen und das Überschreiten von Grenzen. Doch in der Genesis ist die Vertreibung aus dem Garten Eden kein Triumphzug, sondern ein Trauerspiel, überschattet vom Sargtuch des Todes.

Wir sind heute mit zwei unterschiedlichen Auffassungen von Freiheit konfrontiert: auf der einen Seite steht die Freiheit im Sinne der Postmoderne, ein endloser Prozess der Selbstdefinition, dem allein durch den Tod eine Grenze gesetzt wird; auf der anderen Seite steht die Freiheit als ein sich ständig vertiefendes Gefühl der Zugehörigkeit und Ganzheit, und zwar nicht nur in Bezug auf einen selbst, sondern auf alles, was es gibt.

Wenn ich diese beiden unterschiedlichen Auffassungen von Freiheit betrachte, kommen mir zwei Bilder in den Sinn. Das erste ist ein Körper, der sich auf ewig durch den Raum windet: Bewegung ohne Grenzen. Das zweite stammt von der heiligen Hildegard von Bingen, einer mittelalterlichen Mystikerin. In einer ihrer flammenden Visionen sieht sie die gesamte Schöpfung als ein kosmisches Rad, eine Reihe konzentrischer Kreise, die nahtlos ineinandergreifen. Die äußerste Schicht ist göttliches Feuer, das die Kraft Gottes symbolisiert, die allen Dingen zugrunde liegt. Jede weitere Schicht ist eine Mischung aus physikalischen Elementen – Feuer, Wasser, Luft – und spirituellen Kräften, also dem Unsichtbaren, das durch den Bereich des Sichtbaren hindurch wirkt. In der Mitte des Rades steht in gekreuzigter Haltung ein Mensch, der die Arme ausstreckt, als ob er darauf wartete, willkommen geheißen zu werden und zu empfangen. Lichtstrahlen durchdringen das Rad, ausgehend von der Schicht des göttlichen Feuers, und überkreuzen sich, um ein goldenes Netz zu bilden. Dies sind Strahlen der Macht, Bahnungen des göttlichen Lebens und der göttlichen Kraft, die eine harmonisierende Spannung bilden und das Rad in einem vollkommenen Gleichgewicht halten. »So ist jedes Geschöpf mit einem anderen verbunden (*creatura per creaturam continetur*), und jedes Wesen wird durch ein anderes gehalten«, wie Hildegard schreibt.[2]

Der göttlichen Stimme zufolge, die ihre Visionen deutet, ist »[d]ie Gottheit [...] gleich wie ein Rad«, ein Kreis, der »ein Ganzes« und »in keiner Weise zu teilen« ist.[3] Das Abbild des Menschen im Zentrum der Nabe des Rades bedeutet, dass der Mensch »[m]itten im Weltenbau steht«.[4] Und wenn das Rad ein Symbol für die vollkommene Einheit der gesamten Schöpfung ist, so ist die Einheit von Leib und Seele im Menschen ein Mikrokosmos, eine Miniatur-Ikone des Weltganzen. »Der Mensch hat nämlich Himmel und Erde in sich.«[5]

Das zeitgenössische Denken der Kirche bestätigt das mittelalterliche Denken der Hildegard: Der Mensch muss in seiner Beziehung zum Kosmos verstanden werden. Papst Franziskus erläutert diesen Grundgedanken in seiner Enzyklika *Laudato si'*, die die Aufmerksamkeit auf die notwendige Bewahrung der Umwelt lenkt. Wenn wir die Worte »Natur« und »Umwelt« hören, dann denken wir reflexartig an nichtmenschliches Leben – an Pflanzen und Tiere ebenso wie an unbelebte Materie, zum Beispiel Berge und Flüsse. Franziskus hingegen bezieht den Menschen in die ökologische Sphäre mit ein, und zwar nicht als externen Beobachter oder Verwalter, sondern als Organismus.

9. Geschenk

Dieser ganzheitliche Ansatz würdigt und verkündet die Interdependenz allen Lebens. Wir können es uns nicht leisten, das Wohlergehen des Menschen losgelöst von der Umwelt zu betrachten, wie es manche Technokraten gerne tun. Wir dürfen aber auch nicht den Fehler jener Umweltschützerinnen und Umweltschützer wiederholen, die den Menschen als eine Plage für die Erde betrachten. Diese extremen Sichtweisen stellen den Menschen nämlich beide als etwas von der Natur Getrenntes dar. Um solche Polarisierungen zu vermeiden, müssen wir daher eine *integrierte Ökologie* anstreben, wie Franziskus sagt; eine, die das Ganze im Blick hat und auf die notwendige Integration ihrer vielen Komponenten achtet. Das Spirituelle, das Biologische, das Politische, das Moralische und das Technologische – all diese Dimensionen des Daseins müssen in ihrer Zusammenschau betrachtet werden.

Dieser holistische Ansatz lässt sich bei allen Päpsten in der jüngeren Vergangenheit beobachten. So betonte bereits Papst Benedikt XVI. im Jahr 2011 – quasi als Vorbote von Franziskus – die Bedeutung der Ökologie, das Erfordernis, »auf die Sprache der Natur [zu] hören und entsprechend [zu] antworten«. Dazu gehöre auch die Berücksichtigung der »Ökologie des Menschen«, also unserer eigenen Natur, die respektiert werden müsse und nicht manipuliert werden dürfe. Für die persönliche Ganzheit sei es notwendig, auf die eigene Natur zu hören und sich selbst zu akzeptieren – was bedeute, der Tatsache Rechnung zu tragen, dass wir keine von uns selbst geschaffenen Wesen sind. »Gerade so und nur so vollzieht sich wahre menschliche Freiheit«, so Benedikt weiter.[6] Und diese Aussage bringt den Zusammenhang von Identität, Teleologie und Freiheit präzise auf den Punkt: Indem wir Gott als den Schöpfer anerkennen, finden wir unsere Identität, wobei diese Anerkennung unsere Bestimmung offenbart, und die Erfüllung unserer Bestimmung macht uns frei.

In seinem Schreiben *Orientale lumen* verbindet Papst Johannes Paul II. diese Diskussion direkt mit der Liturgie, die die leibliche und kosmische Realität in einem einzigen Dankesruf vereint.

Durch die sakramentale Anbetung ist ihm zufolge nämlich »der gesamte Kosmos [...] berufen, in Christus, dem Herrn, alles zu vereinen«. In der Eucharistie werden wir aus dem fragmentierenden Dualismus herausgeführt, und »der menschliche Leib wird [...] zu einem von der Gnade erleuchteten und daher im Vollsinn menschlichen Ort«. Die kirchliche Liturgie offenbart die »eucharistische Wirkkraft der geschaffenen Welt« und eröffnet die Möglichkeit, die äußere Harmonie mit dem Kosmos wie auch die innere Harmonie in uns selbst wiederherzustellen.[7]

Ich führe all diese Passagen an, um zu zeigen, dass die Kirche diese vielschichtige Wahrheit immer schon verkündet hat – angefangen von der Bibel über Hildegard von Bingen bis hin zu allen Päpsten, die zu meinen Lebzeiten bereits im Amt waren. Christin oder Christ zu sein heißt, sich selbst in Beziehung zum Kosmos und den Kosmos in Beziehung zu Gott zu betrachten. Darüber hinaus hat die Art und Weise, wie wir uns zu einem dieser Elemente – unserem eigenen Selbst, der Schöpfung und Gott – verhalten, einen subtilen Einfluss darauf, wie wir uns den anderen gegenüber verhalten. Ich kann die Schöpfung nicht wirklich ehren, wenn ich nicht auch meinen eigenen Körper ehre, der selbst ein Teil dieser Schöpfung ist. Franziskus weist in einem Abschnitt der päpstlichen Enzyklika *Laudato si'* ausdrücklich auf diese Verbindung hin, der hier daher im vollen Wortlaut zitiert werden soll:

»Das Akzeptieren des eigenen Körpers als Gabe Gottes ist notwendig, um die ganze Welt als Geschenk des himmlischen Vaters und als gemeinsames Haus zu empfangen und zu akzeptieren, während eine Logik der Herrschaft über den eigenen Körper sich in eine manchmal subtile Logik der Herrschaft über die Schöpfung verwandelt. Zu lernen, den eigenen Körper anzunehmen, ihn zu pflegen und seine vielschichtige Bedeutung zu respektieren, ist für eine wahrhaftige Humanökologie wesentlich. Ebenso ist die Wertschätzung des eigenen Körpers in seiner Weiblichkeit oder

9. Geschenk

Männlichkeit notwendig, um in der Begegnung mit dem anderen Geschlecht sich selbst zu erkennen. Auf diese Weise ist es möglich, freudig die besondere Gabe des anderen oder der anderen als Werk Gottes des Schöpfers anzunehmen und sich gegenseitig zu bereichern. Eben deswegen ist die Einstellung dessen nicht gesund, der den Anspruch erhebt, ›den Unterschied zwischen den Geschlechtern auszulöschen, weil er sich nicht mehr damit auseinanderzusetzen versteht‹.«[8]

Dieser letzte Satz ist ein Angriff auf das Gender-Paradigma und bezieht sich auf eine Katechese aus dem Jahr 2015, in der Franziskus die Gender-Theorie explizit kritisiert. Er stellt zu Recht fest, dass ein entkörperlichtes Geschlechterkonzept letztlich die geschlechtliche Differenz auslöscht. Unsere Fähigkeit, die Schönheit der Welt anzunehmen, hängt aber mit unserer Fähigkeit zusammen, die Gegebenheit unseres eigenen Körpers anzunehmen.

Der Körper ist ein Geschenk. Das ist die christliche Sichtweise. Die Menschwerdung verbindet uns mit allem anderen Leben und aller sonstigen Materie. Man betrachte die Intimität des Atemholens, bei dem man das Ausgeatmete anderer Organismen in seine Lungen aufnimmt und sich ein wenig von ihrem Leben borgt, um das eigene zu erhalten. Oder nehmen wir die Intimität des Essens – bei dem wir die Materie von Pflanzen und Tieren in unser Fleisch aufnehmen und Kraft und Energie aus den Früchten der Erde ziehen. Oder man denke an die Intimität des Gehens, das Vertrauen darauf, dass der Boden einem in jedem Moment trägt – eine Zuversicht, die so selbstverständlich ist, dass man gar nicht erst über sie nachdenkt. Nicht der *idealtypische* Körper ist ein Geschenk – der, der mit hübschen Muskeln, langen Gliedmaßen und glatter Haut aufwartet und wie aus dem Ei gepellt im Bernstein ewiger Gesundheit und konventioneller Schönheit eingefasst ist. Den Gabencharakter des Körpers erblicken wir vielmehr in seiner Endlichkeit, in seinen Begrenztheiten und Makeln, denn diese Begrenzungen offenbaren uns unser wechselseitiges Angewiesensein aufeinander und machen uns unsere höchste Berufung bewusst, nämlich Liebe zu geben und zu empfangen.

Unsere Körper sind keine ästhetischen Objekte, sondern Weisen des Dazugehörens. Sie gemahnen uns ständig daran, dass wir nicht autonom sind, dass die Fantasie der Selbstschöpfung nicht mehr als ein Fiebertraum ist, das Symptom einer tieferliegenden Krankheit. »In der Praxis gibt es keine Autonomie«, schreibt Wendell Berry. »In der Praxis gibt es nur die Unterscheidung zwischen verantwortungsvoller und verantwortungsloser Abhängigkeit.«[9]

Berry ist kein Katholik, aber das vergesse ich, wenn ich ihn lese. Er ist schwer zu kategorisieren, ohne dass sich die Bindestriche auftürmen: ein Landwirt-Philosoph-Dichter-Störenfried. Das liegt daran, dass sein Denken das Ganze in den Blick zu nehmen versucht und sich weigert, sich in die eine oder andere akademische Nische, in fragmentierte und verkürzt gefasste Spezialgebiete einfügen zu lassen. Berry zufolge ist das Grundübel unserer Kultur ihr Hang zur Fragmentierung: Wir sprengen die Einheit der Schöpfung, indem wir den Geist vom Körper, die Kultur von der Natur und die Sexualität von der Fortpflanzung abspalten. »Es ist nicht möglich, den Körper abzuwerten und die Seele wertzuschätzen«, schreibt er, und ich möchte diese Feststellung dadurch etwas abwandeln, dass ich »die Seele« gegen »das Selbst« austausche: Es ist nicht möglich, sich selbst anzunehmen, wenn man seinen Körper ablehnt.[10]

Darüber hinaus beschreibt Berry, wie die »Verachtung des Körpers« zur »Verachtung anderer Körper« führt: »denen von Sklaven, Arbeitern, Frauen, Tieren, Pflanzen, ja der Erde selbst«.[11] Und ich kann es mir nicht verkneifen, seine Liste noch zu ergänzen, nämlich um die Körper der Gebrechlichen, der Ungeborenen, der Alten, der Behinderten und der Verwahrlosten. Dieses Buch hat sich zwar in weiten Teilen mit der Auslöschung der Körperlichkeit des Geschlechts und dem Siegeszug des körperlosen Gender befasst, aber das ist nur ein Symptom für eine viel umfassendere Krankheit – der nämlich, dass man dem menschlichen Körper die ihm immanente Würde und den ihm innewohnenden Wert abspricht und den Körper als Gabe dabei vergisst.

Symbol

Das Heilmittel für diese Krankheit kann nicht ihre Ursache sein. Die Linderung für die Desintegration kann nicht in zusätzlicher Entropie bestehen. Viele der von den Betroffenen erzählten Geschichten aus dem Innenleben des Gender-Paradigmas drücken den Wunsch aus, sich bei sich selbst und in der Welt zu Hause zu fühlen. Das ist es, was ich aus diesen Berichten heraushöre: den Aufschrei einer echten menschlichen Sehnsucht. Dieses Verlangen nach Ganzheit muss benannt und als etwas *Gutes* anerkannt werden. Hier ist allerdings auch der Schauplatz einer tragischen Ironie. Denn die Menschen, die sich im Gender-Paradigma verheddert haben, streben Ganzheit unter den Bedingungen der Fragmentierung an.

Werfen wir einen kurzen Blick auf unsere bisherige Entwicklung zurück. Im allmählichen Übergang vom Mittelalter zur Neuzeit wird das kosmische Rad, das der Hildegard von Bingen vorschwebte, Stück für Stück demontiert. Der heilige Kosmos wird zu einem mechanistischen Universum und das lebendige Licht, das in schillernden Bildern zu ihr spricht, zu einem fernen Uhrenschlüssel. Die Materie singt nicht mehr die Dinge Gottes, sondern echot nur noch den hohlen Klang menschlicher Stimmen. Die Kuppel des Himmels verflacht zu einem kahlen, weißen Himmel.

Die Moderne zerbricht den Makrokosmos, und nun wird das einsame Selbst ausgebrütet, ein Selbst, das nicht mehr offen und durchlässig für die Transzendenz ist, sondern abgeschottet und insular, von seiner Selbstgenügsamkeit überzeugt. Unter dieser neuen Fahne der Autonomie wird der weibliche Körper zu einer Bedrohung. Denn die Körper der Frauen sind *zu* durchlässig, *zu* offen für das Selbstsein anderer. Schwangerschaft und Mutterschaft aber strafen das moderne Ideal des autonomen Selbst Lügen, und daher wird die weibliche Fruchtbarkeit pathologisiert, unterdrückt und als Krankheit behandelt. Sexualität und Fertilität werden entkoppelt, und das lebenspendende Potenzial der Ersteren verschwindet aus dem Bewusstsein. Das biologische Geschlecht wird nicht mehr im Sinne eines Fortpflanzungspotenzials verstanden, und ohne den Sinn für diese vereinheitlichende Funktion erscheint es als eine disparate Ansammlung von Merkmalen, die keinen inneren Zusammenhalt mehr besitzen. Das ist der Moment, in dem wir in die Postmoderne eintreten; die Demontage des Mikrokosmos – des menschlichen Wesens selbst – hat begonnen.

Das postmoderne Selbst ist externen Kräften gegenüber angreifbarer: nicht in Bezug auf Transzendenz, sondern in Bezug auf die Macht. Im Ursprungsmythos der Postmoderne ist der Schöpfergott die Gesellschaft. Die Postmoderne kehrt also die hylomorphe Auffassung von der menschlichen Person um: Wir sind keine von einer inneren Seele beseelten Leiber mehr, sondern von äußeren Kräften geformte Körper. *Gender* taucht als eine Möglichkeit auf, die kulturelle Produktion von »Mann« und »Frau« zu benennen. Anfangs ist das Gender noch mit dem Körper verbunden, als eine Art kulturelle Gewandung, als jener Pomp, mit dem eine bestimmte Gesellschaft die geschlechtliche Differenz artikuliert. Innerhalb weniger Jahrzehnte verschiebt sich jedoch das Terrain. Die Geschlechterdifferenz *selbst* wird nun als ein Kostüm betrachtet, als eine Performance, die die Illusion einer Essenz vermittelt. Das soziale Geschlecht wird nun vom biologischen Geschlecht abgelöst – die Frau vom Weiblich- und der Mann vom Männlichsein – und in kulturellen Stereotypen gegründet. Auf diese Weise vom körperlichen Geschlecht entkoppelt, vermehren sich die Gender-Kategorien allerdings immer weiter; jeder »Stil« des sozialen Geschlechts, der von einer strikten Norm abweicht, muss kodiert und mit einem Namen versehen werden und erhält seinen Platz im Drop-Down-Menü. Die lebendige Person im Zentrum des kosmischen Rades, jenes menschliche Wesen, dessen Einheit von Leib und Seele die

9. Geschenk

Harmonie des Ganzen widerspiegelt, ist durch ein fragmentarisches Identitätsmodell verdrängt worden. Das Selbst ist nicht mehr ein Mikrokosmos, sondern ein zertrümmertes Götzenbild.

In unserer postmodernen Welt dreht sich die Diskussion um Gender vor allem um das Erscheinungsbild und die Geschlechterrollen. Eine Frau zu sein bedeutet, eine bestimmte soziale Rolle zu erfüllen oder typisch weibliches Verhalten und entsprechende Kleidung zur Schau zu stellen. Der Feminismus und sein Ableger, die Gender-Theorie, stellen das *Machen* und nicht das *Sein* in den Mittelpunkt der Diskussion. Schon in seinen früheren, auch schon nur wenig religiösen Ausprägungen verfügte der Feminismus nur über eine schwach ausgeprägte Metaphysik; der Schwerpunkt lag vielmehr auf der Erlangung gesetzlicher Rechte für Frauen und später auf dem Aufbrechen starrer Geschlechterrollen. Die Gender-Theorie hat sich in einem philosophischen Kontext entwickelt, der Metaphysik ausdrücklich ablehnt und den Schwerpunkt auf das »Gendermachen«, das »Doing Gender«, legt (ebenso wie auf das »Undoing« und das »Redoing Gender«). Schon allein die Frage nach dem *Sein* aufzuwerfen, ist in diesem Paradigma bereits eine Todsünde. Und dieser Aversion ist es geschuldet, dass weder der Feminismus noch die Gender-Theorie die Vorstellung von einem inhärenten Wert und einer inhärenten Identität der Frau verteidigen, unabhängig von ihrem Handeln oder ihrer Rolle. Nur das katholisch-christliche Paradigma bietet diese Möglichkeit. Um dies zu erkennen, muss man sich unter das Himmelszelt eines sakramentalen Kosmos begeben und anfangen, völlig anders über das Geschlecht nachzudenken: nicht in Begriffen von Rolle oder Performance, sondern von *Symbol*.

Dieses Wort stammt von den Griechen. Im wörtlichen Sinne bedeutet *symbolon* »zusammenwerfen« oder »zusammenführen«. Sein Antonym ist *diabolon*, was so viel wie »auseinanderreißen« meint. Betrachten wir diese Etymologie nun im Zusammenhang mit der Kosmologie der biblischen Schöpfungsgeschichte. Gottes Handeln in der Welt besteht im Wesentlichen darin, aus dem wüsten und leeren Chaos eine Ordnung zu schaffen. Wenn er Unterscheidungen vornimmt, indem er eine Gestalt von einer anderen trennt, so tut er dies mit dem Ziel, aus der Differenz ein Gleichgewicht zu erzeugen. Selbst die Erschaffung der Frau folgt diesem Muster: Er nimmt einen Teil des Körpers des Mannes und macht daraus eine neue Lebensform, eine Frau, die ihm sowohl ähnelt als auch anders ist als er. Zwischen beiden besteht eine notwendige Trennung. Aber sobald Gott die Frau erschafft, bringt er den Mann und die Frau auch zusammen; ihre Verschiedenheit ermöglicht eine Gemeinschaft der Liebe zwischen ihnen. Der Kosmos ist in erster Linie durch Harmonie gekennzeichnet.

Betrachten wir nun die Schlange. Ihre Worte und Taten stören diese ursprüngliche Harmonie. Das Böse wird in dieser Kosmologie als eine *trennende* Macht dargestellt. Was im Gleichgewicht erschaffen wurde, befindet sich nun im Konflikt. Seele und Körper, Mann und Frau, Menschen und Erde, das Menschliche und das Göttliche – jede Schicht der kosmischen Totalität wird nun von Spaltung erfasst. Das ist es, was *el diablo* tut: Das *Diabolische* ist letztlich eine Kraft der Fragmentierung, der Zwietracht. Es spaltet und stört Sinn. Das *Symbolische* hingegen ist eine Kraft, die zusammenführt und ein Gleichgewicht schafft, um Sinn zu offenbaren. Die Genesis und die Gender-Theorie sind damit zwei miteinander unvereinbare Modelle, zwei unterschiedliche Weisen, das menschliche Personsein zu verstehen. Das eine führt zusammen, während das andere trennt.

Das Gender-Paradigma ist diabolisch, und zwar im eigentlichen Sinne des Wortes. Mir ist klar, dass dies eine provokante Aussage ist, aber ich glaube auch, dass sie wahr ist. Es ist ein Konzept, das die Menschen hinters Licht führt, indem es ihnen die verführerische Lüge einflüstert, dass wir unsere eigenen Götter sein können, unsere eigenen Schöpfer, dass der Körper keine ihm innewohnende Bedeutung oder Würde hat, dass wir unserem Gegebensein entkommen und Zuflucht in einem speziell auf uns zugeschnittenen Selbst finden könnten. Nach diesem Modell wird das biologische

9. Geschenk

Geschlecht – eine Realität, die die ganze Person umfasst – in separate Bestandteile zerlegt. Die Frau wird von der Weiblichkeit abgetrennt, einer nun entkörperlichten Kategorie, die sich fortan jeder aneignen kann. Dieses Paradigma nimmt das menschliche Verlangen nach Bekehrung, Wiedergeburt und Auferstehung und verkehrt es in einen billigen Abklatsch. Innere Qualen und innere Leere werden einem gesunden Körper angelastet, der dann zum bequemen Sündenbock wird, einem konkreten »Problem«, das »gelöst« werden kann. Doch das Problem ist nicht der Körper. Das Problem ist die sehr reale und schmerzhafte Erfahrung der Desintegration, die nach den persönlichen Lebensumständen eine ganze Palette von Ursachen haben kann. Dieses Problem kann aber in jedem Fall nicht durch eine Philosophie gelöst werden, die letztlich schlicht nihilistisch ist, da sie die Möglichkeit eines Sinns jenseits des eigenen Ichs leugnet – und damit auch die Möglichkeit der Ganzheit.

Das Genesis-Paradigma dagegen ist symbolisch, und zwar im vollsten Sinne des Wortes. Der Terminus »Symbol« vermittelt uns zwei Bedeutungsebenen an die Hand, die wir berücksichtigen müssen: erstens die Bedeutung von »Zusammenfügung« und zweitens die von »Repräsentation«. Ein Symbol verbindet nämlich vermeintlich disparate Dinge miteinander, um die Wahrheit zu offenbaren, um eine vielschichtige Bedeutung zu enthüllen, die das Konkrete umfasst und gleichzeitig über es hinausgeht. In der katholischen sakramentalen Vorstellungswelt offenbart das Zeitliche das Ewige und das Sichtbare das Unsichtbare. Über die rein empirische oder konkrete Funktion hinaus haben die Dinge in der Welt mithin auch noch eine symbolische Bedeutung; unsere sinnliche Realität macht die Dinge Gottes für uns fassbar.

Der menschliche Körper als Teil der materiellen Welt – ja als ihr erhabenstes Element, das allein dazu in der Lage ist, göttliche Offenbarungen zu erkennen – dient als heiliges Symbol, besonders in seiner zwiefachen Inkarnation. Es gibt keinen ungeschlechtlichen Menschen, und der Fortbestand unserer Existenz hängt vom Mann- und Frausein ab. Im Gegensatz zu den Neuerungen der Gender-Theorie, die vom biologischen Geschlecht als etwas spricht, was nicht vom Körper abgelesen, sondern ihm willkürlich zugeschrieben wird, geht die katholische Sichtweise davon aus, dass unserem Körper eine *Gegebenheit* innewohnt; ihm ist eine heilige Bedeutung eingeschrieben, die nicht durch unsere Willkür bestimmt oder konstruiert wird. Körper sprechen die Sprache des Symbolischen, ob wir wollen oder nicht.

Worin aber besteht diese symbolische Bedeutung? Welche göttliche Wahrheit verkündigen wir durch unsere geschlechtlichen Körper? Die Heilige Schrift und die Tradition geben uns eine zentrale Metapher an die Hand, mit der wir uns das Verhältnis von Gott und Mensch erschließen können. Dies ist die Metapher der ehelichen Vereinigung. Hierbei handelt es sich um eine zutiefst leibliche Metapher, die das Bild von Mann und Frau als ein Fleisch heraufbeschwört. Möglich wird eine solche Vereinigung durch die komplementäre Differenz der Geschlechter. Um es in vereinfachten biologischen Begriffen auszudrücken: In der geschlechtlichen Vereinigung verbindet das Paar seine beiden für sich genommen jeweils unvollständigen Fortpflanzungssysteme zu einer vollständigen reproduktiven Einheit. Sowohl der Mann als auch die Frau bringen in diese Verbindung das ihnen innewohnende Potenzial ein, eine neue Person zu erschaffen; sie tragen den Samen des Lebens in sich selbst. Aber die Art und Weise ihrer Potenzialität ist nicht identisch: Der Mann hat die Fähigkeit, Leben nach außen zu übertragen, während die Frau das Potenzial hat, neues Leben in sich zu entwickeln.

Wenn wir diese biologischen Tatsachen als eine Art Spiegel für Gott und den Menschen betrachten, dann entspricht das männliche Geschlecht Gott, denn Gott stiftet das Leben aus sich selbst heraus, bleibt selbst aber von ihm getrennt; er transzendiert. Das weibliche Geschlecht repräsentiert hingegen den Menschen, weil seine Kraft in der *Empfänglichkeit* liegt; der Mensch ist dazu geschaffen, die Liebe Gottes zu empfangen, sich innerlich zu verwandeln und diese Liebe Früchte tragen zu lassen.

9. Geschenk

Die Empfänglichkeit für Gott, verkörpert in der Gestalt der Frau, ist das höchste Ziel des Menschen. Dies ist das Telos unserer Existenz: Ja zu sagen zur göttlichen Gnade, sich von der göttlichen Liebe einnehmen zu lassen und die innere Metamorphose willkommen zu heißen, die sie mit sich bringt. Die Frau ist also die Repräsentantin des Menschseins vor Gott; sie ist das Sinnbild für diese Empfänglichkeit, zu der alle, Männer wie Frauen, aufgerufen sind.

Wir sind es nicht gewohnt, über das Geschlecht in symbolischen Begriffen zu sprechen, weshalb man diese Argumentation auch leicht missverstehen kann. Ich behaupte hier nicht, dass alle Frauen Mütter im wörtlichen Sinne sein müssen, dass Frauen spiritueller sind als Männer oder dass die Männer näher bei Gott sind. Solche Einwände lassen die Tatsache unberücksichtigt, dass wir es hier nicht mit Gott oder dem Menschsein an sich, sondern mit einer *Metapher für ihr Verhältnis* zu tun haben. Beide Geschlechter erzählen durch die Sprache des Körpers die gleiche Geschichte der Gemeinschaft von Gott und Mensch, wenn auch aus zwei verschiedenen Blickwinkeln. Oder um die Worte von Papst Franziskus zu paraphrasieren: Die Schönheit des göttlichen Schöpfungsplans schreibt das Abbild Gottes nicht dem Mann und der Frau in ihrer Vereinzelung, sondern in ihrem Bund miteinander ein.[12]

Männer verfügen nicht über irgendein ihnen allen eignendes Vermögen, eine Fähigkeit oder besondere Errungenschaft, die Frauen nicht haben, und umgekehrt. Nein, ihre Körper weisen einfach auf unterschiedliche spirituelle Realitäten hin. So wie das Wasser natürlicherweise das Reinigende und Erfrischende symbolisiert, so evoziert die männliche Gestalt das Bild des Ehemanns und Vaters und die weibliche das der Mutter und der Braut. Diese symbolische Taxonomie verleiht jedem Körper eine göttliche Bedeutung, vor allem denjenigen, die unsere Kultur als am wertlosesten betrachtet – etwa den kränklichen, alternden und sterbenden. »[E]s ist auch noch die ganz vereinsamte Frau auf dem Krankenlager, die den werdenden Christus nur noch in der eigenen Seele zu betten vermag.«[13]

Die sakramentale, sinnbildliche Vorstellungskraft des Katholizismus verlagert den Wert der Geschlechtsidentität von einem äußeren Akt zu einer inneren Würde – vom *Machen* zum *Sein*. Dies eröffnet die Möglichkeiten eines ausgelebten Geschlechts [*sex-lived-out*] und befreit uns von einengenden Stereotypen und Leistungsdruck.[14] Das körperliche Geschlecht erlangt seinen Sinn nicht durch vorgegebene Aufgaben, restriktive vorübergehend zu spielende Rollen oder eine gerade angesagte Ästhetik. Die höchste Bedeutung des geschlechtlichen Körpers besteht vielmehr darin, eine lebendige, sichtbare Ikone zu sein, die kontinuierlich auf die Welt jenseits des Schleiers hindeutet.

†

Es gibt viele Dinge in unserem Leben, die wir nicht kontrollieren können – zum Beispiel, wann und wo wir geboren werden und in welche Familie, welches Land und welche Geschichte wir hineinwachsen, die für uns als an Zeit und Raum gebundene Wesen notwendigerweise unser Erbe bilden. Wir stolpern vielmehr Hals über Kopf in die Geschehnisse der Welt hinein. Weder unser Geschlecht noch den Entwicklungsgang, den es nimmt, können wir uns aussuchen. Wir entscheiden uns nicht für die einzigartige Mischung aus Eigenschaften und Merkmalen, die uns ausmacht, für jene Fäden, aus denen unsere Persönlichkeit gewebt ist. Und wir können uns nicht aussuchen, wann Krankheit und Trauma bei uns zuschlagen; wir können nur wissen, *dass* sie irgendwann kommen werden.

Und doch gibt es etwas, das wir frei wählen können – *frei* aber nur, weil die sanften Finger Gottes das gelöst haben, was uns bindet und verblendet. Wir können uns nämlich dafür entscheiden, all diese Dinge als *Geschenk* anzunehmen. Wir können uns entscheiden, Ja zu sagen zu einer Liebe, die stärker ist als der Tod. Wir können schon jetzt in den ewigen Augenblick der Verkündigung eintreten, wenn das *Ja* einer Frau zum Ausgangspunkt der Erlösung wird.

9. Geschenk

Sie ist der wahre Mikrokosmos, die Krönung des geschaffenen Seins, das lebendige Symbol für Macht als Hingabe. Ihr *Ja* ist die Kraft der Schöpfung, eine Kraft, die den abgehauenen Ast für die Vitalität Gottes öffnet, durch die er wieder ergrünt – nicht mehr tot, sondern wieder erblühend. Ihr *Ja* ist die Tür zum Garten Eden, das Tor zur Ganzheit, wo der Mann mit der Frau versöhnt ist und beide mit Gott. In diesem *Ja* liegt unsere Bestimmung. In diesem *Ja* liegt wahre Freiheit. Durch dieses *Ja* kann unsere Vision wiedererlangt werden; wir können das Ganze sehen und in es eintreten, jenes Netz aus Feuer, das uns im Sein hält und uns mit allem anderen Leben verknüpft. Durch dieses *Ja* werden wir zu dem, was wir sind.

Oh Herr, öffne meine Lippen.

Anmerkungen

1. Häretikerin

1   1 Korinther, 11,7.
2   Vgl. Abigail Favale, Into the Deep: An Unlikely Catholic Conversion (Eugene, OR: Cascade Books, 2018).
3   Johannes Paul II., Enzyklika *Evangelium vitae* (*Evangelium des Lebens*), 25. März 1995, Nr. 99.

2. Kosmos

1   Eine geraffte Darstellung der christlichen Anthropologie findet man im Katechismus der Katholischen Kirche (im Folgenden zitiert als KKK) unter den Nummern 362 bis 368.
2   Genesis 2,19.
3   Johannes Paul II., »Die ursprüngliche Einheit von Mann und Frau«, Generalaudienz vom 7. November 1979.
4   Johannes Paul II., *Als Mann und Frau schuf er sie. Grundfragen menschlicher Sexualität* (München: Verlag Neue Stadt, 1981), S. 84. In der englischsprachigen Originalausgabe des Buches von Abigail Favale zitiert nach: John Paul II, *Man and Woman He Created Them: A Theology of the Body* (Ann Arbor: University of Michigan, 2006), S. 203. Die beiden Ausgaben sind jedoch inhaltlich nicht identisch, so dass nicht alle von Favale angeführten Zitate aus der umfangreicheren amerikanischen Ausgabe sich auch in der deutschen Ausgabe finden.
5   Johannes Paul II., *Als Mann und Frau schuf er sie* (a. a. O.), S. 63.
6   Johannes Paul II., *Als Mann und Frau schuf er sie* (a. a. O.), hier nach *Man and Woman He Created Them* (a. a. O.), S. 236.
7   Heiliger Athanasius, *Über die Menschwerdung des Wortes Gottes*, ursprünglich auf Griechisch verfasst, hier zitiert nach der amerikanischen Ausgabe: *On the Incarnation* (Yonkers, NY: St Vladimir's Seminary Press, 2011), S. 52.
8   KKK, 399.
9   Edith Stein, *Die Frau. Fragestellungen und Reflexionen*, in: *Edith-Stein-Gesamtausgabe*, hrsg. im Auftrag des Internationalen Edith-Stein-Instituts Würzburg von Michael Linssen, Band 13 (Freiburg im Breisgau: Herder, 2002), hier S. 49 (zitiert gemäß der Online-Version des Karmels Maria vom Frieden).

10 Johannes Paul II., *Als Mann und Frau schuf er sie,* a. a. O., hier nach *Man and Woman He Created Them,* a. a. O., S. 175.
11 Ebenda, S. 242.
12 Ebenda, S. 249.
13 Edith Stein, *Die Frau,* a. a. O., S. 61.
14 Johannes Paul II., *Als Mann und Frau schuf er sie,* a. a. O., hier nach *Man and Woman He Created Them,* a. a. O., S. 244.
15 Ebenda, S. 249.
16 Ebenda, S. 260.
17 Ebenda, S. 252.
18 Edith Stein, *Die Frau,* a. a. O., S. 54.
19 Johannes Paul II., *Als Mann und Frau schuf er sie,* a. a. O., hier nach *Man and Woman He Created Them,* a. a. O., S. 260 f.
20 Ebenda.
21 Ebenda.
22 Matthäus 19,4–6.
23 Matthäus 19,8.
24 Edith Stein, *Die Frau,* a. a. O., S. 49.
25 Ebenda, S. 57.

3. Wellen

1 Vgl. Sue Ellen Browder, *Subverted: How I Helped the Sexual Revolution Hijack the Women's Movement* (San Francisco: Ignatius Press, 2015).
2 Alle Zitate aus Simone de Beauvoirs Hauptwerk werden im Folgenden direkt aus dem Französischen übersetzt, nach der Ausgabe: *Le Deuxième Sexe* (Paris: Gallimard, 2003), hier Band II, S. 13.
3 Ebenda, Band I, S. 33.
4 Ebenda, Band II, S. 648.
5 Ebenda, Band I, S. 33.
6 Ebenda, Band I, S. 34.
7 Ebenda, Band I, S. 114.
8 Ebenda, Band I, S. 114 f.
9 Ebenda, Band I, S. 114–117.
10 Ebenda, Band I, S. 115.
11 Ebenda.
12 Ebenda, Band I, S. 116.
13 Ebenda, Band II, S. 220.
14 Ebenda, Band II, S. 447.
15 Ebenda, Band II, S. 593.

Anmerkungen

16 Ebenda, Band II, S. 608.
17 Homer, *Odyssee*, in der Übertragung von Johann Heinrich Voß (Erstausgabe 1781, hier München: dtv, 1985), S. 521 (VI. Gesang, Verse 182–185).
18 *Le Deuxième Sexe*, a. a. O., Band II, S. 645.
19 Ebenda, S. 645 f.
20 Ebenda, S. 643 f.
21 Ebenda, S. 645.
22 Ebenda, S. 652 (Kursivierung hinzugefügt).
23 »The World's Worst Writing«, *The Guardian*, 24. Dezember 1999, https://www.theguardian.com/books/1999/dec/24/news#:~:text=%22The%20move%20from%20a%20structuralist,of%20structure%2C%20and%20marked%20a.
24 *Le Deuxième Sexe*, a. a. O., Band II, S. 644.
25 Judith Butler, *Gender Trouble: Feminism and the Subversion of Identity* (New York: Routledge, 1990), S. IX.
26 Judith Butler, *Undoing Gender* (New York: Routledge, 2004), S. 27.
27 Judith Butler, »Performative Acts and Gender Constitution: An Essay in Phenomenology and Feminist Theory«, *Theatre Journal* 40, Nr. 4 (1988), S. 519–531.
28 Butler, *Undoing Gender*, a. a. O., S. 29.
29 Ebenda, S. 157.
30 Ebenda, S. 11.
31 Ebenda, S. 29.
32 »Lettre ouverte à la Commission de révision du code pénal pour la révision de certains textes régissant les rapports entre adultes et mineurs«, 1977, http://www.dolto.fr/fd-code-penal-crp.html.
33 Lawrence Kritzman, »Sexual Morality and the Law«, in: Michel Foucault, Politics, Philosophy, Culture: Interviews and Other Writings 1977–1984 (New York: Routledge, 1988), S. 271–285. Dies ist eine übersetzte Transkription eines Interviews aus dem Jahr 1978, in dem Foucault über seine Unterstützung für diese Petition spricht und erklärt, dass »eine gesetzlich festgelegte Altersgrenze nicht viel Sinn hat«. https://www.uib.no/sites/w3.uib.no/files/attachments/foucaultdangerchildsexuality_0.pdf.
34 *Le Monde*, 26. Januar 1977, https://www.ipce.info/ipceweb/Library/00aug29b1_from_1977.htm.
35 Kimberlé Crenshaw, »Demarginalizing the Intersection of Race and Sex: A Black Feminist Critique of Antidiscrimination Doctrine, Feminist Theory and Antiracist Politics«, *University of Chicago Legal Forum* (1989). Vgl. auch ihren bekannteren Aufsatz »Mapping the Margins: Intersectionality, Identity Politics, and Violence against Women of Color«, *Stanford Law Review* 43, Nr. 6 (Juli 1991), S. 1241–1299.

36 Butler, *Undoing Gender*, a. a. O., S. 39.
37 Dieser Satz erregte im Jahr 2016 einiges Aufsehen auf Twitter. Vgl. Damon Young, »Straight Black Men Are the White People of Black People«, *The Root*, 17. September 2017, https://www.theroot.com/straight-black-men-are-the-white- people-of-black-people-1814157214.

4. Kontrolle

1 Niels Hoyer (Hg.), *Man into Woman: An Authentic Record of a Change of Sex* (New York: E. P. Dutton & Co., 1933), https://www.lilielbe.org/narrative/editions/A1.html.
2 Margaret Sanger, *Woman and the New Race* (New York: Brentano, 1920), zitiert (hier in Übersetzung) nach http://www.gutenberg.org/cache/epub/8660/ pg8660.html. Auf Deutsch erschienen unter dem Titel *Die neue Mutterschaft. Geburtenregelung als Kulturproblem* (Dresden: Sybillen-Verlag, 1927).
3 Alexander Sanger, »Eugenics, Race, and Margaret Sanger Revisited: Reproductive Freedom for All?«, *Hypatia* 22, Nr. 2 (2007), S. 215.
4 Ich stütze mich hier auf die Arbeit der Theologin Angela Franks, die Sanger zu Recht als Verfechterin einer Kontrollideologie charakterisiert. Vgl. Angela Franks, »A Life of Passion: Progressive Eugenics and Planned Parenthood«, *Public Discourse*, 4. Januar 2021, https://www.thepublicdiscourse.com/2012/01/4445/.
5 Sanger, Woman and the New Race, a. a. O., Kap. 4.
6 Vgl. »Oral Contraceptives and Cancer Risk«, National Cancer Institute, zuletzt aktualisiert am 22. Februar 2018, https://www.cancer.gov/about-cancer/causes-prevention/risk/hormones/oral-contraceptives-fact-sheet#what-is-known-about-the-relationship-between-oral-contraceptive-use-and-cancer.
7 L. S. Mørch et al., »Contemporary Hormonal Contraception and the Risk of Breast Cancer«, *New England Journal of Medicine* 377, Nr. 23 (2017), S. 2228–2239, https://doi.org/10.1056/NEJMoa1700732.
8 J. S. Smith et al., »Cervical Cancer and Use of Hormonal Contraceptives: A Systematic Review«, *Lancet* 361, Nr. 9364 (2003), S. 1159–1167, https://doi.org/10.1016/s0140-6736(03)12949-2.
9 K. A. Michels et al., »Modification of the Associations between Duration of Oral Contraceptive Use and Ovarian, Endometrial, Breast, and Colorectal Cancers«, *JAMA Oncology* 4, Nr. 4 (2018). S. 516–521.
10 C. W. Skovlund, L. S. Mørch und L.V. Kessing, »Association of Hormonal Contraception with Depression«, *JAMA Psychiatry* 73, Nr. 11 (2016), S. 1154–1162.

Anmerkungen

11 Monique Tello, »Can Hormonal Birth Control Trigger Depression?«, *Harvard Health Blog*, 1. Oktober 2019, https://www.health.harvard.edu/blog/can-hormonal-birth-control-trigger-depression-2016101710514.

12 Maya Dusenbery, »Why Women – and Men – Need Better Birth Control«, *Scientific American*, Mai 2019, S. 44.

13 Clara Moskowitz und Jen Schwartz, »Fertile Ground«, *Scientific American*, Mai 2019, S. 31.

14 Ebenda.

15 Virginia Sole-Smith, »The Point of a Period«, *Scientific American*, Mai 2019, S. 35 f.

16 Ebenda, S. 39 f.

17 Dusenbery, »Better Birth Control«, a. a. O., S. 44.

18 Ebenda, S. 47.

19 Ich nenne nur zwei von vielen Beispielen. Eine Studie aus dem Jahr 2008 über die Marquette-Methode der Natürlichen Familienplanung ergab eine Wirksamkeitsrate von 99,4 Prozent bei korrekter Anwendung. Vgl. Richard Fehring et al., »Efficacy of the Marquette Method of Natural Family Planning«, *The American Journal of Maternal / Child Nursing* 33, Nr. 6 (2008), S. 348–354. Eine erst vor kurzem durchgeführte Studie vom März 2019 über die Wirksamkeit der DOT-Fruchtbarkeits-App stellte bei vollständig richtiger Benutzung eine Fehlerquote von nur einem Prozent fest sowie bei durchschnittlich sorgfältiger Benutzung eine Fehlerquote von fünf Prozent. Vgl. Victoria Jennings et al., »Perfect- and Typical-Use Effectiveness of the Dot Fertility App over 13 Cycles: Results from a Prospective Contraceptive Effectiveness Trial«, *The European Journal of Contraception & Reproductive Health Care* 24, Nr. 2 (2019), S. 148–153.

20 Sanger, Woman and the New Race, a. a. O., Kap. 18.

21 Diese Daten stammen von der Website Historical Abortion Statistics, die auf mehreren Quellen beruht, darunter die Centers for Disease Control and Prevention und das Guttmacher Institute, das früher eine Tochterorganisation von Planned Parenthood war. Ich habe diese Angaben mit denen der CDC abgeglichen und festgestellt, dass sie korrekt sind. Vgl. Wm. Robert Johnson, »Historical Abortion Statistics, United States«, zuletzt geändert am 14. Januar 2020, http://www. johnstonsarchive.net/policy/abortion/ab-unitedstates.html.

22 A. A. Popov, »Family Planning in the USSR. Sky-High Abortion Rates Reflect Dire Lack of Choice«, *Entre Nous* 16 (1990), S. 5–7, PMID 12222340.

23 Derzeit ist fast die Hälfte aller Schwangerschaften in den Vereinigten Staaten ungewollt. Vgl. »Unintended Pregnancy in the United States«, Guttmacher Institute, zuletzt aufgerufen am 5. Oktober 2021, https://www.guttmacher.org/fact-sheet/unintended-pregnancy-united-states#.

24 Paul VI., Enzyklika *Humanae vitae* (*Über die Weitergabe des Lebens*) , 25. Juli 1968 (Abschnitt Nr. 17).
25 Wendell Berry, »Feminism, the Body, and the Machine«, in: *The Art of the Commonplace* (Berkeley, CA: Counterpoint, 2003), S. 76.
26 Elizabeth Cady Stanton, »The Solitude of Self «, vor dem Kongress der USA am 18. Januar 1892 gehaltene Rede, https://etc.usf.edu/lit2go/pdf/passage/4854/civil-rights-and-conflict-in-the-united-states-selected-speeches-006-solitude-of-self-address-before-the-committee-of-the-judiciary-of-the-united-states-congress-january-18-1892.pdf.

5. Biologisches Geschlecht

1 Tampax US (@Tampax), Twitter, 15. September 2020, https://twitter.com/Tampax/status/1305952342504767491.
2 M. Blackless et al., »How Sexually Dimorphic Are We? Review and Synthesis«, *American Journal of Human Biology* 12, Nr. 2 (2000), S. 151–166, https://pubmed.ncbi.nlm.nih.gov/11534012/.
3 Ebenda, S. 161.
4 Leonard Sax, »How Common Is Intersex? A Response to Anne Fausto-Sterling«, *Journal of Sex Research* 39, Nr. 3 (2002), S. 174–178, https://pubmed.ncbi.nlm.nih.gov/12476264/.
5 Vgl. ebenda.
6 Vgl. Meltem Özdemir et al., »Ovotesticular Disorder of Sex Development: An Unusual Presentation«, *Journal of Clinical Imaging Science* 9, Nr. 34 (2019), https://www.ncbi.nlm.nih.gov/pmc/articles/PMC6737443/.
7 Ein 2016 von dem Arzt Lawrence Mayer und dem Psychiater Paul McHugh verfasster Bericht, der in der Zeitschrift *The New Atlantis* veröffentlicht wurde, gibt einen umfassenden Überblick der Studien zum Brain Imagining und kommt zu dem Schluss, dass diese Untersuchungen »unklare Daten und wechselhafte Resultate in Bezug auf die Gehirne von transsexuellen Erwachsenen aufweisen. Die Gehirnaktivierungsmuster in diesen Studien liefern keine hinreichenden Belege, um fundierte Schlussfolgerungen über mögliche Zusammenhänge zwischen Gehirnaktivierung und sexueller Identität oder Erregung zu ziehen. Die Ergebnisse sind widersprüchlich und verwirrend.« Vgl. Mayer und McHugh, »Special Report on Sexuality and Gender: Findings from the Biological, Psychological, and Social Sciences«, *The New Atlantis* 50 (Herbst 2016). Weitere und neuere Studien, die ebenfalls zu widersprüchlichen Ergebnissen kommen, sind: S. Mueller et al., »A Structural Magnetic Resonance Imaging Study in Transgender Persons on Cross-Sex Hormone Therapy«, *Neuroendocrinology* 105 (2017); Carme Uribe et al., »Brain Network Interactions in Transgender Individuals with Gender

Incongruence«, *NeuroImage* 211 (2020), Artikel Nr. 116613, https://doi.org/10.1016/j.neuroimage. 2020.116613.
8 Eine im Peer-Review-Verfahren geprüfte Studie aus dem Jahr 2018 kommt zu dem Schluss: »Angesichts der engen Beziehung und Interaktion zwischen Kultur, Verhalten und Gehirn passt sich das Gehirn des Einzelnen an die neuen (kulturellen) Bedingungen und Konzepte an und beginnt, seine Funktion und Struktur zu verändern.« Vgl. M. R. Mohammadi und Ali Khaleghi, »Transsexualism: A Different Viewpoint to Brain Changes«, *Clinical Psychopharmacology and Neuroscience* 16, Nr. 2 (2018), S. 136–143, https://www.ncbi.nlm.nih.gov/pmc/articles/ PMC5953012/.
9 Flannery O'Connor, »A Temple of the Holy Ghost«, in: *The Complete Stories* (New York: Farrar, Straus and Giroux, 1997), S. 245.
10 Ebenda.
11 Ebenda, S. 246.
12 Ebenda, S. 248.
13 Flannery O'Connor, *The Collected Works* (New York: Library of America, 1988), S. 976.
14 O'Connor, »A Temple of the Holy Ghost«, a. a. O., S. 248.

6. Soziales Geschlecht

1 Michel Foucault, *Der Wille zum Wissen. Sexualität und Wahrheit 1* (Frankfurt am Main: Suhrkamp Verlag, 1977), S. 11.
2 Angela Franks, »»Humane Vitae in Light of the War Against Female Fertility«, *Church Life Journal*, 24. Juli 2018, https://churchlifejournal.nd.edu/articles/humanae-vitae-in-light-of-the-war-against-female-fertility/#_edn48.
3 John Money et al., »An Examination of Some Basic Sexual Concepts: The Evidence of Human Hermaphroditism«, *Bulletin of Johns Hopkins Hospital* 97, Nr. 4 (1955), S. 301–319.
4 John Colapinto, *As Nature Made Him: The Boy Who Was Raised as a Girl* (New York: Harper Perennial, ²2006).
5 »Genderbread Person v4.0«, Genderbread Person, zuletzt aufgerufen am 3. September 2021, https://www.genderbread.org/wp-content/uploads/2018/10/Genderbread-Person-v4-Poster.png.
6 »Trans Glossary 101«, University of Oregon Human Resources, zuletzt aufgerufen am 8. Mai 2023, https://hr.uoregon.edu/trans-glossary-101#G-Anchor.
7 Ebenda.
8 Student Affairs, »LGBTQ Glossary«, Johns Hopkins University, zuletzt aufgerufen am 8. Mai 2023, https://studentaffairs.jhu.edu/lgbtq/education/glossary/.

9   Gender and Sexuality Center, »Trans* Identities and Lives Glossary«, University of Rhode Island, zuletzt aufgerufen am 8. Mai 2023, https://web.uri.edu/gender-sexuality/resources/lgbtqa-glossary/trans-101-glossary/.
10 University of Kent, »Trans Student Support Policy«, letzte Aktualisierung am 2. Februar 2018, https://www.kent.ac.uk/studentservices/files/Trans%20Student%20Support%20Policy%2020 %20Feb%202018.pdf [die deutschsprachige Seite https://queer-lexikon.net/glossar/ gibt einen ähnlichen Überblick; Anm. d. Ü.].
11 »Trans Inclusion Guidance«, University of Essex, August 2018, archiviert unter https://web.archive.org/web/20210127015819/https://www.essex.ac.uk/-/media/documents/study/outreach/transgender-guidance.pdf.
12 »Trans Equality Policy«, The University of Edinburgh, letzte Aktualisierung im Juni 2016, htttp://www.docs.csg.ed.ac.uk/EqualityDiversity/Trans_Equality_Policy.pdf.
13 Die Auffassung, dass die Wirklichkeit durch die Sprache konstruiert wird, ist den prominentesten postmodernen Theoretikern wie etwa Lyotard, Derrida, Foucault und Barthes gemeinsam. Vgl. dazu Christopher Butler, *Postmodernism. A Very Short Introduction* (Oxford: Oxford University Press, 2002), S. 21.
14 H. R. 5, 117th Cong. (2021–2022).

7. Künstlichkeit

1   Daniel Lopez (Hg.), *Buddhist Scriptures* (New York: Penguin, 2004), S. 168.
2   Ovid, *Metamorphosen*, übers. v. R. Suchier (Berlin-Schöneberg: Langenscheidt, 1855–1919), 12. Buch, S. 201–206.
3   Abigail Shrier, *Irreversible Damage: The Transgender Craze Seducing Our Daughters* (Washington, D.C.: Regnery, 2020), S. XXI.
4   Ebenda.
5   »Referrals to GIDS, Financial Years 2015–16 to 2019–20«, NHS Gender Identity Service, zuletzt aufgerufen am 18. Oktober 2021, https://gids.nhs.uk/number-referrals. Diese Zahlen werden vom GIDS regelmäßig aktualisiert und sind dementsprechend veränderlich.
6   Louise Perry, »What Is Autogynephilia? An Interview with Ray Blanchard«, *Quillette*, 6. November 2019, https://quillette.com/2019/11/06/what-is-autogynephilia-an-interview-with-dr-ray-blanchard/.
7   Mehr zum Rückkoppelungseffekt in Bezug auf das Thema Gender findet sich in Mark Yarhouse und Julia Sadusky, *Emerging Gender Identities: Understanding the Diverse Experiences of Today's Youth* (Ada, MI: Brazos Press, 2020).

Anmerkungen

8   Susan Bordo, »The Body and the Reproduction of Femininity: A Feminist Appropriation of Foucault«, in: Alison M. Jaggar, (Hg.), *Gender, Body, Knowledge* (New Brunswick, NJ: Rutgers University Press, 1989), S. 13.
9   Ebenda, S. 23.
10 Jonathan Kay, »An Interview with Lisa Littman, Who Coined the Term ›Rapid Onset Gender Dysphoria‹«, *Quillette*, 19. März 2019, https://quillette.com/2019/03/19/an-interview-with-lisa-littman-who-coined-the-term-rapid-onset-gender-dysphoria/.
11 Julia Serano, *Whipping Girl: A Transexual Woman on Sexism and the Scapegoating of Femininity* (New York: Basic Books, 2016), S. 274 f.
12 Andrea Long Chu, *Females: A Concern* (New York: Verso, 2019), S. 63.
13 Ebenda, S. 74.
14 Angela Franks, »Andrea Long Chu Says You Are a Female, and He's Only Partly Wrong«, *Public Discourse*, 10. Dezember 2019, https://www.thepublicdiscourse.com/2019/12/58719/. Vgl. auch Eve Tushnet, »Is Everyone Female?«, *Commonweal*, 7. Februar 2020, https://www.commonwealmagazine.org/everyone-female, sowie Stephen Abudato, »Andrea Long Chu's Females Subverts Subversiveness«, *Catholic World Report*, 16. September 2020, https://www.catholicworldreport.com/2020/09/16/andrea-long-chus-females-subverts-subversiveness/.
15 Bordo, »The Body«, a. a. O., S. 21.
16 »Renegotiating Womanhood: A Detrans Story, with Laura«, Interview von Benjamin A. Boyce, 21. Januar 2020, YouTube-Video, Minute 1:15, https://www.youtube.com/watch?v=4DOUcpFxKKw.
17 Vgl. zum Beispiel Benjamin Boyce, »Coercion and Abuse in the Gender ID Community with GNC-Centric«, Interview mit Benjamin A. Boyce, 14. März 2019, YouTube-Video, 1:13, https://www.youtube.com/watch?v=QAMar22S0ck.
18 »Decision Memo for Gender Dysphoria and Gender Reassignment Surgery«, Centers for Medicare and Medicaid Services, letzte Aktualisierung am 30. August 2016, https://www.cms.gov/medicare-coverage-database/details/nca-decision-memo.aspx?NCAId=282&bc=ACAAAAAAQAAA&.
19 »Correction to Bränström and Pachankis«, *American Journal of Psychiatry* 177, Nr. 8 (August 2020), S. 734, https://doi.org/10.1176/appi.ajp.2020.1778correction. Ursprüngliche Studie: R. Bränström und J. E. Pachankis, »Reduction in Mental Health Treatment Utilization among Transgender Individuals after Gender-Affirming Surgeries: A Total Population Study«, *American Journal of Psychiatry* 177, Nr. 8 (August 2020), S. 727–734, https://doi.org/10.1176/appi.ajp.2019.19010080.

20 Scott Newgent, »Forget What Gender Activists Tell You. Here's What Medical Transition Looks Like«, *Quillette*, 6. Oktober 2020, https://quillette.com/2020/10/06/forget-what-gender-activists-tell-you-heres-what-medical-transition-looks-like/.

21 Johanna Olson-Kennedy et al., »Chest Reconstruction and Chest Dysphoria in Transmasculine Minors and Young Adults: Comparisons of Nonsurgical and Postsurgical Cohorts«, *JAMA Pediatric* 172, Nr. 5 (2018): S. 431–436, https://doi.org/10.1001/jamapediatrics.2017.5440.

22 Sasha Ayad und Stella O'Malley, »Hormonal Interventions – From Fringe to Mainstream: A Conversation with Dr. Will Malone«, *Gender: A Wider Lens Podcast*, 8. Januar 2021.

23 Annelou L. C. de Vries et al., »Young Adult Psychological Outcome after Puberty Suppression and Gender Reassignment«, *Pediatrics* 134, Nr. 4 (Oktober 2014), S 696–704, https://pediatrics.aappublications.org/content/134/4/696.

24 Berendien Tetelepta, »More Research Is Urgently Needed into Transgender Care for Young People: Where Does the Large Increase of Children Come From?«, *AD* [niederländische Tageszeitung], 27. Februar 2021, englische Übersetzung online unter https://www.voorzij.nl/more-research-is-urgently-needed-into-transgender-care-for-young-people-where-does-the-large-increase-of-children-come-from/.

25 »Treatment: Gender Dysphoria«, National Health Service, letzte Aktualisierung am 28. Mai 2020, https://www.nhs.uk/conditions/gender-dysphoria/treatment/; vgl. auch James Kirkup, »The NHS Has Quietly Changed Its Trans Guidance to Reflect Reality«, *The Spectator*, 4. Juni 2020, https://www.spectator.co.uk/article/the-nhs-has-quietly-changed-its-trans-guidance-to-reflect-reality.

26 Im September 2021 kassierte der Court of Appeal dieses erste Urteil wieder, indem er sich auf einen früheren Präzedenzfall berief, wonach »es Sache der Ärzte und nicht der Richter ist, über die Fähigkeit von Kindern unter 16 Jahren zu entscheiden, in eine medizinische Behandlung einwilligen zu können«. Vgl. »Quincy Bell and Mrs A v. The Tavistock and Portman NHS Foundation Trust: Judgment Summary«, Judiciary of England and Wales, 17. September 2021, https://www.judiciary.uk/wp-content/uploads/2022/07/Bell-v-Tavistock-summary-170921.pdf. Bell plant, in Bezug auf dieses Urteil den Supreme Court anzurufen. Vgl. Haroon Siddique, »Appeal Court Overturns UK Puberty Blockers Ruling for Under-16s«, *Guardian*, 17. September 1021, https://www.theguardian.com/society/2021/sep/17/appeal-court-overturns-uk-puberty-blockers-ruling-for-under-16s-tavistock-keira-bell.

27 Christina Jewett, »Drug Used to Halt Puberty in Children May Cause Lasting Health Problems«, *STAT News*, 2. Februar 2017, https://www.statnews.com/2017/02/02/lupron-puberty-children-health-problems/.

28 Hannah Barnes und Deborah Cohen, »Tavistock Puberty Blocker Study Published after Nine Years«, *BBC News*, 11. Dezember 2020, https://www.bbc.com/news/uk55282113.

29 Vgl. M. Baldassarre et al., »Effects of Long-Term High Dose Testosterone Administration on Vaginal Epithelium Structure and Estrogen Receptor-α and -β Expression of Young Women«, *International Journal of Impotence Research* 25 (2013), S. 172–177. Vgl. auch Juno Obedin-Maliver, »Pelvic Pain and Persistent Menses in Transgender Men«, UCSF Transgender Care, 17. Juni 2016, https://transcare.ucsf.edu/guidelines/pain-transmen.

30 »Gender Affirming Hormone Care«, Planned Parenthood Columbia Willamette, zuletzt aufgerufen am 5. Oktober 2021, https://www.plannedparenthood.org/planned-parenthood-columbia-willamette/patient-resources/our-services/gender-affirming-care.

31 »Gender Affirming Hormone Care«, Planned Parenthood of the Great Northwest and the Hawaiian Islands, zuletzt aufgerufen am 5. Oktober 2021, https://www.plannedparenthood.org/planned-parenthood-great-northwest-hawaiian-islands/patient/services-transgender-patients.

32 Ayad und O'Malley, »Hormonal Interventions«, a. a. O.

33 »Mackenzie's Detransition Story«, Interview von Benjamin A. Boyce, 4. April 2020, *Calmversations with Benjamin Boyce*, Podcast, https://podcasters.spotify.com/pod/show/boyceofreason/episodes/235--Mackenzies-Detransition-Story-eccosu.

8. Ganzheit

1 »Renegotiating Womanhood: A Detrans Story, with Laura«, Interview von Benjamin A. Boyce, 21. Januar 2020, YouTube-Video, Minute 1:15, https://www.youtube.com/watch?v=4DOUcpFxKKw.

2 Carey Callahan (@mariacatt42), »Talking about Talking to Doctors«, Medium, 26. August 2019, https://medium.com/@mariacatt42/talking-about-talking-to-doctors-49778915ed4.

3 Helena Kerschner, »At What Cost? Trans Healthcare, Manipulated Data, and Self-Appointed Saviors«, *New Discourses*, 6. August 2020, https://newdiscourses.com/2020/08/trans-healthcare-manipulated-data-self-appointed-saviors/.

4 Helena Kerschner (@lacroicsz), Twitter, 16. Juli 2019, https://twitter.com/lacroicsz/status/1151238925698195456.

5 Kerschner, »At What Cost?«, a. a. O.

6 Diverse Studien haben eine hohe *Desistance*-Rate nachgewiesen. Vgl. zum Beispiel Thomas Steensma et al., »Factors Associated with Desistance and Persistence of Childhood Gender Dysphoria: A Quantitative Follow-up Study«, *Journal of the American Academy of Child and Adolescent Psychiatry* 52, Nr. 6 (Juni 2013), S. 582–590.
7 Scott Newgent, »We Need Balance When It Comes to Treating Gender Dysphoric Kids. I Would Know«, Newsweek, 9. Februar 2021, https://www.newsweek.com/we-need-balance-when-it-comes-gender-dysphoric-kids-i-would-know-opinion-1567277.
8 C. Dhejne et al., »Long-Term Follow-Up of Transsexual Persons Undergoing Sex Reassignment Surgery: Cohort Study in Sweden«, *PLOS ONE* 6, Nr. 2 (2011), Artikel-Nr. e16885. Diese Studie kommt zu dem Urteil: »Personen mit Transsexualismus weisen nach einer Geschlechtsumwandlung ein deutlich höheres Risiko auf, zu versterben, suizidal zu werden und psychiatrisch zu erkranken als die Gesamtbevölkerung. Unsere Ergebnisse deuten darauf hin, dass eine Geschlechtsumwandlung – trotz Linderung der Geschlechtsdysphorie – als Behandlungsmethode für Transsexualismus möglicherweise nicht ausreichend ist, und sollen daher eine verbesserte psychiatrische und somatische Versorgung nach einer Geschlechtsumwandlung für diese Patientengruppe anregen.«
9 Epheser 4,15–16.
10 Franziskus, Enzyklika *Evangelii gaudium* (*Die Freude des Evangeliums*), 24. November 2013, Nr. 169.
11 Hoheslied 1,4.
12 Franziskus, *Evangelii gaudium,* a. a. O., Nr. 170.
13 Laura Dodsworth (@barereality), »The Detransitioners«, Medium, 18. August 2020, https://medium.com/@barereality/the-detransitioners-72a4e01a10f9.

9. Geschenk

1 Meine Wiedergabe von Daisys Geschichte speist sich sowohl aus meinem eigenen Interview mit ihr als auch aus dem, das sie Benjamin Boyce gegeben hat, und ferner auch aus einem Video auf ihrem eigenen YouTube-Kanal, das ich mit ihrer Erlaubnis hier verwendet habe. Vgl. »DeTrans Stories: The Authenticity Quest with Daisy Chadra«, Interview von Benjamin A. Boyce, 6. Dezember 2020, YouTube-Video, Minute 1:10, https://www.youtube.com/watch?v=4EtS0146uQk. Daisys Video findet sich hier: »I'm Detransitioning«, 26. Oktober 2020, YouTube-Video, Minute 26:55, https://www.youtube.com/watch?v=R_KD46_Ophg.

Anmerkungen

2   Hildegard von Bingen, *Welt und Mensch. Das Buch »De Operatione Dei«* (Salzburg: O. Müller, 1965), S. 56.
3   Ebenda, S. 39.
4   Ebenda, S. 46.
5   Hildegard von Bingen, *Heilwissen* (Augsburg: Pattloch Verlag, 1989), S. 6.
6   Benedikt XVI., »Ansprache«, Berliner Reichstagsgebäude, 22. September 2011, https://www.vatican.va/content/benedict-xvi/de/speeches/2011/september/documents/hf_ben-xvi_spe_20110922_reichstag-berlin.html.
7   Johannes Paul II. Apostolisches Schreiben *Orientale lumen*, 2. Mai 1995, Nr. 11.
8   Franziskus, Enzyklika *Laudato si'*, 24. Mai 2015, Nr. 155.
9   Wendell Berry, *The Art of the Commonplace* (Berkeley, CA: Counterpoint Press, 2003), S. 107.
10 Ebenda, S. 101.
11 Ebenda.
12 Franziskus, »Generalaudienz«, 15. April 2015.
13 Gertrud von Le Fort, *Die ewige Frau. Die Frau in der Zeit. Die zeitlose Frau* (München: Kösel, 1960), S. 160.
14 Die Wendung »*sex-lived-out*« (»ausgelebtes Geschlecht«) übernehme ich von Angela Franks als einen Alternativbegriff für Gender, der die Verbindung des Geschlechts zum Körper beibehält.